BIM 技术系列岗位人才培养项目辅导教材

BIM 电力专业基础知识与操作实务

人力资源和社会保障部职业技能鉴定中心
工业和信息化部电子通信行业职业技能鉴定指导中心　组织编写
北京绿色建筑产业联盟 BIM 技术研究与应用委员会

BIM 技 术 人 才 培 养 项 目 辅 导 教 材 编 委 会　编

刘　睿　主编

中国建筑工业出版社

图书在版编目(CIP)数据

BIM 电力专业基础知识与操作实务/BIM 技术人才培养项目辅导教材编委会编. —北京：中国建筑工业出版社，2018.5
BIM 技术系列岗位人才培养项目辅导教材
ISBN 978-7-112-22208-7

Ⅰ.①B… Ⅱ.①B… Ⅲ.①电力工程-项目管理-应用软件-技术培训-教材 Ⅳ.①F407.616.2-39

中国版本图书馆 CIP 数据核字(2018)第 086891 号

本书密切结合电力工程实际，从项目全寿命周期的角度出发，详细介绍目前主流的 BIM 技术在项目进度、造价、物资管理和质量管理等领域的具体应用。本书内容翔实，图文并茂，并附有大量经典案例实际操作和案例点评。目前尚未见到系统总结电力 BIM 项目管理实操技能的书籍问世。

* * *

责任编辑：封　毅　毕凤鸣　张瀛天
责任校对：王　瑞

BIM 技术系列岗位人才培养项目辅导教材
BIM 电力专业基础知识与操作实务

人力资源和社会保障部职业技能鉴定中心
工业和信息化部电子通信行业职业技能鉴定指导中心　组织编写
北京绿色建筑产业联盟 BIM 技术研究与应用委员会
BIM 技 术 人 才 培 养 项 目 辅 导 教 材 编 委 会　编
刘　睿　主编

*

中国建筑工业出版社出版、发行(北京海淀三里河路9号)
各地新华书店、建筑书店经销
北京红光制版公司制版
北京建筑工业印刷厂印刷

*

开本：787×1092 毫米　1/16　印张：26　字数：644 千字
2018 年 5 月第一版　2018 年 5 月第一次印刷
定价：**70.00 元**
<u>ISBN 978-7-112-22208-7</u>
(32103)

版权所有　翻印必究
如有印装质量问题，可寄本社退换
(邮政编码 100037)

本书编委会

编委会主任：陆泽荣　北京绿色建筑产业联盟执行主席
主　　　编：刘　睿　华北电力大学
副　主　编：屠庆波　山东电力经济技术研究院
编 写 人 员：（排名不分先后）

华北电力大学	张　珂	陈凯凯	孙成雷
国网山东省电力公司经济技术研究院	李　琨	韩义成	靳书栋
	刘宏志		
北京博超时代软件有限公司	张　蒙	何兴雨	宁　俊
	王献磊	毛兴华	
BENTLEY软件（北京）有限公司	孟红俊	力培文	李志远
	陈　晨	陈晓明	唐汝昌
	张　璟		
广联达科技股份有限公司	黄　杰	尚淼淼	谭起云
	郭建伟		
伟景行科技股份有限公司	迟　华	朱旭平	杜秀峰
	丁　凯	吴金玲	
南京广能电力工程设计有限公司	谢　龙		
国网信息通信产业集团有限公司北京分公司	弭希瑞		
北京绿色建筑产业联盟	陈玉霞	孙　洋	张中华
	范明月	吴　鹏	王晓琴
	邹　任		

丛 书 总 序

中共中央办公厅、国务院办公厅印发《关于促进建筑业持续健康发展的意见》（国发办〔2017〕19号）、住建部印发《2016—2020年建筑业信息化发展纲要》（建质函〔2016〕183号）、《关于推进建筑信息模型应用的指导意见》（建质函〔2015〕159号），国务院印发《国家中长期人才发展规划纲要（2010—2020年）》《国家中长期教育改革和发展规划纲要（2010—2020年）》，教育部等六部委联合印发的《关于进一步加强职业教育工作的若干意见》等文件，以及全国各地方政府相继出台多项政策措施，为我国建筑信息化BIM技术广泛应用和人才培养创造了良好的发展环境。

当前，我国的建筑业面临着转型升级，BIM技术将会在这场变革中起到关键作用；也必定成为建筑领域实现技术创新、转型升级的突破口。围绕住房和城乡建设部印发的《推进建筑信息模型应用指导意见》，在建设工程项目规划设计、施工项目管理、绿色建筑等方面，更是把推动建筑信息化建设作为行业发展总目标之一。国内各省市行业行政主管部门已相继出台关于推进BIM技术推广应用的指导意见，标志着我国工程项目建设、绿色节能环保、装配式建筑、3D打印、建筑工业化生产等要全面进入信息化时代。

如何高效利用网络化、信息化为建筑业服务，是我们面临的重要问题；尽管BIM技术进入我国已经有很长时间，所创造的经济效益和社会效益只是星星之火。不少具有前瞻性与战略眼光的企业领导者，开始思考如何应用BIM技术来提升项目管理水平与企业核心竞争力，却面临诸如专业技术人才、数据共享、协同管理、战略分析决策等难以解决的问题。

在"政府有要求，市场有需求"的背景下，如何顺应BIM技术在我国运用的发展趋势，是建筑人应该积极参与和认真思考的问题。推进建筑信息模型（BIM）等信息技术在工程设计、施工和运行维护全过程的应用，提高综合效益，是当前建筑人的首要工作任务之一，也是促进绿色建筑发展、提高建筑产业信息化水平、推进智慧城市建设和实现建筑业转型升级的基础性技术。普及和掌握BIM技术（建筑信息化技术）在建筑工程技术领域应用的专业技术与技能，实现建筑技术利用信息技术转型升级，同样是现代建筑人职业生涯可持续发展的重要节点。

为此，北京绿色建筑产业联盟应工业和信息化部教育与考试中心（电子通信行业职业技能鉴定指导中心）的要求，特邀请国际国内BIM技术研究、教学、开发、应用等方面的专家，组成BIM技术应用型人才培养丛书编写委员会；针对BIM技术应用领域，组织编写了这套BIM工程师专业技能培训与考试指导用书，为我国建筑业培养和输送优秀的建筑信息化BIM技术实用性人才，为各高等院校、企事业单位、职业教育、行业从业人员等机构和个人，提供BIM专业技能培训与考试的技术支持。这套丛书阐述了BIM技术在建筑全生命周期中相关工作的操作标准、流程、技巧、方法；介绍了相关BIM建模软件工具的使用功能和工程项目各阶段、各环节、各系统建模的关键技术。说明了BIM技术在项目管理各阶段协同应用关键要素、数据分析、战略决策依据和解决方案。提出了推动 BIM 在设计、施工等阶段应用的关键技术的发展和整体应用策略。

我们将努力使本套丛书成为现代建筑人在日常工作中较为系统、深入、贴近实践的工具型丛书，促进建筑业的施工技术和管理人员、BIM 技术中心的实操建模人员、战略规划和项目管理人员，以及参加 BIM 工程师专业技能考评认证的备考人员等理论知识升级和专业技能提升。本丛书还可以作为高等院校的建筑工程、土木工程、工程管理、建筑信息化等专业教学课程用书。

本套丛书包括四本基础分册，分别为《BIM 技术概论》、《BIM 应用与项目管理》、《BIM 建模应用技术》、《BIM 应用案例分析》，为学员培训和考试指导用书。另外，应广大设计院、施工企业的要求，我们还出版了《BIM 设计施工综合技能与实务》、《BIM 快速标准化建模》等应用型图书，并且方便学员掌握知识点的《BIM 技术知识点练习题及详解（基础知识篇）》《BIM 技术知识点练习题及详解（操作实务篇）》。2018 年我们还将陆续推出面向 BIM 造价工程师、BIM 装饰工程师、BIM 电力工程师、BIM 机电工程师、BIM 路桥工程师、BIM 成本管控、装配式 BIM 技术人员等专业方向的培训与考试指导用书，覆盖专业基础和操作实务全知识领域，进一步完善 BIM 专业类岗位能力培训与考试指导用书体系。

为了适应 BIM 技术应用新知识快速更新迭代的要求，充分发挥建筑业新技术的经济价值和社会价值，本套丛书原则上每两年修订一次；根据《教学大纲》和《考评体系》的知识结构，在丛书各章节中的关键知识点、难点、考点后面植入了讲解视频和实例视频等增值服务内容，让读者更加直观易懂，以扫二维码的方式进入观看，从而满足广大读者的学习需求。

感谢各位编委们在极其繁忙的日常工作中抽出时间撰写书稿。感谢清华大学、北京建筑大学、北京工业大学、华北电力大学、云南农业大学、四川建筑职业技术学院、黄河科技学院、湖南交通职业技术学院、中国建筑科学研究院、中国建筑设计研究院、中国智慧科学技术研究院、中国建筑西北设计研究院、中国建筑股份有限公司、中国铁建电气化局集团、北京城建集团、北京建工集团、上海建工集团、北京中外联合建筑装饰工程有限公司、北京市第三建筑工程有限公司、北京百高教育集团、北京中智时代信息技术公司、天津市建筑设计院、上海 BIM 工程中心、鸿业科技公司、广联达软件、橄榄山软件、麦格天宝集团、成都孺子牛工程项目管理有限公司、山东中永信工程咨询有限公司、海航地产集团有限公司、T－Solutions、上海开艺设计集团、江苏国泰新点软件、浙江亚厦装饰股份有限公司、文凯职业教育学校等单位，对本套丛书编写的大力支持和帮助，感谢中国建筑工业出版社为丛书的出版所做出的大量工作。

北京绿色建筑产业联盟执行主席　陆泽荣
2018 年 4 月

前 言

电力工程应用 BIM 技术的好处和优势是显而易见。随着国家电网公司制定输变电工程三维设计标准，推广 BIM 技术应用，可以预见的未来就是 BIM 技术将成为今后一段时间内电力工程建设最重要的发展趋势之一。目前电力工程在设计、施工和运维等领域都有一定程度的应用，但在实际项目中，BIM 技术人员知识储备不足，BIM 技术流程和成果不规范的现象仍普遍存在。

本书以输变电工程为例，详细介绍 BIM 技术在项目设计、施工和运维等全寿命周期内的具体应用，力图将电力工程中最经典最常用的 BIM 技术应用细节展现给广大的读者。全书在介绍电力工程 BIM 应用的特点和概况的基础上，着力介绍电力 BIM 建模过程和常用软件使用技巧，同时，对 BIM 技术在三维算量、概预算编制、场地布置、施工模拟、进度管理、安装质量管控和物料管理等亦有详细的介绍。为拓宽读者视野，书中也对基于三维地理信息系统（3D GIS）和数字展示（Digital Media & Display）技术的 CityMaker 软件也有介绍。

本书可以作为电力 BIM 工程师考试教材，也可以作为相关专业本科学生和技术人员的参考和学习用书。

本书在编写过程中，得到业内相关单位和专家的大力支持和配合。特别感谢山东电力经济技术研究院、广联达公司、美国奔特力公司、北京博超公司等单位无偿提供经典案例和相关软件。感谢你们辛勤的劳动和付出！

由于编者水平有限，时间紧张，本书难免有不妥之处，衷心期望各位读者批评指正。

刘 睿

2018 年 5 月

目 录

第1章 电力工程BIM技术概述 ··· 1
1.1 电力BIM的特点 ··· 2
1.1.1 BIM简介 ··· 2
1.1.2 电力BIM的特点 ··· 2
1.2 电力工程BIM应用现状 ··· 5
1.3 电力工程BIM常用软件 ··· 7
1.3.1 Revit软件 ··· 8
1.3.2 STD-R软件 ··· 9
1.3.3 Bentley软件 ··· 13
1.4 电力工程BIM发展趋势 ··· 15

第2章 电力工程BIM设计 ··· 17
2.1 电力工程BIM设计步骤 ··· 18
2.2 Bentley变电站三维设计解决方案 ··· 19
2.2.1 电气专业设计模块 ··· 20
2.2.2 土建专业设计模块 ··· 23
2.2.3 变电架构设计模块 ··· 24
2.3 Bentley变电解决方案应用工程案例 ··· 25
2.3.1 总体设计方法和流程模块功能 ··· 25
2.3.2 设计过程 ··· 27
2.4 STD-R变电设计软件应用案例 ··· 89
2.4.1 工程案例概述 ··· 89
2.4.2 BIM设计准备 ··· 90
2.4.3 设备建族 ··· 91
2.4.4 主接线设计 ··· 113
2.4.5 电气布置设计 ··· 127
2.4.6 防雷设计 ··· 135
2.4.7 接地设计 ··· 139
2.4.8 总图设计 ··· 145
2.4.9 结构设计 ··· 169
2.4.10 建筑设计 ··· 179
2.4.11 水暖设计 ··· 186
2.4.12 协同设计 ··· 192
2.4.13 成果展示 ··· 203

第3章 电力工程BIM造价 209
3.1 广联达BIM电力算量软件 210
- 3.1.1 新建工程 210
- 3.1.2 土建专业 215
- 3.1.3 给排水专业 236
- 3.1.4 电气专业介绍 238
- 3.1.5 通风空调专业 239
- 3.1.6 消防专业 241
- 3.1.7 安装专业 241

3.2 广联达电力计价软件 245
- 3.2.1 新建工程 245
- 3.2.2 组价 246

第4章 电力工程BIM施工 252
4.1 设计模型的施工应用 253
- 4.1.1 施工场地前期规划 253
- 4.1.2 施工模拟 256
- 4.1.3 施工吊装模拟 284
- 4.1.4 施工多参与方一体化协同工作 291

4.2 施工模型的应用和管理 295
4.3 电力工程BIM施工常用软件介绍 301

第5章 电力BIM运维 305
5.1 BIM运维的概述 306
- 5.1.1 全寿命管理的成本理论 306
- 5.1.2 运维的现状 307
- 5.1.3 BIM运维的定位 308
- 5.1.4 BIM运维的应用价值 308

5.2 BIM运维的功能实现 309
- 5.2.1 资产管理 309
- 5.2.2 设备设施维护管理 312
- 5.2.3 空间管理 317
- 5.2.4 环境、安全管理 318
- 5.2.5 电力系统运行管理 320
- 5.2.6 人员管理 323
- 5.2.7 综合管理 324

5.3 电力BIM运维的步骤 325
- 5.3.1 运维管理平台的方案策划 325
- 5.3.2 运维管理系统的搭建 327
- 5.3.3 运维模型的构建 328
- 5.3.4 运维数据自动化集成 329

  5.3.5　运维系统的维护 ·· 332
第6章　电力 BIM 与 GIS ··· 333
 6.1　BIM＋GIS 概述 ··· 334
  6.1.1　GIS 介绍 ·· 334
  6.1.2　BIM 与 GIS 的结合 ·· 334
 6.2　BIM＋GIS 在电力行业中的应用 ··· 338
  6.2.1　BIM＋GIS 数据管理 ··· 338
  6.2.2　BIM 数据轻量化 ·· 350
  6.2.3　空间分析 ·· 354
  6.2.4　设备管理 ·· 357
 6.3　BIM＋GIS 案例介绍 ··· 363
  6.3.1　数字化移交 ··· 363
  6.3.2　三维全景系统的输电线路智能化生产管理系统 ····················· 373

附件 1　建筑信息化 BIM 技术系列岗位专业技能考试管理办法 ············· 392
附件 2　建筑信息化 BIM 工程师（电力）职业技能考试大纲 ················ 397

第 1 章　电力工程 BIM 技术概述

1.1 电力 BIM 的特点

1.1.1 BIM 简介

BIM 的全拼是 Building Information Modeling，中文翻译最为贴切的、也被大家所认可的名称为：建筑信息模型。

从 1975 年"BIM 之父"——乔治亚理工大学的 Charles Eastman 教授创建了 BIM 理念至今，BIM 技术的研究经历了三大阶段：萌芽阶段、产生阶段和发展阶段。BIM 理念的启蒙，受到了 1973 年全球石油危机的影响，美国全行业需要考虑提高行业效益的问题，1975 年"BIM 之父"Eastman 教授在其研究的课题"Building Description System"中提出"a computer-based description of a building"，以便于实现建筑工程的可视化和量化分析，提高工程建设效率。经过 20 年，欧洲和北美对 BIM 理念的研究热潮不断，最终由 G·A·van Nederveen 和 F·P·Tolman 教授总结出"BIM——建筑信息模型"一词作为将建筑与信息技术相结合的思想凝结，但流传速度较慢。直到 2002 年，由 Autodesk 公司正式发布《BIM 白皮书》后，由 BIM 教父——Jerry Laiserin 对 BIM 的内涵和外延进行界定并把 BIM 一词推广流传。

建筑信息模型涵盖了几何学、空间关系、地理资讯、各种建筑元件的性质及数量（例如供应商的详细资讯）。建筑信息模型可以用来展示整个建筑生命周期，包括了兴建过程及营运过程。提取建筑内材料的信息十分方便。建筑内各个部分、各个系统都可以呈现出来。

BIM 是一种数字信息的应用，并可以用于设计、建造、管理的数字化方法，这种方法支持建筑工程的集成管理环境，可以使建筑工程在其整个进程中显著提高效率、大量减少风险。在一定范围内，建筑信息模型可以模拟实际的建筑工程建设行为。

同时 BIM 可以四维模拟实际施工，以便于在早期设计阶段就发现后期真正施工阶段所会出现的各种问题，来提前处理，为后期活动打下坚固的基础。在后期施工时作为施工的实际指导，也能作为可行性指导，以提供合理的施工方案及人员，材料使用的合理配置，从而来最大范围内实现资源合理运用。

如果用简单的解释，可以将建筑信息模型视为数码化的建筑三维几何模型，此外这个模型中，所有建筑构件所包含的信息，除了几何外，同时具有建筑或工程的数据。这些数据提供程式系统充分的计算依据，使这些程式能根据构件的数据，自动计算出查询者所需要的准确信息。此处所指的信息可能具有很多种表达形式，诸如建筑的平面图、立面、剖面、详图、三维立体视图、透视图、材料表或是计算每个房间自然采光的照明效果、所需要的空调通风量、冬、夏季需要的空调电力消耗等。

1.1.2 电力 BIM 的特点

现阶段，我国仍处于重工业产业迅速发展的工业化阶段，工业用电仍将以重工业为主，全社会用电以工业用电为主，目前发电装机的人均占有量仍然比较低，电力需求还处于高速增长的阶段，尽管电力供应增长但仍然满足不了国内的电力需求。

随着我国的工业化、城镇化、市场化、国际化趋势不断增强，国民经济仍将继续保持快速发展的趋势，因此，电力需求将继续保持不断增长的态势，电力工业的发展也将迎来更为开阔的发展空间。

电力工业设施是国民经济各项事业发展的基础。在现代社会中，随经济发展，对电力工业设施的要求越高；完善的电力工业基础设施对加速社会经济活动，促进其空间分布形态演变起着巨大的推动作用。建立完善的电力工业体系往往需较长时间和巨额投资，对电力基础设施的建设以及后期维护过程进行管理，保证其有效运行是首先需要考虑的问题。电力工程相对于普通工程而言，涉及环境范围广、地质地貌跨度大、工程设计复杂度高、施工建造难度大、运营维护成本高。在各环节中，极易受到周边环境条件影响，同时也会对周边环境产生巨大影响。经济、高效、环保；电网自动化；技术进步、产业升级；结构优化调整；电网建设、资源配置；发展循环经济、创建节约型社会，这些我国电力行业发展的趋势特点愈发明显。

电力工程是巨大的、综合性的复杂系统，其投资额巨大，建设周期长，参与方在项目中的不确定性比较高，对电力设施的管理难，在整个电力工程生命周期中产生的信息量大且复杂、形式多样、信息流通不畅，普遍存在"信息孤岛"的现象，传统的电力工程设计、建设、运营相分离，并且信息在传递的过程中仍然采用传统的二维图纸方式，设计过程中产生的信息量无法完全传递，导致在建设施工、运维中的信息缺失。

建筑信息模型（BIM）是以建筑工程项目的各项相关信息数据作为模型的基础，进行建筑模型的建立，并可利用数字模型对项目进行设计、建造及运营管理。它具有可视化、协调性、优化性、模拟性和信息综合性等特点。它正在引发建筑行业一次史无前例的彻底变革，实现了从传统二维绘图向三维绘图的转变，使建筑信息能更加全面、智能、直观地展现出来。

BIM技术发源于建筑设计，但不局限于建筑行业。目前，BIM技术已经在一些重要的电力工程项目中成功应用，并取得了良好的经济效益和社会效益。同时，国内电网三维模型的标准建设工作已经逐步开展，国家电网公司已经开始进行电网三维可视化模型相应行业、公司规范的组织编写工作。因此，BIM技术将会在未来的电力工程建设过程中逐步推广应用。

针对电力工程的工程特点，通过采用BIM技术可以在施工过程中做到对施工重点、难点的预先模拟，以提前发现和解决这些重点和难点问题，有利于保证人力资源以及施工设备的到位，从而避免因关键问题对施工工期及工程质量的影响，提高工程的管理水平和效能化监测能力。通过采用BIM技术可以快速定位故障设备的具体位置，以及能准确查询设备的信息记录，并提供一个非常简便的方式以记录各次维修人员对设备的检修信息，可以高效地解决设备故障以及落实责任。通过采用BIM技术可以在后期运营期间对电力设备进行实时监测，并在一定指标范围内进行不同的预警，可以很好地避免各类事故的发生，从而确保电力工程的正常稳定运营。

BIM技术在电力工程中的应用优势主要包括以下几个方面。

1. 可视化

可视化即"所见所得"的形式，对于电力行业来说，可视化运用在电力工程的作用是非常大的，例如经常拿到的施工图纸，只是各个构件的信息在图纸上的采用线条绘制表达，但是其真正的构造形式就需要建筑业参与人员去自行想象了。对于一般简单的东西来说，这种想象也未尝不可，但是近几年电力工程中为适应复杂的地形及需求，需要对构件进行不断改进，那么这种光靠人脑去想象的东西就未免有点不太现实了。所以BIM提供了可视化的思路，让人们将以往的线条式的构件形成一种三维的立体实物图形展示在人们的面前；电力工程中也有设计方面出效果图的事情，但是这种效果图是分包给专业的效果图制作团队进行识读设计制作出的线条式信息制作出来的，并不是通过构件的信息自动生成的，缺少了同构件之间的互动性和反馈性，然而BIM提到的可视化是一种能够同构件之间形成互动性和反馈性的可视化，在BIM建筑信息模型中，由于整个过程都是可视化的，所以可视化的结果不仅可以用作效果图的展示及报表的生成，更重要的是，项目设计、建造、运营过程中的沟通、讨论、决策都在可视化的状态下进行。

2. 协调性

这个方面是电力工程中的重点内容，不管是施工单位还是业主及设计单位，无不在做着协调及相配合的工作。一旦项目的实施过程中遇到了问题，就要将各有关人士组织起来开协调会，找各施工问题发生的原因，及解决办法，然后出变更，做相应补救措施等进行问题的解决。那么这个问题的协调真的就只能出现问题后再进行协调吗？在设计时，往往由于各专业设计师之间的沟通不到位，而出现各种专业之间的碰撞问题，例如暖通等专业中的管道在进行布置时，由于施工图纸是各自绘制在各自的施工图纸上的，真正施工过程中，可能在布置管线时正好在此处有结构设计的梁等构件在此妨碍着管线的布置，这种就是施工中常遇到的碰撞问题，BIM的协调性服务就可以帮助处理这种问题，也就是说BIM建筑信息模型可在电力工程建造前期对各专业的碰撞问题进行协调，生成协调数据，提供出来。当然BIM的协调作用也并不是只能解决各专业间的碰撞问题，它还可以解决例如：电梯井布置与其他设计布置及净空要求之协调，防火分区与其他设计布置之协调，地下排水布置与其他设计布置之协调等。

3. 模拟性

模拟性并不是只能模拟设计出的工程模型，还可以模拟不能够在真实世界中进行操作的事物。在设计阶段，BIM可以对设计上需要进行模拟的一些东西进行模拟实验，例如：节能模拟、紧急疏散模拟、日照模拟、热能传导模拟等；在招投标和施工阶段可以进行4D模拟（三维模型加项目的发展时间），也就是根据施工的组织设计模拟实际施工，从而来确定合理的施工方案来指导施工。同时还可以进行5D模拟（基于3D模型的造价控制），从而来实现成本控制；后期运营阶段可以模拟日常紧急情况的处理方式的模拟，例如地震人员逃生模拟及消防人员疏散模拟等。

4. 优化性

事实上整个设计、施工、运营的过程就是一个不断优化的过程，当然优化和BIM也不存在实质性的必然联系，但在BIM的基础上可以做更好的优化。优化受三样东西的制约：信息、复杂程度和时间。没有准确的信息做不出合理的优化结果，BIM模型提供了电力工程的实际存在的信息，包括几何信息、物理信息、规则信息，还提供了建筑物变化以后的实际存在。复杂程度高到一定程度，参与人员本身的能力无法掌握所有的信息，必须借助一定的科学技术和设备的帮助。现代建筑物的复杂程度大多超过参与人员本身的能力极限，BIM及与其配套的各种优化工具提供了对复杂项目进行优化的可能。基于BIM

的优化可以做下面的工作：

（1）项目方案优化：把项目设计和投资回报分析结合起来，设计变化对投资回报的影响可以实时计算出来；这样业主对设计方案的选择就不会主要停留在对形状的评价上，而更多的可以使得业主知道哪种项目设计方案更有利于自身的需求。

（2）特殊项目的设计优化：例如电缆沟、屋顶、大空间到处可以看到异型设计，这些内容看起来占整个电力工程的比例不大，但是占投资和工作量的比例和前者相比却往往要大得多，而且通常也是施工难度比较大和施工问题比较多的地方，对这些内容的设计施工方案进行优化，可以带来显著的工期和造价改进。

5. 一体化性

基于BIM技术可进行从设计到施工再到运营贯穿了电力工程项目的全生命周期的一体化管理。BIM的技术核心是一个由计算机三维模型所形成的数据库，不仅包含了电力工程的设计信息，而且可以容纳从设计到建成使用，甚至是使用周期终结的全过程信息。

6. 参数化性

参数化建模指的是通过参数而不是数字建立和分析模型，简单地改变模型中的参数值就能建立和分析新的模型；BIM中图元是以构件的形式出现，这些构件之间的不同，是通过参数的调整反映出来的，参数保存了图元作为数字化建筑构件的所有信息。

7. 信息完备性

信息完备性体现在BIM技术可对工程对象进行3D几何信息和拓扑关系的描述以及完整的工程信息描述。

BIM技术在电力工程中的应用，将大大提高工程项目的集成化、信息化水平，在控制项目成本、缩短施工工期、提高建筑质量的同时，将为工程项目带来了更安全、更低碳的管理手段，并将为国家电网公司未来的建设和管理工程中，利用先进的信息化技术、科学的管理手段提供全新的解决方案和管理思路。但BIM技术的推广应用，需要一个长期、循序渐进的过程，它不仅仅是一种工具和手段，更是一种工作方法和思维模式，对电力工程行业的发展将起到良好的推动作用。

1.2 电力工程BIM应用现状

针对BIM技术而言，在建筑工程行业之中的应用已经是相对来说比较广泛，尤其是对一些大型的电力工程项目而言，同时在一些较为重要的电力工程项目中也进行了BIM技术的应用，获得了各个项目参与方的好评，可促进企业获得更多的经济效益、社会效益及带动企业得到更好的发展。

一是500kV静安（世博）地下变电站——中国第一座世界上最先进的全地下筒形500kV变电站，它与向家坝—上海±800kV高压直流输电示范工程奉贤换流站双枝并秀，载入我国电力建设史册，并在世界同行业树立了里程碑。该地下变电站位于上海市中心，由成都北路、北京西路、大田路和山海关路围成的黄金地块内。直径130米，深33.5米，基础面积13300平方米，地下建筑面积53066平方米，地上建筑面积1590平方米。地下四层筒体结构，局部设置小面积夹层，地面层建筑仅保留主控室、进出口和进出风口。该工程是当时国内最深逆作法施工的项目，很多方面都是超常规施工，而且，工程又建在市中心，一有闪失，经济、社会影响都无法估量，尤其在电气建设方面，规模涵盖500kV及以下所有电压等级，电气设备种类繁多，布置紧凑，其施工难度极大。宏观上，BIM为设计方解决了"设计内容是如何建造"的问题；为施工方解决了"施工是否组织合理"的问题；为管理方解决了"如何去管理和控制"的问题。在具体实施上，BIM 4D模型可以进行推演评估设计变更的影响，并且支持版本追踪，这使得工程模型和数字图纸上每一项修改变更内容都能追溯可控；通过BIM 4D模型＋流程图中紧前紧后工作的逻辑关系，合理地安排了施工队伍工作的优先级，把有限的资源投入到节点任务最紧、对进度总控影响最大的关键路径上。应用BIM辅助建设项目多维集成管理的解决方案后，实现了高效地项目合作与沟通，完成了科学地计划与建造，更好地预测了风险与过程控制。图1-1为该变电站BIM模型剖面图。

图1-1　500kV静安地下变电站模型剖面图

二是上海容灾中心主要是为国家电网公司在我国范围之内建设的三个集中式信息系统容灾中心之一，对于该项目而言，专业比较多以及施工的工期比较紧张，因此在对BIM技术进行充分利用的过程中，在设计的过程中则是可以提前的发现建筑专业以及结构专业、建筑专业和设备专业之间的碰撞冲突情况，因此在施工之前便是可以进行合理的解决，使其减少返工等情况，提高施工的效率，同时也是能够提高施工的成本，为后期的运行和维护管理提供方便，具有针对性地开发了BIM运维管理的软件，使其应用到辅助日常的运营管理工作，同时也可以对其一些重要的设备进行监控，提供出预警的信息，保证其设备可以处于在一个正常维护的状态下，对整个建筑物可以起到一个较为良好的保护作用。因此，必须要能够对其给予高度的重视，促进其BIM技术得到更加广泛的应用，促进电力工程行业的建设水平得到提高。

三是在天津永定河220kV变电站设计中，通过BIM技术和地理信息系统（GIS）相结合，对场地及拟建的建筑物空间数据进行建模，帮助项目在规划阶段评估场地的使用条件和特点，从而做出新建项目最理想的场地规划、交通流线组织关系、建筑布局等关键决策。通过BIM技术对重要的施工环节或采用新施工工艺的关键部位、施工现场平面布置等进行模拟和分析，提高了施工计划的可行性。同时，借助BIM管理软件对施工组织的模拟，项目管理方能够非常直观地了解整个施工安装环节的时间节点和安装工序以提高施工效率和施工方案的安全。通过BIM技术中的模拟功能，将施工计划与现场的实际情况相结合，可以模拟出各阶段各专业的施工区域、人流路线、材料堆放位置、设备吊装的路径及避让区域，以避免不同专业交叉施工现象，杜绝安全隐患。在工程建设过程中，BIM技术主要用在设备吊装（较危险的环节），利用BIM技术模拟设备吊装的垂直运输和水平运输，并将模拟结果作为编制施工方案的依据。BIM技术的应用对于实现变电站全寿命周期管理，提高工程设计、施工和运维的科学技术水平，促进电网建设全面信息化和现代化，具有良好的应用价值和前景。

对于 BIM 的技术而言，通过将其充分的应用到电力工程之中，能够更好地将项目的需求与 BIM 特点进行结合。在项目的不同阶段，使 BIM 技术与项目的不同需求充分地结合，可以更好地实现电力工程项目与 BIM 技术应用的完美衔接。而且对于 BIM 全生命周期理念来说，是对某一个设施进行分享的过程，同时也是可以从该设施的概念开始，为决策提供出相应的依据。此外，BIM 技术在电力工程中的应用不仅仅可以更好地为后续的运行维护工作提供出智能化的方向打下坚实的基础，同时也为整个行业 BIM 技术持续发展带来较为重要的积极作用。

1.3 电力工程 BIM 常用软件

现代电力系统是集发电、输电、送电、配电的高度自动化系统，电力建设工程种类多，项目庞大，涉及的专业繁多，参与方多，电力建设项目分类如图 1-2 所示。

电力建设项目具有建设周期长、投资额巨大、整体性强、受环境制约性强、与国民经济发展水平关系密切的特点。在设计到运行过程中任何一个环节出现失误、工程变更等都会对整个项目的进度、质量、成本造成损失，损害项目参与方的利益，影响国民经济发展。在电力行业如何提升工作效率、降低错误率、提高管理质量以及信息共享等问题已是迫在眉睫。这就决定了将 BIM 引入电力工程项目中是电力行业发展的必然趋势。

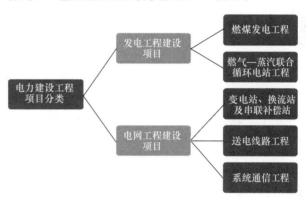

图 1-2 电力建设工程项目分类

BIM 与电力工程项目的不同使用者。BIM 体系下的信息是从前期规划开始，一直到建筑的拆除，期间不断被各种角色的使用者使用、修改、丰富和传递，正是因为这些使用者循环不断地对信息的利用，才使得信息的使用效率提高了，同时也增加了信息的价值。在电力建设项目中，有业主、投资方、设计师、工程师、施工方等多个参与方，每个参与方角色不同，对问题的关注点不同，对信息的需求也不相同。传统模式下，每个参与方之间信息共享率低，导致形成了信息孤岛、上下游信息不对等，参与方在保护了信息优势的同时，也产生了信息被隔离；而在 BIM 体系下，信息的共享成为主流思想，各个专业的参与者在同一个平台上共享信息，实现对信息的共同开发和利用，在节约资源的同时，也促进了信息交流传输的高效。

BIM 与电力建设工程不同项目阶段的关系。根据电力建设过程的进展情况，我国一般将其分为四个阶段：前期规划、设计阶段、施工阶段、运营维护阶段。不同的项目阶段所需信息不同，在进程中任一阶段都是对其前一阶段的信息利用和丰富的过程。

电力工程 BIM 体系下涉及很多软件，主要有核心建模软件、分析软件、项目管理软件、工程造价软件等，通过这些软件的协同工作和软件之间的信息流动实现工程信息化。

第1章 电力工程BIM技术概述

其中核心建模是整个软件链条的灵魂,核心建模软件的图元表达和信息集成直接决定了后期信息利用效率的高低。同时项目信息是BIM的核心,而项目模型是BIM的基础,项目信息必须依托于项目模型而存在。项目的不同参与方、项目的不同的阶段都需要通过模型来提取所需要的信息,所以一切BIM在项目中的应用都要以项目模型开始。

目前,国内常用的变电工程BIM设计相关软件主要有北京博超时代软件有限公司的STD-R变电数字化设计平台、奔特力公司的变电三维设计系列软件(含以Substation为主的多个软件组成变电三维设计解决方案,以下简称"奔特力")、AutoDesk公司的Revit平台,此外还有各专业的计算校核及出图相关软件等。以下主要对STD-R平台、奔特力和Revit平台三个软件进行简单介绍。

1.3.1 Revit软件

Revit平台是由AutoDesk公司收购的Revit Technology公司于1997年推出的系列软件产品,其主要用于建筑BIM设计,经过20多年的完善和推广,目前已成为国内外最主流的BIM设计产品。但是由于其缺少电力设计相关的专业功能,其在国内电力设计行业应用并不多,很多相关企业都是在其基础平台上进行专业化的功能开发后,逐渐形成符合电力设计市场需求的BIM设计类平台软件。

Revit软件平台对于建筑构件的划分从2010版开始,将软件分成了Revit Architecture、Revit Structure、Revit MEP三个子软件,分别负责建筑、结构、机电的建模和表现。三个子软件中,因为需求不同,所以着重点也不同,软件通过三种不同的样板来体现。例如,在Revit Architecture中,着重表现的对象主要是各种门窗的样式、楼梯的样式、复杂的幕墙以及一些家具和装饰等,且其建模选项卡中,是没有梁和承重柱等命令的,如图1-3所示,这充分说明了软件目标的针对性。

图1-3 建筑模块命令选项卡

同样,在Revit Structure中,软件着重强调了结构的建模,如梁、板、柱、墙,对于混凝土构件,选中时会出现添加钢筋的选项卡;对于钢结构建筑,则可以创建桁架、节点螺栓等结构,如图1-4所示;在Revit MEP中,软件对于给排水、暖通、电气专业予以加强,相关的选项卡也符合软件各自的需求,如图1-5所示。

图1-4 结构模块命令选项卡

图1-5 系统模块命令选项卡

从 2013 版开始，Revit 软件将三个子软件合并到一个软件中，命名为 Revit 系列软件，但是，软件仍然保留了四个项目样板（增加了构造样板，着重于施工方向）。除此之外，Revit 创新性地将族（FAMILY）的概念引入，将每一个族构建成一个小的信息集成，通过族构件的拼装，从而实现项目的信息模型的构建。Revit 软件的绘图建模能力远远优于国内的算量建模软件，其丰富的自定义族为工程信息的表达提供了可能性。

当然，Revit 也有其弊端。它对计算机配置的要求很高，从而对推广施行 BIM 带来一定限度的阻力；对于复杂的模型至少需要 i7 处理器和 16G 内存才能自如转动模型。

1.3.2 STD-R 软件

STD-R 平台是由北京博超时代软件公司基于 Revit 开发的专业的变电站 BIM 设计平台软件，其是以工程数据为核心，以三维技术为手段，实现全专业三维协同设计的数字化设计平台。平台通过设计数据驱动与共享实现设计流程的自动化，借助三维技术实现设计成果的精细化，进而实现全专业模型级的协同设计。平台由平台管理、电气设计、土建设计、协同设计四部分构成，将人员管理、工程管理、标准化管理与三维数字化设计手段相结合，通过数字化三维设计直接生成相关平、断面图及相关图纸成果，并能实现多专业的协同设计及三维校验，其设计成果可直接用于数字化移交。

STD-R 软件是一款以数据库为核心的三维数字化设计软件，其提供的标准化设计体系，基于同一工程模型的协同设计体系缩短了专业之间的提资接收周期；基于三维模型的精细化设计，具有管线综合碰撞检查、安全净距校核等能力，可以避免设计错误和返工，有效节约现场解决问题的时间；各个设计阶段的成果共享，完整的设计周期共用同一个设计模型。

STD-R 软件是一款户内变电站配电装置布置设计平台，主要用于三维变电站的设计；该软件实现数据库服务器管理，采用 C/S 架构，工程项目及设备库均存储在数据库中，从服务器读取工程项目信息及设备库进行设计；可实现多用户对同一项目进行协同设计。

STD-R 软件登录分为管理登录、系统设计、布置设计。其中管理登录可以进行工程管理、用户管理操作、公共库管理、工程库管理、电缆敷设配置，管理操作完成，可直接启动设计软件。系统设计登录即直接进入 CAD 软件使用界面，进行主接线系统设计。软件在 AutoCAD 的菜单上添加了几项专业内容，软件的所有功能模块都由这几项调出。布置设计登录即进入 Revit 软件使用界面，进行三维设计。软件在 Revit 软件的菜单上添加了几项专业内容，软件的所有功能模块都由这几项调出。

以管理员身份登录软件，进入软件的操作界面（图 1-6）。

在客户端安装 STD-R 软件之前必须先装有 AutoCAD2012 和 Revit 2017，并且正常运行过。STD-R 软件的平台架构如图 1-7 所示。

变电站工程中每个设备都是有逻辑表达（主接线）和物理表达（三维），通过相同的编码产生关联，实现主接线与三维图设备属性（型号、厂家）、设计属性（期次、相序）联动更新。具体内容如图 1-8 所示。

同时该软件提供了设备模型族库（图 1-9）和典型设计文件（图 1-10），为工程模型的创建提供了便利。

STD-R 软件提供了数据库管理、知识库管理、协同设计、系统设计、布置设计、导

第1章　电力工程 BIM 技术概述

图 1-6　STD-R 软件登录界面

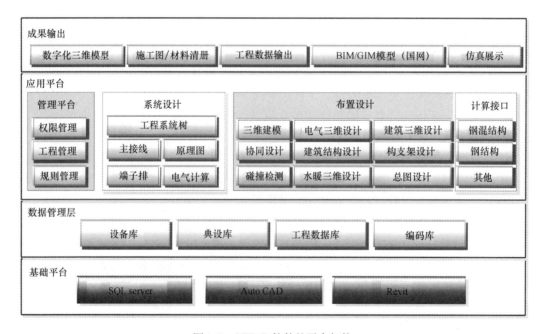

图 1-7　STD-R 软件的平台架构

1.3 电力工程 BIM 常用软件

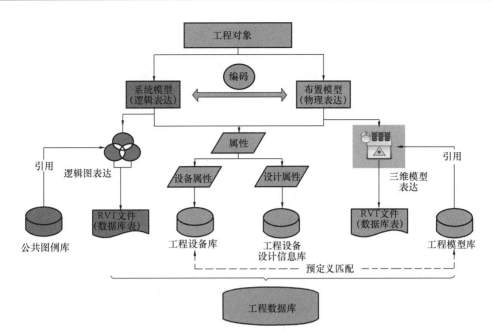

图 1-8 变电站逻辑设计图

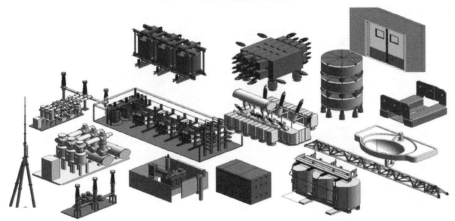

图 1-9 设备模型族库

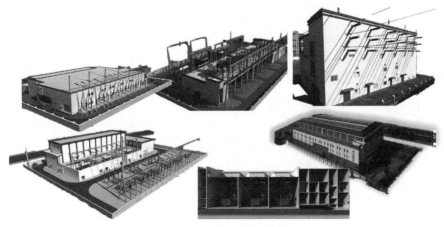

图 1-10 典型设计文件

体与通道设计、电缆铺设、接地设计、安全净距校核、统计标注和常用通用工具。

STD-R 软件提供了数据库管理，具有用户信息管理、工程信息管理、电缆铺设配置等功能使建模工作具有开放性和安全性。知识库管理提供了族库管理、工程复用和装备复用的功能，匹配《电网工程标识系统编码规范》国家标准，为数字化工程移交奠定了基础。协同设计提供场地结构设计、水暖设计、总图设计等多专业协同设计，利用链接文件、中心文件实现专业间协同设计，实现了设计信息的及时共享，同时专业内部也可以划分区域分权限协同设计。系统设计完成电气一次设计和主接线连接；布置设计完成设备布置，建筑结构布置和电压、相序、反转、期次等其他模型设计。导体与通道设计完成导线设计、母排设计、电缆沟等导线设计。电气设计设备模型参数驱动，设备外形根据尺寸数值驱动，节省用户建模时间。利用协同机制用户可自行扩充参数化模型（图 1-11）。

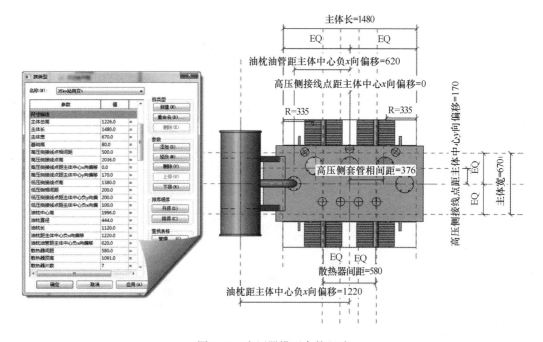

图 1-11 变压器模型参数驱动

电缆敷设中可识别设备上的端子箱确定接线点位置；通过埋管与电缆沟确定电缆通道，借助已有的电缆敷设专业计算内核，自动在三维图中完成电缆敷设设计（图 1-12）。

照明设计中采用二三维一体化的思想进行设计，按照传统的平面设计习惯进行设备布置，自动在对应位置、高度生成三维模型，提供多种常用的布置功能，根据安装方式进行设备定位楼板、天花板、墙等建筑对象，吊装时自动配置吊具。

接地设计中可快速绘制全站接地网，根据规程算法，可计算均匀土壤电阻率下的接地电阻，接地电势、跨步电压，并精确统计材料。

该软件可一键校核，自动定位，碰撞检查，电力计算，出图统计，最终实现数字化移交。

1.3 电力工程 BIM 常用软件

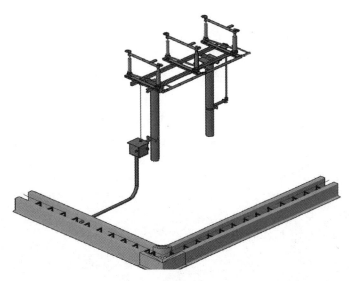

图 1-12 电缆敷设设计

1.3.3 Bentley 软件

Bentley 公司建立于美国,是 BIM 平台软件提供商之一。Bentley 系列软件三维设计是基于 Bentley 软件的 MicroStation 平台软件,Bentley 软件模块均以数据库为核心,涵盖电气、土建、结构、水暖、场地等多个专业,以满足设计中各专业的应用需求。

其中,MicroStation 软件是基本三维平台;Substation 软件用于完成二维接线和三维变电站设计;Architecture 软件负责建筑设计;Structure 软件负责土建结构设计;Mechanical 软件负责建筑暖通、给排水设计;ProjectWise 软件用于实现数字化成果浏览。

三维设计平台 MicroStation(图 1-13)软件采用基于 Parasolid 的三维模型技术和 Mi-

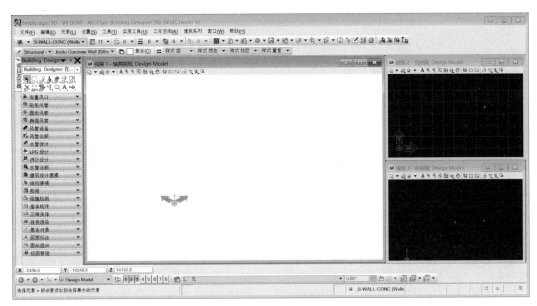

图 1-13 Bentley MicroStation 软件界面

crosoft DirectX 3D 游戏级的图形驱动技术，可实现高质量的动画漫游、施工进度模拟等功能，适用于全球基础设施设计、建造和运营。

Bentley Substation 软件是专门负责变电站设计的软件（图 1-14）。其突出特点表现为可以快速完成二维原理设计，能够在三维模型中完成导线布置并较为准确地表达带有弧垂的导线、连接线，还能够在设计中完成二维原理图、三维模型的布置和二维平断面的实施高效关联。在三维布置图中修改时，二维图纸也会实现自动刷新。

图 1-14　Bentley Substation V8i 界面

Substation 软件还能够完成防雷、接地、照明等变电站设计中的辅助设计，并实现三维协同设计。电气专业对变电站进行防雷计算、接地计算、安全净距校验，与土建专业进行碰撞校验等，从而在设计阶段协调各专业的冲突与干涉。

Bentley Architecture 是专业建筑应用软件（图 1-15），具有面向对象的参数化创建工具，能实现智能的对象关联、参数化门窗洁具等，能够实现二维图样和三维模型的智能联动。

图 1-15　Architectural Building Designer V8i 命令选项卡

Bentley Structural 是专业结构建模软件，适用于各类混凝土结构、钢结构等各类信息结构模型的创建。结构模型可以连接结构应力分析软件进行结构安全性分析计算。从结构模型中可以提取可编辑的平立面模板图，并能够自动标注杆件截面信息。

Bentley Building Mechanical Systems 是建筑物内通风空调系统、给排水系统设计模板（图 1-16）。该软件能够快速实现三维通风及给排水管道的布置设计、材料统计以及平、立、剖面图自动生成等功能，实现二维、三维联动，主要用于创建通风空调管道及设置布置设计。

ProjectWise 是功能强大的三维模型设计工具。该软件在 MicroStation 基础上针对智能三维全信息模型进行功能拓展，它能从智能化的三维模型中得到任意位置的平面、剖面、正交视图和透视图等，并能依据模型统计材料数量、材料规格以及进行成本估计等。

ProjectWise 以 MicroStation 为统一的工程内容创建平台，此平台上具有以上的 Bentley 建筑行业方案解决软件等各专业软件。各团队以 ProjectWise 为协同工作平台，高效率协同工作，对工程成果分权限、分阶段进行控制。各个专业的应用软件具有参数化的建模方式、智能化的编辑修改以及精确的模型控制技术。生成的专业模型可以与其他专业相互引用，协调工作，并可以灵活输出各种图样和数据报表。然后以 Bentley Navigator 为统一的可视化图形环境，通过 Navigator 的功能模块，进行碰撞检测、施工进度模拟以及渲染动画等操作。

图 1-16 Bentley Mechanical 项目浏览器

本书选取了国内电力设计行业应用最广泛的两款软件产品，通过其对实际工程案例进行 BIM 设计应用的实际过程介绍变电工程 BIM 设计的应用方法和技巧。其中，"500kV 变电工程案例"是利用北京博超时代软件公司研发的 STD-R 平台进行变电站 BIM 设计应用过程的介绍，"×××变电工程案例"是利用奔特力公司研发的×××进行变电站 BIM 设计应用过程的介绍。

1.4 电力工程 BIM 发展趋势

BIM 技术是起源于建筑行业的一种数字化技术，在电网工程中除了电气设备外的其他部分都与工程建设行业存在着高度的重合关系，电力工程本身即是工程建设行业的一个分支，其规划、工程、结构、建筑、弱电系统均需要满足一系列的工程建设行业标准和规范。

当今世界正在进入智能化时代，数字化是智能化时代的基础。在智能化社会、智慧化城市中，其重要前提就是工程的数字化。近年来，国务院办公厅、各省住房城乡建设厅发文大力推行 BIM 工程，"加快推进建筑信息模型（BIM）技术在规划、勘察、设计、施工和运营维护全过程的集成应用，实现工程建设项目全生命周期数据共享和信息化管理，为项目方案优化和科学决策提供依据，促进建筑业提质增效。"[参考文献：《国务院办公厅关于促进建筑业持续健康发展的意见》（国办发〔2017〕19号）]标志着 BIM 正式提升到国家层面推进，BIM 无论从现阶段技术工具出发，还是基于未来的协同管理模式的创新来看，其应用推广的趋势已不可阻挡。如同以前的互联网大潮一样，基于 BIM 所引领的技术变革、管理变革，也势必会创造出新的商业领域、商业模式和新的工作岗位。同时各大央企全面推行 BIM 技术，工程数字化已经大势所趋。

工程数字化的源头在于数字化设计，数字化设计成果将成为工程全生命周期数字化体系的主数据。数字化设计绝不仅仅是设计专业提高竞争力的手段，其主要价值是为工程全生命周期服务。数字化时代，不能提供数字化服务的传统模式一定被淘汰。

在电力工程领域，国家电网公司在电网工程中全面推广以 BIM 技术为核心的三维可视化设计，大力提高电力工程的数字化水平。国家电网公司的数字化电网工程已经全面启动，2017 年，将率先建成特高压数字电网；2020 年，完成 110～500kV 电网数字化，全面建成公司数字电网，实现数字化成果在规划、设计、施工及运行全生命周期应用。2020 年，逐渐停止传统设计方式。通过数字化三维设计，创新设计手段，提高设计质量，支撑电网全生命周期管理，全面提升电网建设、运行管理水平。其推进目标是实现多专业协同设计；促进工程数据多环节统一利用；推动电网公司数字电网建设。同时以一批试点工程为契机逐步推广电力工程 BIM；主要的试点工程有"一站一线一管廊"特高压苏通 GIL 管廊工程、枣庄 1000kV 变电站、张北柔直工程、750kV 博州变电站、500kV 集美变电站、500kV 南昌东变电站、220kV 三营门变电站、220kV 汨罗西变电站。预计到 2020 年进入全面进入数字化设计阶段。

为满足电力工程的三维设计要求，国家电网公司修编 3 项标准，包括变电站（换流站）建模标准；线路建模标准；建库规范。新编多项标准，包括输变电工程三维设计模型交互规范 BIM 标准；变电三维设计技术导则；线路三维设计技术导则；变电三维设计软件基本功能规范；线路三维设计软件基本功能规范；三维设计取费标准。

数字化时代，智能电网建设对户内变电站工程设计提出了更高的要求。目前，大型电力设计院普遍采用数字化三维变电平台，国家电网公司已经建立了工程数据中心和数字化移交系统，并在重点工程中全面进行设计成果的数字化移交，数字化设计大势所趋。

第 2 章　电力工程 BIM 设计

电力工程（electric power engineering），是与电能的生产、输送、分配有关的工程，涵盖了火电、水电、核电、新能源、输电、变电等工程。本章仅向大家介绍变电工程 BIM 设计的方法和技巧。

第 2 章 电力工程 BIM 设计

2.1 电力工程 BIM 设计步骤

1. 设计准备

需要的前期准备主要包括两个方面，其一是设计环境，其二是设计资料。设计环境包括 BIM 设计所必须的硬件和软件基础，其硬件在性能上应满足运行 BIM 相关设计工具和开展工程 BIM 设计要求，其软件包括操作系统、数据库、BIM 设计相关软件，三维展示、渲染和漫游类软件可根据需要进行配置。设计资料包括设计工作开展所必须的基本资料、设计范围、设计深度要求等，工程基本资料包括地形资料、设备图纸资料、各专业设计参考图纸、典型回路元件图元等。

2. 设备建模建族

设计工作开始首先要对工程所需设备进行三维建模建族。设备三维建模可由工程师参照厂家提供的设备安装图或典型设备图纸资料，通过专业的 BIM 设计平台提供的工具进行建模建族。设备建模时还需参照相对行业规范，比如国家电网公司的《变电站（换流站）三维设计建模规范》等。

3. 设备模型和属性信息入库

设备建模完成后，需要将设备模型和属性信息进行入库。入库前应对设备模型进行检查，包括模型尺寸、比例、角度、颜色等。设备属性信息应包含设计和计算校核所需的全部信息，包括设备详细参数、生产厂家、物料编码等。

4. 主接线设计

工程设备库建立完成后，就可以开展主接线设计。可以通过平台调用典型设计方案或回路进行设计，也可以通过参数化主接线进行方案设计，方案设计完成后还需对方案进行细化，包括短路电流计算、设备选型、赋值、标注、编码、期次转换、发布等，完成主接线设计。主接线设计中还需为工程中主要设备进行编码。工程设备编码需参照相应的行业规范，比如《电网工程标识系统编码规范》GB/T 51061—2014 等。

5. 总图设计

首先，要总图规划设计，一般是由电气专业负责，内容包括各配电装置区域划分、进出线位置确定、主控楼和大门确定、道路、围墙、排水沟设计等。其次，由总图专业进行详细的总图设计，总图设计依赖于数字化地形图，首先要导入本工程的数字化地形图，对站址进行场地平整和土方量计算。最后，进行详细的总图布置设计，包括道路、围墙、电缆沟、进出站道路、站外护坡、挡土墙、排水沟等。

6. 配电装置设计

配电装置设计时需利用主接线设计的成果进行设计，包括工程信息、间隔和回路信息、设备信息等。配电装置设计内容包括轴网绘制、设备布置、导线连接、间隔断面图剖切、材料统计等。

7. 土建设计

土建专业设计包括建筑、水暖、结构、总图，各专业可以在各自的协同工作环境下开展各自专业的设计工作，也可以利用各自常用的专业软件进行计算校核和出图，比如 PKPM、盈建科、Midas、Staad.Pro、Tekla、岩拓、Civil 3D、飞时达、鸿业等专业软件。

设计的过程中通过数据接口实现各专业软件与BIM设计平台的数据对接,和各专业间的协同设计。

8. 计算校核

设计完成后需要对设计成果进行计算校核。在数字化的设计成果上,获取设备模型的属性信息和空间位置进行计算校核,包括防雷计算、导线力学计算、管母力学计算、支撑管母计算、母线感应电压计算、导体相间距离计算、跳线相间距离计算、跳线相地距离计算等计算校核,还有安全净距检查、碰撞检查、防火间距检查、吊装通道检查等相关校核检查。

9. 输出的设计成果

全站BIM设计模型;场地平整图和土方量计算结果表;主接线设计图纸;平面图和断面图,包括三维总平图、电气总平图、各配电装置平面布置图、各电压等级间隔断面图、土建总平图、构架布置轴侧图、支架布置轴侧图、站区给排水图、基础布置图、建筑平面图、建筑剖面图等;设备安装图、构架展开图、基础配筋图等;材料统计表,包括全站主要设备材料表和电气材料表、各配电装置主要设备材料表和电气材料表、电缆清册、工程量统计表等;计算结果表和计算书,包括短路电流计算表和计算书、高压设备选型表、防雷保护表、接地计算书、导体力学计算书、土建各专业计算书等;安全净距校核、碰撞检查、防火间距检查、吊装检查等;全站三维渲染和漫游成果;数字化移交成果。

2.2 Bentley变电站三维设计解决方案

Bentley变电站三维设计解决方案(图2-1)针对的是变电设计项目整体,而不是单纯的某个专业。对应于电气、土建、结构、水暖、场地等专业,Bentley变电站设计解决方案都有对应的智能辅助设计软件与之配合,能够保证在整个项目设计过程中设计数据的

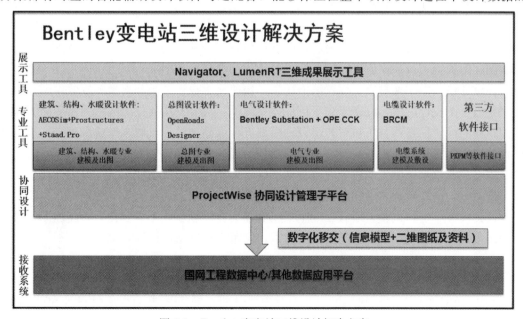

图2-1 Bentley变电站三维设计解决方案

共享及继承,能够真正为用户带来增值效益。并且,Bentley变电站三维协同设计解决方案中的各个专业三维设计软件模块在国内外多个工程行业均有多年的、数百上千的工程项目的应用验证,是一款成熟的、经过足够应用验证的、可以提高设计质量和效率的软件应用系统。同时,方案系统中的OPE CCK是一个完全按照国内电力行业标准和工程师设计习惯开发的中国电气设计工具包,可以辅助设计人员高质高效完成变电站的设计。

Bentley变电站三维协同设计流程如图2-2所示。

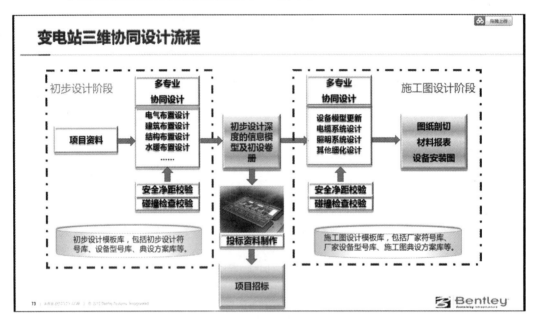

图2-2　Bentley变电站三维协同设计流程

设计数据从项目开始阶段输入后,一直贯通整个设计过程。在初步设计阶段,可以基于通用设备模型库来快速完成模型布置、提资,各专业设计人员基于项目布置设计基准点,在三维可视化协同环境下,完成建模设计,在过程中充分的应用安全距离校验工具、软、硬碰撞检查工具来保证设计模型的正确性。当变电站设计信息模型创建工作完成后,可以在设计模型中添加材质、设置渲染场景,快速输出投标动画和鸟瞰图等效果图片。

在施工图设计阶段,可基于初步设计模型成果,充分利用软件的数图同步功能。在数据编辑器界面,根据项目资料对初步设计模型进行调整和补充,修改完成后,由三维设计软件功能来实现从设计数据到设计模型的刷新,提升质量和效率。

当完成变电站三维模型建模并进行校审后,可通过三维剖切技术从三维设计模型中抽取二维图纸。所获得的二维图纸与三维设计模型动态关联,当发生设计变更时,只需要在三维设计模型中进行调整,所有二维施工图纸都会自动刷新,不需要在平、断面图上进行手动调整,即可避免手动绘制易出错的弊端,又可大幅度提高设计效率。

2.2.1　电气专业设计模块

利用OPECCK软件模块,可快速完成电气三维建模,可自动生成材料表和计算书,可以从三维布置设计快速得到二维的平断面施工图纸。

1. 主接线图设计

使用主接线模块，采用典型图方式快速地创建原理接线图（图 2-3）。典型图库可以随时进行扩充，也可以按照不同电压等级下的进出线回路分别进行设计。设计的信息自动保存在项目数据库中。

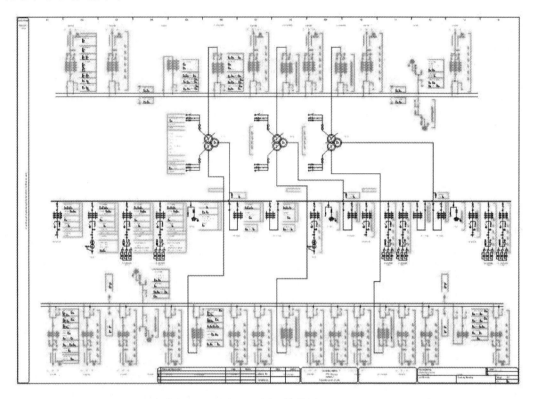

图 2-3 原理接线图

2. 设备布置

在进行三维设备布置时，设备布置模块自动从项目数据库中获取设备清单，以列表形式显示，方便工程师进行选取。二维原理图的设备参数和三维布置图的参数可以实时共享，并可以相互导航。若二维原理图发生更改，通过刷新数据库信息，三维布置图可以自动进行更改。

3. 三维导线建模

使用三维导线设计模块，方便地进行三维软导线和硬导线（母排）设计（图 2-4）。导线的选型从型号库中读取，导线库可以随时进行扩充。在设计导线过程中，可以进行绝缘子和金具的选择，从而快速高效地完成设计。导线设计完成后，通过报表生成器，可以自动统计导线、绝缘子和金具的数量，生成材料表。使用导线拉力计算模块进行导线及架构的受力分析，生成导线安装报表，指导施工。

4. 防雷系统设计

可使用折线法和滚球法完成避雷针及避雷线的联合保护计算，可生成防雷保护范围图和计算书，可在三维的界面上方便地查看设计成果（图 2-5）。

图 2-4 导线布置

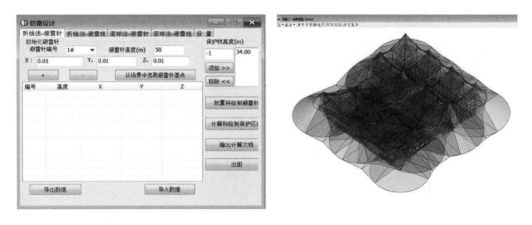

图 2-5 防雷设计

5. 接地系统设计

接地系统设计模块（图 2-6）可以快速方便地完成接地网、接地线、接地井、集中接地装置的布置；可以完成电力行业标准的接地电阻、跨步电压、接触电压的计算；生成接地材料表；可以自动生成三维接地布置图，与其他专业进行碰撞检查的校验。

6. 断面图生成

可以快速地获得间隔的平、断面图；可以批量地对设备进行标注；可以自动生成材料表；可以快速完成设备定位尺寸标注、标高标注及安全净距标注，快速地完成间隔平断面图图纸设计。

2.2 Bentley变电站三维设计解决方案

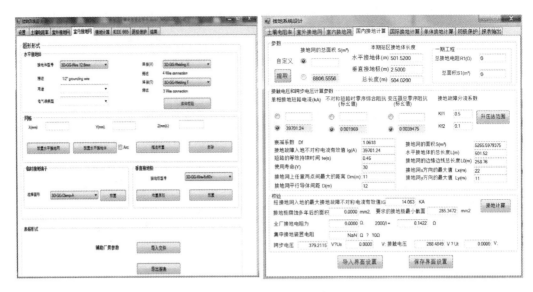

图 2-6 接地系统设计

7. 项目复用

Bentley变电站解决方案是以数据库为核心驱动的软件系统,在该系统上可以方便实现典型设计模式,基于典型项目库中的初设(施工图)深度的标准方案,在简捷的操作界面上快速完成设备参数及接线的修改,执行"刷新"操作后就可以实现所有关联图纸的自动刷新,包括三维布置图、间隔断面图、设备安装图、材料表等,进而快速完成新项目的设计工作。

8. 二次设计

该模块基于二次原理接线图(控制、保护、信号),可生成端子箱接线图、原始电缆清册、"三遥"信息表;软件可自动生成整站的原始电缆清册,该清册可导入电缆敷设模块中完成整站的电缆敷设计算,生成电缆清册(包含长度及所经路径),指导施工。

9. 站用电设计

站用电设计模块可以读取Excel格式的站用负荷表,进行负荷统计,依据标准设备选型表完成设备选型,依据出图模板可自动生成接线图及电缆清册。

10. 电缆系统设计

可参数化完成三维电缆通道系统(桥架、埋管、电缆沟等)的创建;可参数化创建多层桥架;可方便修改、编辑三维电缆通道系统;可快速完成三维电缆通道系统的材料统计、各种方案的成本分析;可以优化电缆通道系统的设计,如调节桥架层数、截面等。详细设计模块可以准确计算出电缆通道系统及电缆的材料。可以按照默认规则(容积率限定、电压匹配、最短路径)自动完成电缆敷设,生成电缆清册。电缆及桥架库采用简捷方便的工具进行编辑和扩充,用户可以方便地完善数据库。可集成Substation的设备模型数据来完成电缆自动敷设,不需要重复建模。

2.2.2 土建专业设计模块

土建专业(AECOsim Building Designer)涵盖了建筑、结构和水暖设计功能子模块,使用者可以采用按需加载的方式，在进行建筑设计的同时，也可以根据需求加载其他的专业设计模块，这样的设计使土建设计专业的设计模块被整合在同一个设计环境中，可以用同一套标准进行设计。

1. 建筑专业设计子模块

通过创建 BIM 模型，可以将建筑设计流程中生成的各种散落在不同阶段和位置的工程信息内容以唯一正确性方式进行统筹管理；具有优秀完备的方案设计建模能力；采用自由灵活的 2D/3D 混合工作流工作模式；具有强大的动态视图功能，可以生成任意位置的截面图；可以覆盖建模、初步设计、施工图设计、建筑表现等各个设计流程；自动生成平、立、剖面图，任何模型的变化及时反映在图纸中；自动生成门窗表、工程材料表。

2. 结构专业设计子模块

能完成三维钢结构、混凝土结构的建模和布置设计；可以与 Staad.Pro、RAM、Madis、SAP 等计算软件进行接口，实现分析模型与计算模型的整合。在完成三维模型后，Bentley Structure 不但可以自动生成平、立、剖面图，还可以自动生成材料表。可以生成平面图、立面图、带视角的大样图、结构剖面图。

3. 水暖专业设计子模块

包括了暖通（HVAC）和给排水（Plumbing）两个设计模块。水暖专业设计子模块涵盖了建筑设备模型创建、图纸输出、材料报表、碰撞检测等整个设计流程。水暖专业设计子模块可以与上下游专业协同工作并为下游专业提供良好的数据接口。水暖专业设计子模块具有丰富的、参数化的专业构件库，是一个智能化的管线系统设计工具。

4. 照明系统设计子模块

可以完成照明灯具、设备的布置，具有和照度计算软件（第三方免费软件 Relux）的双向接口，可以将房间信息输出到 Relux 进行照度计算，计算合格后，可以将灯具位置和参数信息返回到照明设计子模块中，确定具体的灯具型号后，可自动完成灯具布置。可自动进行材料统计。

2.2.3 变电架构设计模块

变电架构（ProStructure）模块是专业的结构设计软件，可实现钢结构和混凝土结构的建模、出土及材料统计。具有如下功能：

1. 软件自带参数化模型库，可以参数化的创建变电构架模型和设备支架模型（图 2-7），包括 A 型柱、格构梁等参数化构件模型。

2. 创建的模型可以与其他专业模型整合，进行碰撞检查等分析。

3. 通过 ISM 数据转换接口，可以将模型输出到 Staad.Pro 里面进行力学分析；反之，也可以将 Staad.Pro 的力学计算模型导入到 ProStructure。实现力学计算模型和实体出图模型的双向互导。

4. 具有参数化的节点库，可以快速完成节点设计（图 2-8）。

5. 可以依据模型生成展开图和材料表。

6. 可以完成配筋设计。

结构专业分析模块（Bentley Staad.Pro）可完成钢结构的计算分析，并可与 Bentley ProStructures 软件进行双向接口，结构工程师可以在其中一个软件中进行设计调整，调

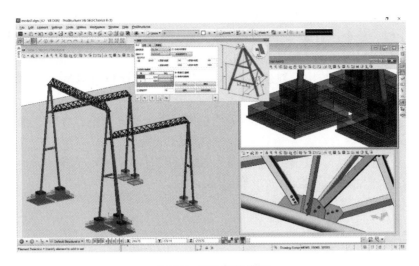

图 2-7 变电架构模型

图 2-8 节点设计

整后将信息同步到另外一个软件中，真正解决了传统结构设计中力学模型和出图模型重复创建的问题，较大幅度提升了结构设计的质量和效率。

场地专业设计模块（OpenRoads Designer）可以导入等高线图，生成三维数字高程模型（DTM），依据 DTM 可以快速确定场地方案，可以实时查看不同方案的土方量，可以完成护坡、挡墙等设计，可以快速生成小方格土方施工图。

成果展示工具（Navigator）可以完成三维动态浏览、投标动画制作、施工进度模拟、吊装模型、运输模拟等设计成果的展示，可以在浏览的过程中实时查看设备的属性等信息。LumenRT 软件是一款简单易用、功能强大的视频制作及图片渲染软件，当设计人员完成设计建模后，可以通过"一键导出"功能将设模型导出到 LumenRT 中，利用 LumenRT 自带的海量模型包，可轻松在模型基础上添加真实的自然环境，如栩栩如生的植物、树木、人物、动物、车辆、天空和水等环境效果，随心所欲将其渲染成高品质的视频、图形或者几乎完全互动的真实三维世界，整个过程只需要几个小时的时间。还可以将设计方案打包成独立运行的可执行文件，方便用户进行展示或携带。

2.3 Bentley 变电解决方案应用工程案例

2.3.1 总体设计方法和流程模块功能

本项目基于国网公司通用设计 C-1 方案完成项目三维设计，完成 220kV 室外变电站全站三维设计模型的创建,并基于三维设计模型,采用剖切技术实现二维卷册图纸的创建和材料表的生成。整个项目是基于 Bentley ProjectWise 协同平台、采用多专业协同设计模式来完成建模及出图。主要设计流程如下:

1) 管理员创建项目结构。创建项目目录结构;设定项目组成员;设定项目文件夹权限。

2) 土建专业创建轴网。创建整站的定位轴网,作为设计基准。各专业参考轴网文件定位。

3) 多专业协同建模设计。各专业参考相关专业设计模型进行设计。其中电气和土建专业布置设计内容和顺序分别如图 2-9 和图 2-10 所示。

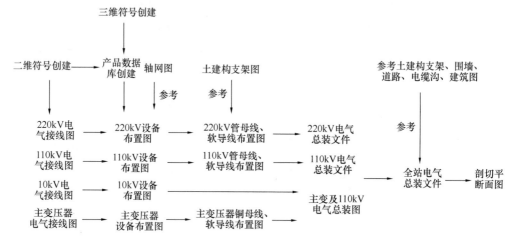

图 2-9 电气专业布置设计内容和顺序

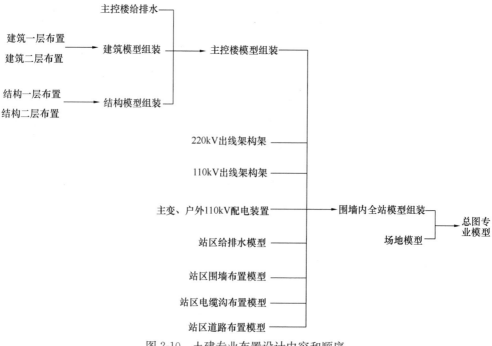

图 2-10 土建专业布置设计内容和顺序

4）协同设计检查工具-碰撞检查内容包括：①项目主设人在整站组装图上进行浏览、检查；②使用碰撞检查工具来进行专业配合检查；③设备/设施参数及属性检查。

5）各专业剖切完成二维施工图纸。

2.3.2 设计过程

1. 绘制轴网

ABD 中的定位基准有三种：①楼层标高：可以竖向定位土建模型的位置，方便在不同高度进行模型创建；②水平轴网：在不同楼层标高可以创建水平的定位轴网，保证了土建模型在某一层的水平精准定位；③精确绘图：Microstation 的核心功能之一，可以在任意三维空间中确定定位模型的位置创建。

（1）楼层标高创建

用楼层管理器功能创建变电站土建不同模型的楼层标高（图 2-11），生成的标高存储于本地或者托管于 ProjectWise 的工作空间上，即使当前文件损坏或者删除，设置好的楼层标高也不会丢失，方便进行管理和编辑。

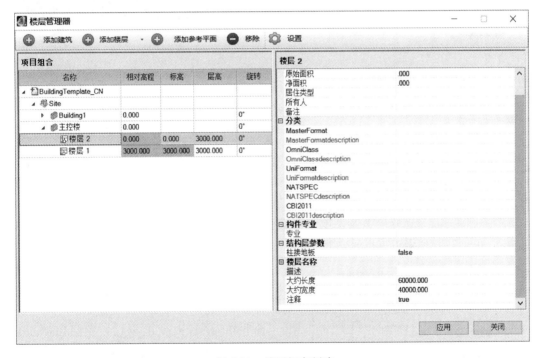

图 2-11 楼层标高创建

（2）水平轴网创建

轴网系统（图 2-12）可以快速依据不同的楼层标高位置，通过选择添加"正交轴网""弧形轴网"或者"自由轴网"来创建合适的土建模型轴网系统。多个轴网可以分别导出为 XML 格式进行保存，当需要编辑时候，可以重新导入进行轴网标头、长度等一系列内容的修改。生成的轴网可以单独修改每根轴网的长度、标头显示、标头位置、标线内部显示等，可以按照实际位置来调整整个轴网的内容。

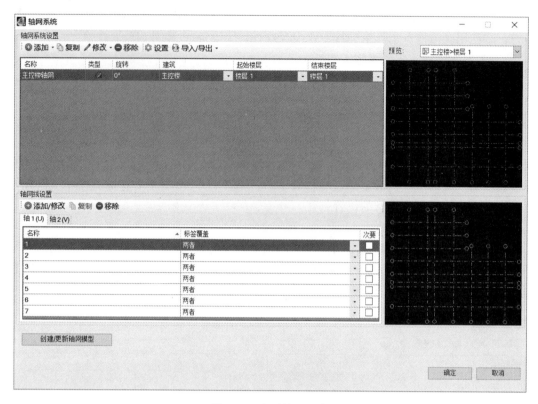

图 2-12 水平轴网创建

2. 电气专业建模

变电站的电气模型设计通过 Bentley 公司的 Substation 和 Bentley Raceway and Cable-Management（简称 BRCM）软件来完成，Substation 主要完成电气主接线、电气二次原理设计、三维布置、电气分析校验等；BRCM 主要完成电缆通道布置、电缆敷设、桥架容积率校验等。因为篇幅的关系，本书着重介绍 Substation 的内容，如有学者对 BRCM 感兴趣，可通过其他渠道重点研究 BRCM。

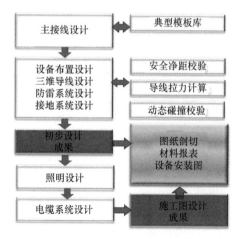

图 2-13 变电站设计功能流程

Bentley Substation 变电站设计功能流程图如图 2-13 所示。

图 2-14 是 Substation 操作界面：

Substation 针对变电设计，专门定制了任务栏，变电设计所要用到的命令在此任务栏中均可调用。

（1）新建项目

Substation 以 SQL Server 为核心，以项目为单位来管理图纸、模型以及数据。所以在创建模型前必须新建项目，并可通过项目管理器来管理项目。本小节会用到任务栏：变电电气设计下的 Q 的命令行。

2.3 Bentley 变电解决方案应用工程案例

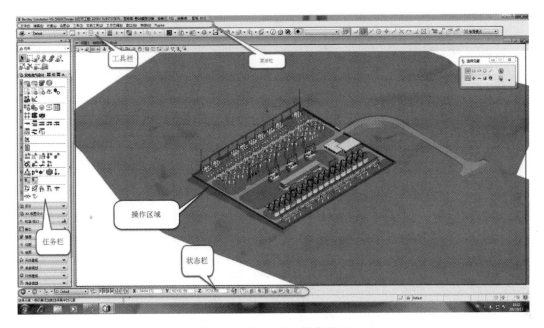

图 2-14 Substation 操作界面

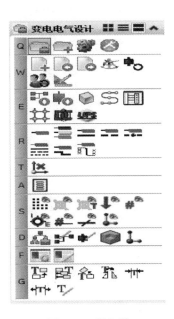

图 2-15 任务样

1）新建项目。本小节用到的命令行为 Q 的命令行。

图 2-16 Q 的命令行

点击"Q-1 工程管理"或者"Q-2 新建工程"命令均可新建项目。工程管理器类似于

windows explorer，在任何想新建项目的文件夹上，点击鼠标右键可新建项目。

图 2-17　工程管理器

点击"新建工程"命令可新建工程：220kV 变电站。此命令跟"Q-2 新建工程"操作一样，用户可根据习惯选用不同的命令。

图 2-18　新建工程

2）新建图纸

本小节用到的命令行为 W 的命令行：

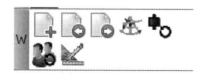

图 2-19　W 的命令行

2.3 Bentley 变电解决方案应用工程案例

新建项目后,软件会自动跳出新建项目的对话框,用户可新建图纸如下:

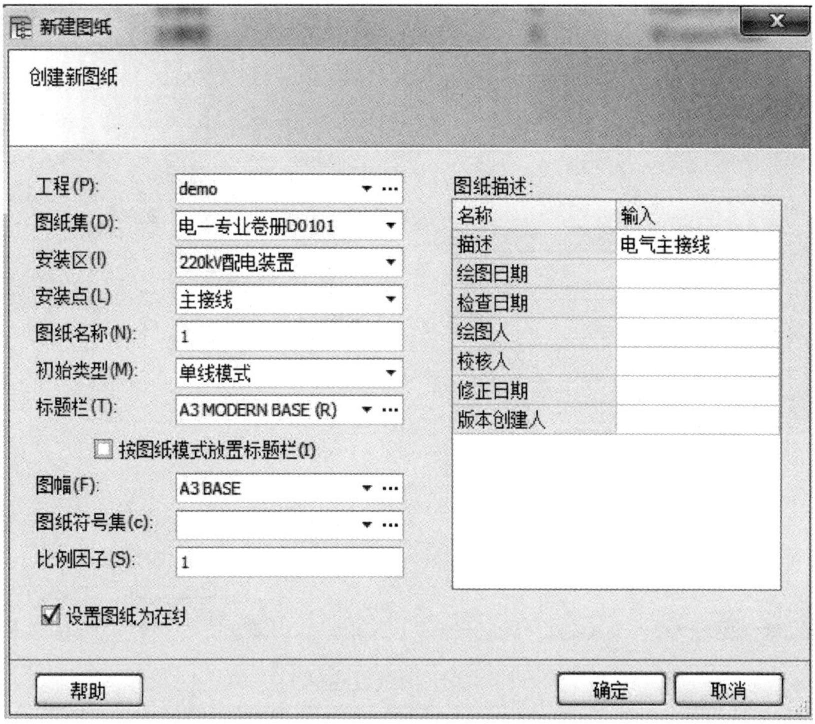

图 2-20 新建图纸

用户也可在项目上点击鼠标右键,或者点击"W-1 新建图纸"命令来新建图纸。

图 2-21 项目上新建图纸

新建后的图纸如下:

图 2-22 图纸新建框

注:①切换图纸命令必须用 ,而不能通过左下角 来切换。

② 不能通过菜单命令中的文件下的打开图纸,只能通过"工程管理器"中右键点击图纸打开或者双击图纸打开方式来打开图纸。

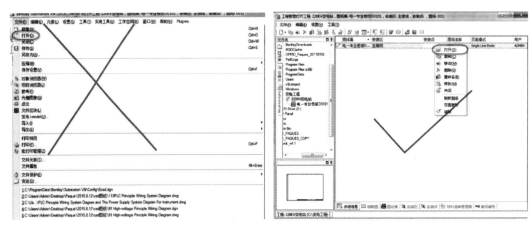

图 2-23 图纸打开方式

(2)绘制主接线

注:绘制主接线前,必须加载典型图库,方法见视频。

本小节所要用到的命令行为 E 命令行中的 "E-1 主接线设计"和 "E-2 按名称插入符号"命令以及 R 命令中的绘制电气线命令:

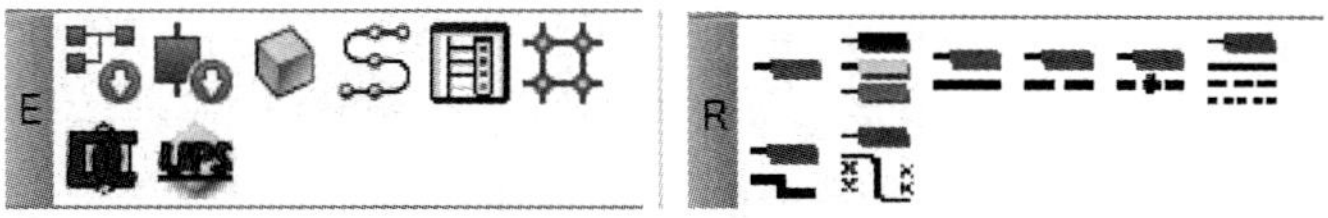

2.3 Bentley变电解决方案应用工程案例

图 2-24 E、R 命令行

"E-1 主接线设计"可绘制一个主接线典型图或者主接线间隔。

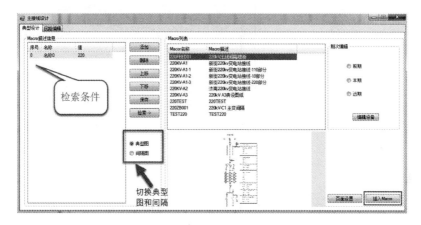

图 2-25 主接线设计

点击"插入 Macro"命令可放置 220kV 出线回路：220FEED01 在图纸上，如图 2-26 所示：

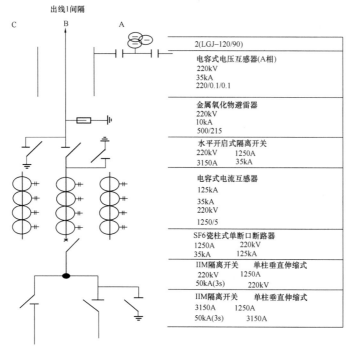

图 2-26 出线回路

注：放置主接线间隔或者典型图的时候，一定要注明主接线间隔的 installation（安装区）＋location（安装点），如果没定义，可选择如下操作来定义。

点击任务栏中"设计\E-7 插入字段 "命令来定义主接线间隔的安装区和安装点，主接线间隔的安装区和安装点在放置三维模型的时候，可直接提取安装区和安装点的设备，自动放置整个间隔的三维模型。命令的放置请注意左下角命令行的提示信息，根据提示信息完成命令。

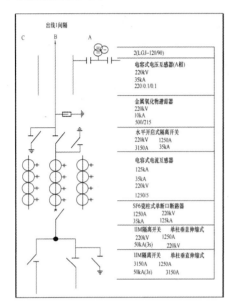

图 2-27　定义安装区和安装点

定义后，结果如下：

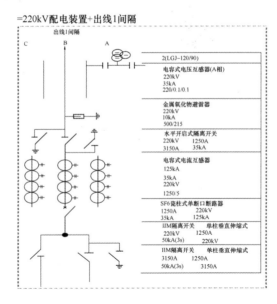

图 2-28　定义结果

如若觉得紫色虚框多余，想删除，可以点击 delete 键删除，删除时，软件提示如下对话框：

2.3 Bentley 变电解决方案应用工程案例

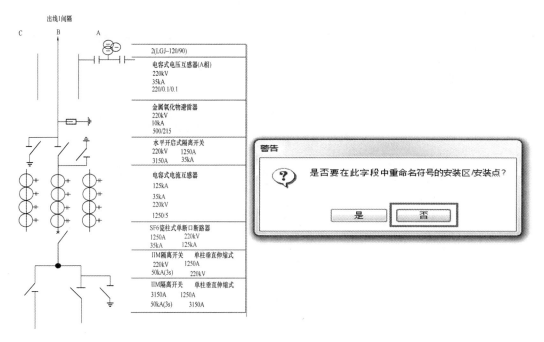

图 2-29 删除虚框

选择"否",则主接线间隔命名的安装区/安装点有效。"插入字段"命令目的就是给整个主接线间隔一次性的定义安装区/安装点。 "E-2 按名称插入符号"可放置单个的主接线符号。

图 2-30 插入符号

第 2 章 电力工程 BIM 设计

通过选择符号库："SUBSTATION_CHINA"中的二维图例可将主接线符号放置在图纸上，放置的时候，可设置符号的 ID，以及设备型号（设备型号中关联了主接线和三维模型，以及可定义设备属性）。

定义设备 ID：

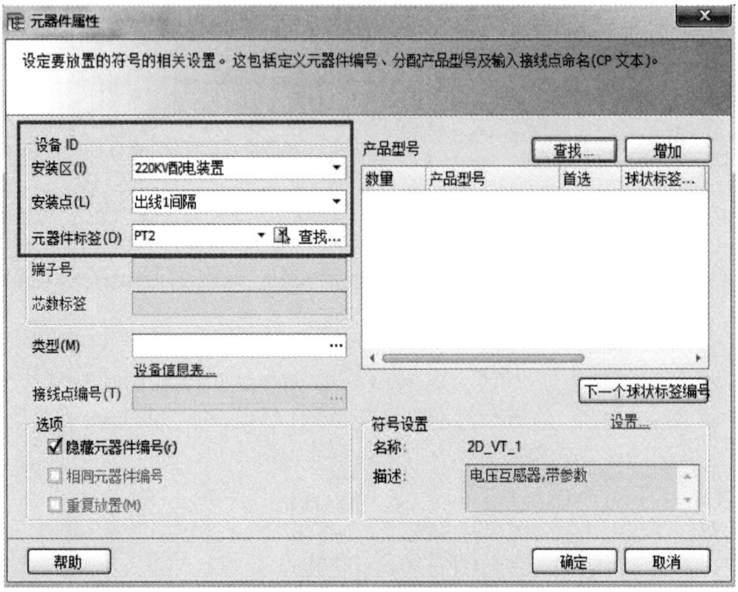

图 2-31　定义设备 ID

选择设备型号：

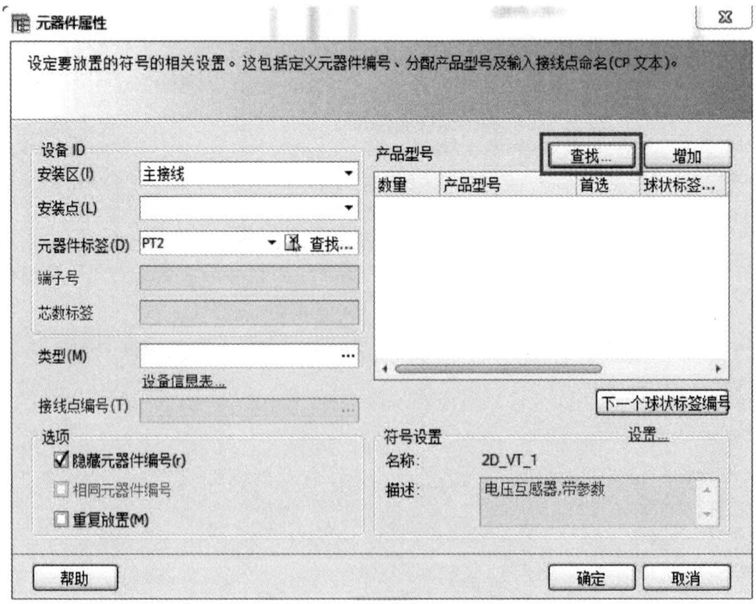

图 2-32　选择设备型号

2.3 Bentley 变电解决方案应用工程案例

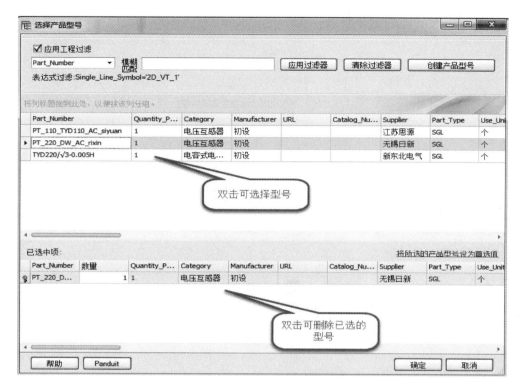

图 2-33 选择产品型号

点击"确定"后选择型号,如图 2-34:

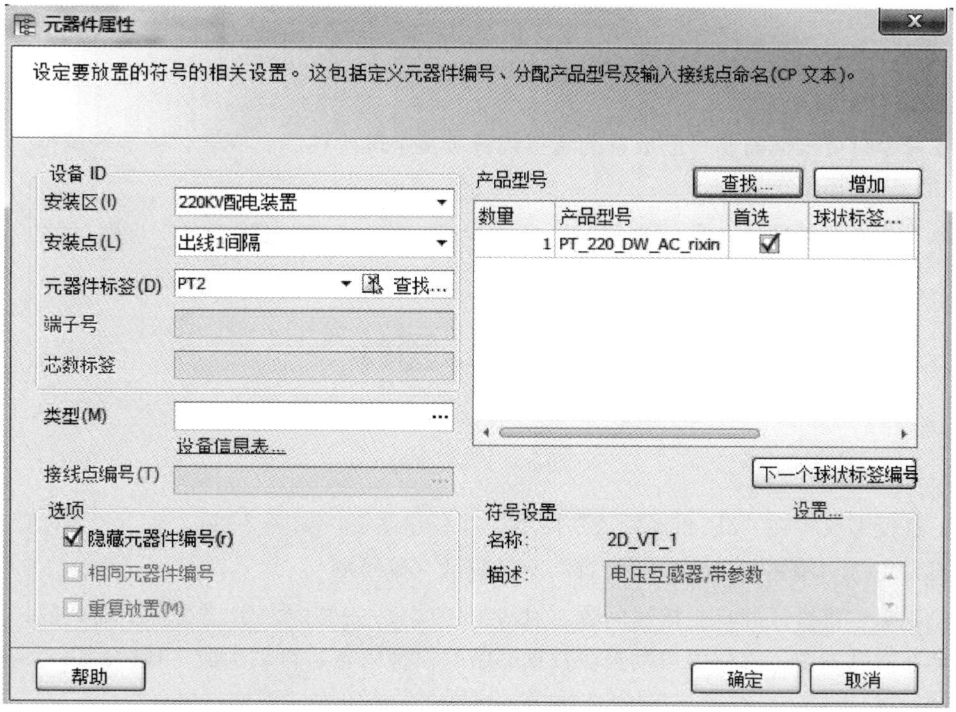

图 2-34 属性界面

点击"确定"后,可放置符号在图纸上,如图2-35:

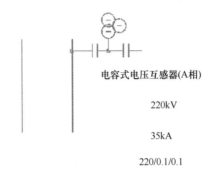

图 2-35　图纸内容

绘制电气线:

图 2-36　R 命令行

R 命令行中可根据需要绘制多种电气线。

调整主接线符号文字:

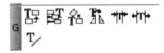

图 2-37　G 命令行

G 命令行可根据需要对已放置的主接线符号文字进行移动、旋转、镜像等调整。

（3）三维模型布置

本小节所要用到的命令行为 E 命令行中的 "E-3 三维布置设计"和 "E-2 按名称插入符号"命令:

图 2-38　E 命令行

三维模型放置在"3D 布局模式"图纸中,新建图纸,如图2-39:

"E-3 三维布置设计"可放置一个间隔的三维模型。

绘制完主接线,并且主接线间隔有对应的安装区/安装点,主接线图例对应的三维模型存储在数据库中,软件可自动提取数据库中的模型信息,自动生成主接线间隔对应的三维模型。

本文示例中主接线放置了名称为"220FEED01"的出线间隔,并且定义了安装区/安

2.3 Bentley 变电解决方案应用工程案例

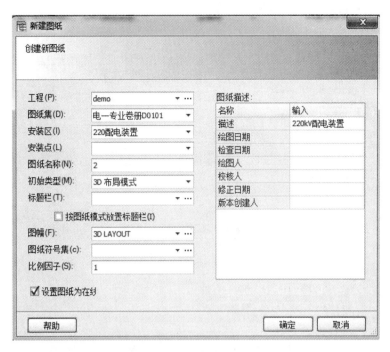

图 2-39 新建图纸

装点为：=220kV配电装置+出线1间隔，接下来举例说明自动放置主接线间隔对应的三维模型。

第一步：参考已有轴网和架构（土建、结构已绘制好的模型）。

点击"工具栏：基本工具 \ 参考"命令参考土建提供的轴网和架构文件。

图 2-40 参考

点击"open"命令，

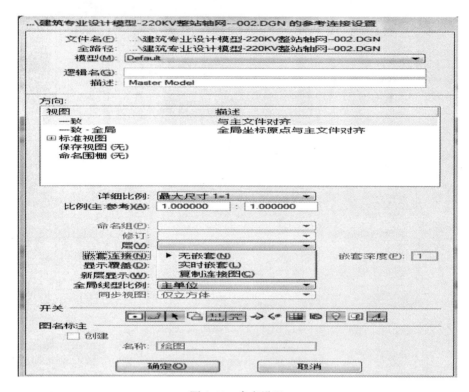

图 2-41　参考设置

用户可选择嵌套连接："无嵌套"为参考的文件没有再进行参考，"实时嵌套"为参考的文件有嵌套，并且当前文件要参考嵌套的文件。嵌套深度决定了参考的文件的嵌套深度为几层。

本示例中选择"无嵌套"，点击"确定"结束参考。

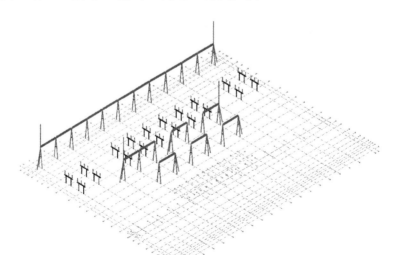

图 2-42　模型放置

2.3 Bentley 变电解决方案应用工程案例

第二步：点击 ⬢ "E-3 三维布置设计"命令放置三维模型。

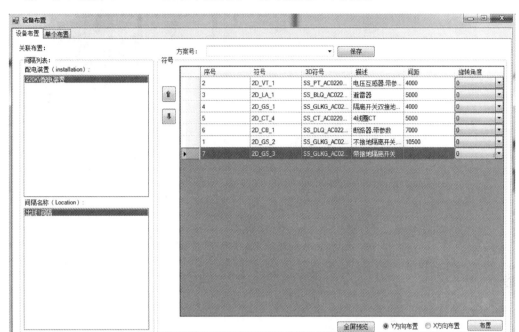

图 2-43 设备布置

按上图中输入间距，可通过 ⬆⬇ 来调整模型的位置关系，点击"布置"命令进行布置。

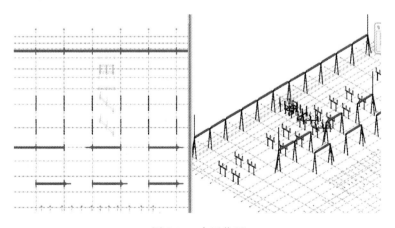

图 2-44 布置位置

软件可一次性的将已放置的主接线间隔对应的三维模型放置到图纸上。

Substation 中同一设备的主接线图例和三维模型尽管在不同图纸上的表现方式不一样，但由于是同一个设备，其设备 ID，设备属性均一致，利用"导航"命令可在不同图纸中随意切换，并且其属性信息可共享，更改后保持一致。

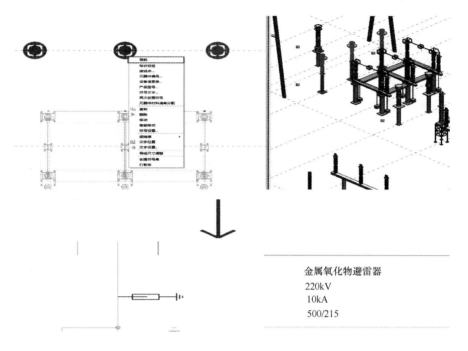

图 2-45 属性信息

 "E-2 按名称插入符号"可放置单个的三维模型。

图 2-46 插入符号

利用"E-2 按名称插入符号"可选择合适的三维模型放置单个模型在图纸上,放置的时候需利用精确绘图坐标系精确定位,三维空间中切记根据眼睛随便定位。

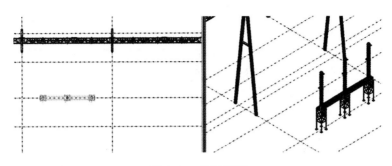

图 2-47　放置模型

（4）导线布置

本小节所要用到的命令行为 E 命令行中 "E-4 导线布置"：

图 2-48　E 命令行

1）导线—跨线

点击"导线布置"主菜单上的"软导线布置"Table 页。选择"跨线"后将看到跨线布置的主界面。

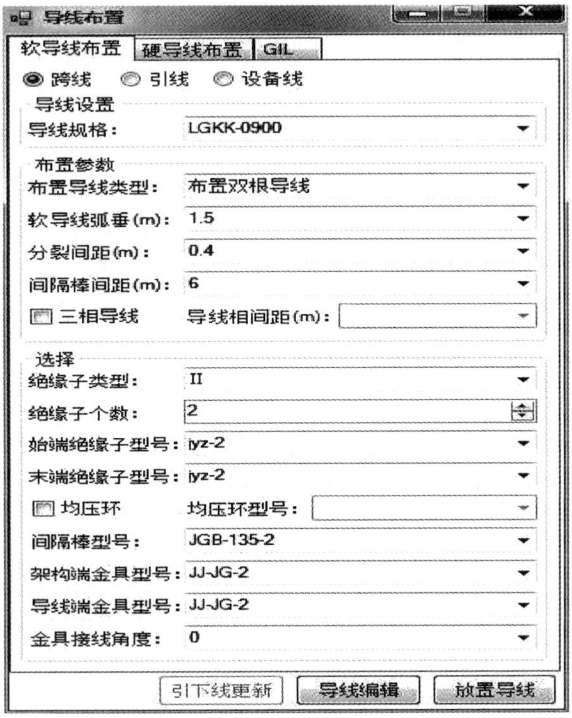

图 2-49　导线布置

2）布置参数

参数规格　　　　　　　　　　　　　　　　　　　　　　　　　　　表 2-1

导线规格	导线规格
布置导线类型	导线类型分为：单分裂导线，双分裂导线，四分裂导线
软导线弧垂	导线弧垂输入单位为米
分裂间距	只有绘制双分裂和四分裂导线时，该参数才有效。表示导线之间的距离。输入单位为米
间隔棒间距	只有绘制双分裂和四分裂导线时，并且选择了间隔棒的型号后，该参数才有效。表示间隔棒之间的距离。输入单位为米
是否布置三相导线	选择是否需要布置三相导线
导线相间距	只有选择绘制三相导线时，该参数才有效。表示相之间的距离。输入单位为米
绝缘子类型	绝缘子类型为：Ⅰ型绝缘子、Ⅱ型绝缘子。只有布置双导线、四分裂导线时，才支持布置Ⅱ型绝缘子
绝缘子个数	布置所选绝缘子型号的绝缘子的个数
始端绝缘子型号	导线始端绝缘子设备型号。为空则不布置该绝缘子
末端绝缘子型号	导线末端绝缘子设备型号。为空则不布置该绝缘子
是否布置均压环	选择是否需要布置均压环。只有布置双导线、四分裂导线时，该选项才能被选择
均压环型号	只有选择布置均压环时，该参数才有效。均压环的设备型号
间隔棒型号	只有绘制双分裂和四分裂导线时，该参数有效。间隔棒设备型号。为空则不布置该间隔棒
架构端金具型号	导线架构端金具设备型号。为空则不布置该金具
导线端金具型号	导线端金具设备型号。为空则不布置该金具
金具接线角度	所有布置金具的接线角度。该参数在绘制中不体现，只在金具的材料统计中有用

3）跨线布置

点击"放置导线"命令后，鼠标左键第一点为跨线的第一个数据点，鼠标左键第二点为跨线的第二个数据点，放置完导线后，点击鼠标右键结束当前命令。

4）软导线—引线

点击"导线布置"主菜单上的"软导线布置"Table 页。选择"引线"后将看到引线布置的主界面。

图 2-50　导线布置

点击"放置导线"按钮,命令行提示:请选择第一根母线,鼠标左键点击绘制连接线的第一根母线,点右键结束选择;命令行提示:请选择第二根母线,鼠标左键选择第二根母线,点击鼠标右键,绘制母线间的连接线。

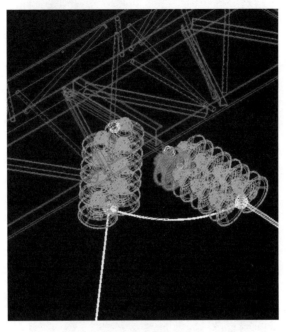

图 2-51　模型效果

选中"导线与设备间接线"选项,绘制引下线。

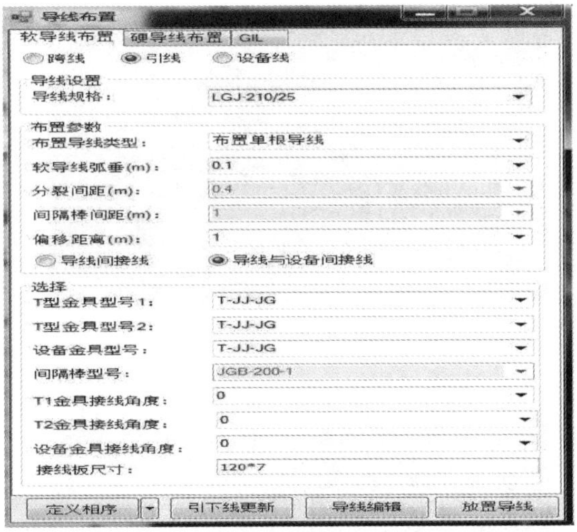

图 2-52　放置导线

点击"放置导线"命令,可布置引下线。命令行提示:请选择一个数据点,鼠标左键选择要绘制引下线的设备的 hookpoint;命令行提示:请选择引下线的母线,鼠标左键选择母线,点击鼠标右键,绘制引下线。

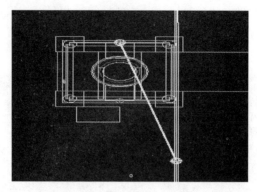

图 2-53　绘制引下线

二变一绘制方式：母线为双分裂母线，引下线选择布置单根导线来绘制。

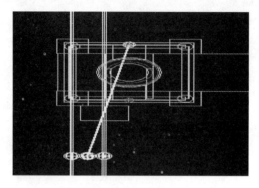

图 2-54　二变一

四变二绘制方式：母线为四分裂导线，引下线选择布置双根导线来绘制。

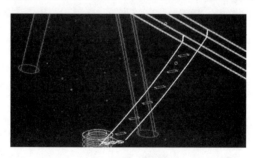

图 2-55　四变二

四变一绘制方式：母线为四分裂导线，引下线选择布置单根导线来绘制。

图 2-56　四变一

5) 软导线—设备线

点击"导线布置"主菜单上的"软导线布置"Table 页。选择"设备线"后将看到设备线布置的主界面。

图 2-57 设备线

6) 设备线绘制

点击"放置导线"命令后，鼠标左键点击第一个设备的 hookpoint，然后鼠标左键点击第二个设备的 hookpoint，设备线绘制完成。

定义相序：

操作步骤：①点击【定义相序】的下拉按钮，在下拉菜单中选择相序："A，B，C"或"C，B，A"；②根据命令提示，选择分别选择"A，B，C"或三个 HookPoint；③如果选择的相序为"A，B，C"则第一个选择的设备为"A"相设备，后面以此类推；④点击右键确认命令。

设备线三相线绘制。绘制设备三相导线条件：绘制单项设备必须已定义完相序；两组设备的符号不能是同一个符号；只能选择两组符号。

操作步骤：①在满足以上条件下，勾选三相导线；②点击【放置导线】按钮；③根据 Substation 左下角的提示，选择两组设备，右键结束选择；④布置三相设备线。

7) 硬导线—管母线

图 2-58 硬导线布置

操作步骤：①填写导线规格；

②点击【放置导线】；

③根据 Substation 提示选择管母线的起点和终点，点击右键结束布置。

插入金具：①选择金具型号；②点击【插入金具】按钮；③连续布置金具，点击右键结束。

8）硬导线—矩形截面

图 2-59 矩形截面

图 2-60 标识了矩形硬导线各参数值。

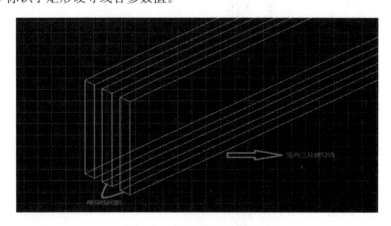

图 2-60 矩形硬导线参数值

图 2-61 为顶视图下矩形硬导线布置时鼠标点击的三个点，矩形硬导线布置可以支持多个点。

操作步骤：①填写导线布置参数；②点击【放置导线】；③根据 Substation 提示选择导线的起点，拐点，终点（可选择多个点）点击右键结束布置。

插入金具：①选择金具型号；②点击【插入金具】按钮；③连续布置金具，点击右键结束。

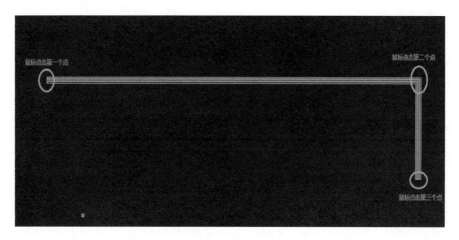

图 2-61　硬导线布置点

3. 土建专业建模

变电站的土建模型设计可以用 Bentley 公司的 AECOsim Building Designer（简称 ABD）软件来完成，ABD 和其他大部分 Bentley 设计软件一样，是一款基于 Microstation 平台的三维设计软件，它由建筑、结构、建筑设备（暖通和管道）和建筑电气四大模块构成，可以完成变电站的土建模型如墙体、门窗、楼梯、梁柱等的设计模型的创建，当然变电站中的暖通和水工的设计内容也可以用 ABD 来完成。

（1）建筑模型创建

当标高轴网文件生成以后，就可以把完成的轴网文件参考到建筑文件中，开始进行变电站建筑模型的创建。AECOsim Building Designer 的工作空间中包括了大量的库内容，能够直接完成土建建筑模型的设计。

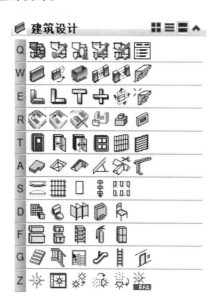

图 2-62　建筑设计栏

1）墙体创建

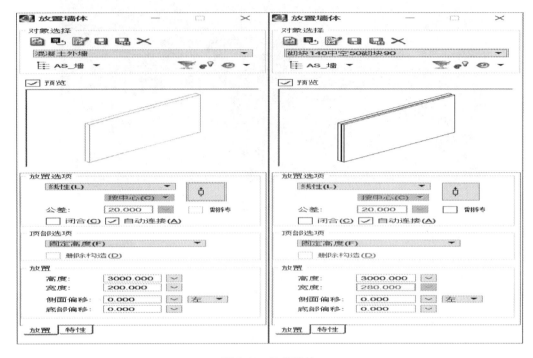

图 2-63　放置墙体

不论是单材质的墙体，或者是多种材质的复合墙体，ABD 的墙体都可以满足建模需求，只需要设定相应墙体的尺寸、定位、样式等就可以用精确绘图捕捉水平轴网进行墙体的绘制，绘制好的墙体随时可以再次更新材质样式、尺寸等参数属性，而且用户可以按照自己变电站的需求进行墙体库类型的扩充。

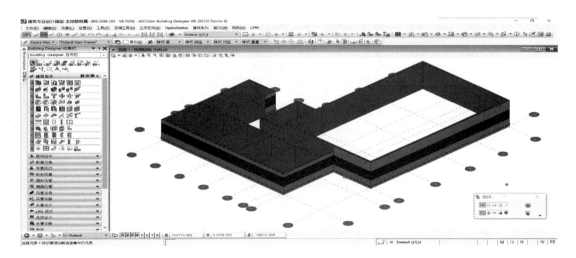

图 2-64　完成墙体

2）门窗添加

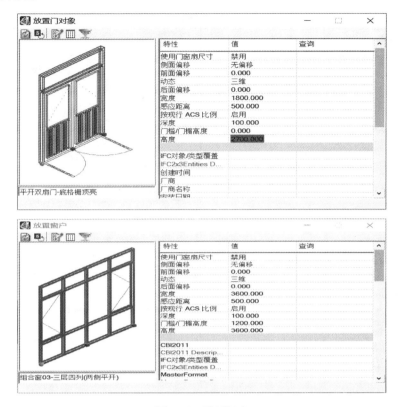

图 2-65 放置门窗

当墙体完成以后，就可以进行门窗的布置了。门窗的放置方式是一样的，从左下角选择合适的门窗样式，在预览图中选择合适的定位点，然后从右侧属性中设置好门窗的尺寸参数就可以直接在项目中用精确绘图来放置门窗。当然我们已经完成了墙体，所以在设定好门窗参数后就可以直接选择墙体来定位，这样门窗就直接放置在墙体上并依据门窗尺寸直接在墙体上自动开洞。

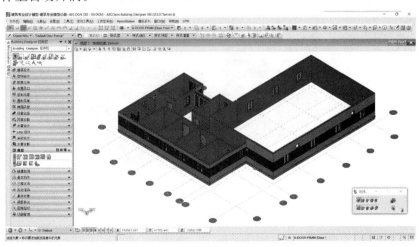

图 2-66 完成门窗

3）楼板、屋顶

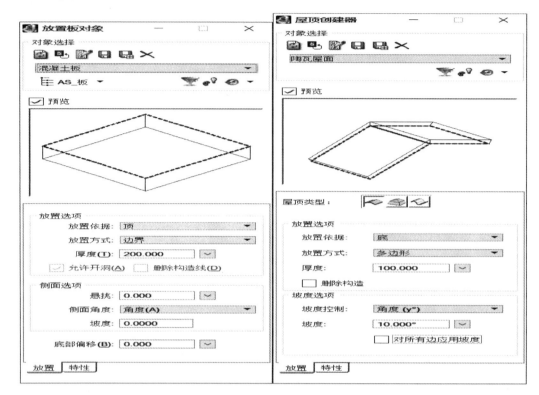

图 2-67　放置楼板屋顶

选择合适的楼板类型，设定厚度就可以按照不同的布置方式如：绘制边界，范填闭合范围、指定多边形及依据以后的结构来生成楼板；同理选择合适的屋顶类型，设定好屋顶的多边形样式，就可以指定多边形并设定每个边是否有坡度，就可以生成合适的屋顶。

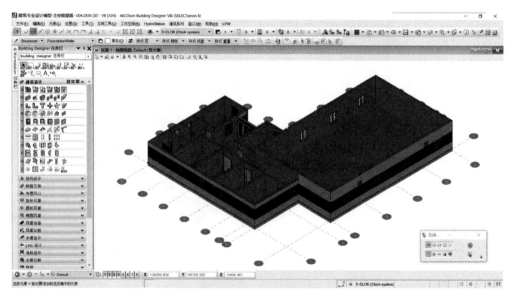

图 2-68　完成楼板

2.3 Bentley 变电解决方案应用工程案例

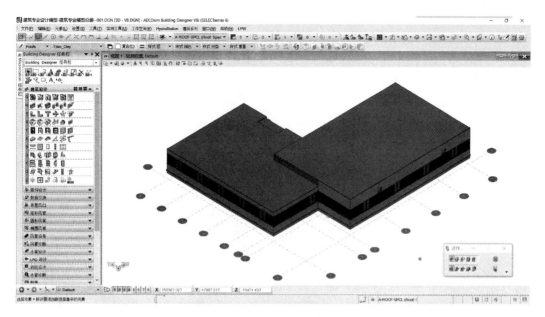

图 2-69 完成屋顶

4）楼梯扶手

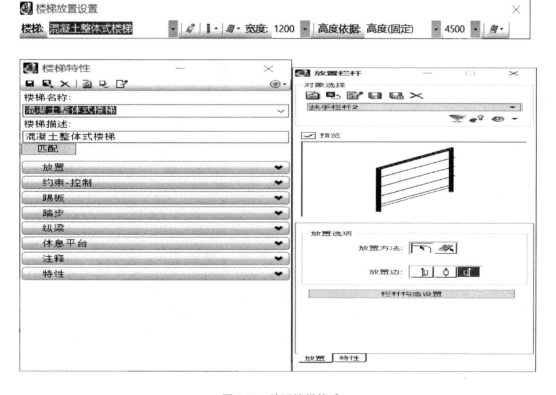

图 2-70 放置楼梯扶手

53

由于本案例中所示变电站主控楼为一层建筑，故没有进行楼梯及扶手的设置，如果是多层建筑，则可以使用楼梯命令来完成模型的创建。ABD 中的楼梯命令可以创建各种常规楼梯，如混凝土直梯、钢结构转角梯、木结构楼梯等，而栏杆扶手命令也可以快速的基于楼梯或者已有的直线或者圆弧来自动生成合适的栏杆扶手。

5）其他设施

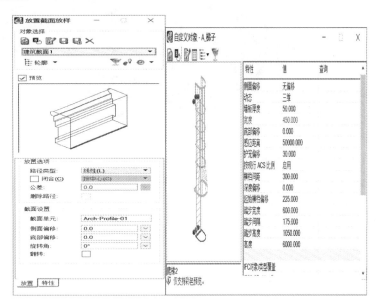

图 2-71　其他设施放置

对于土建主控楼的墙外装饰或者底部的散水建模，则可以用 ABD 中带有的轮廓功能来进行放样完成。选择相应的轮廓样式或者按照项目要求自定义轮廓，然后依据实际的位置像划线一样就可以生成合适的墙体外部装饰或者坡道模型，转角部位会自动进行拟合。而对于内外部的一些设施，如爬梯、雨水管、卫生间设施、家具、坡道等，则可以通过软件中带有的自定义构件库来进行添加。当然也可以通过单元的方式把其他如 DWG、SKP、FBX、OBJ 等多种格式的构件放置在当前项目文件中。

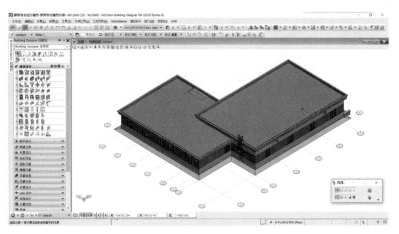

图 2-72　轴测视图

2.3 Bentley变电解决方案应用工程案例

（2）结构模型创建

有了水平定位轴网以后，建筑工程师就可以开展建筑设计，结构工程师也能够同时或者提前进行结构模型的创建。

图 2-73　结构设计

1）柱子放置

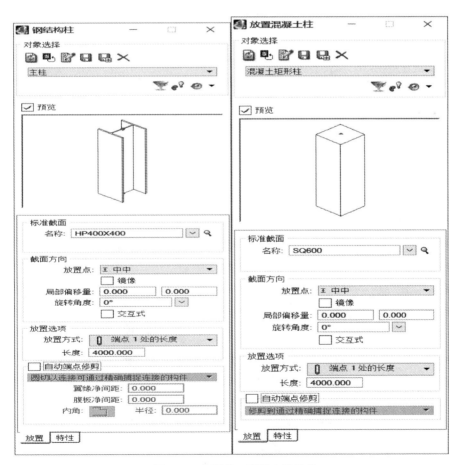

图 2-74　钢结构、混凝土结构柱

ABD中带有包括中国在内的大部分国家的标准截面库，方便在建模的时候选择合适的柱截面来进行放置。放置时候可以通过不同的定位方式、尺寸参数及位置偏移等选项，通过精确绘图来进行单根放置，当然也可以选择合适的轴网，在所选轴网交点的位置自动批量生产合适的柱子。

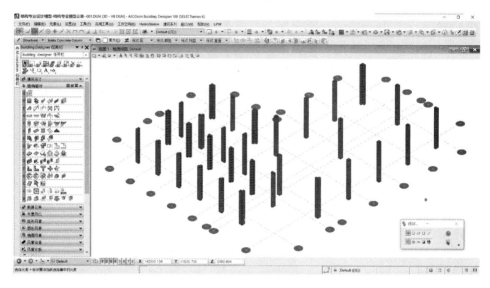

图 2-75　柱轴测视图

2）梁体放置

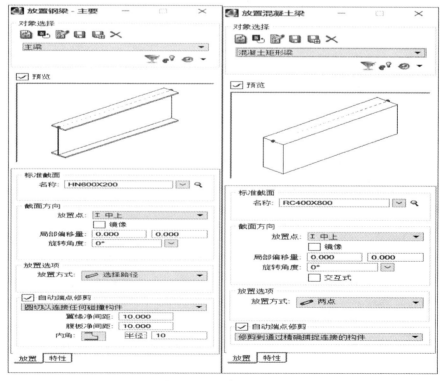

图 2-76　钢混凝土梁放置

2.3 Bentley 变电解决方案应用工程案例

梁的截面库与柱子一样丰富,选择合适的梁截面就可以按照不同的定位点、偏移方向及多种放置方式来进行布置。布置梁体的时候选择上"自动端点修剪"选项,生成的梁体会自动在与柱子相交的部位进行扣减,非常智能,也完全符合设计及施工的规范。

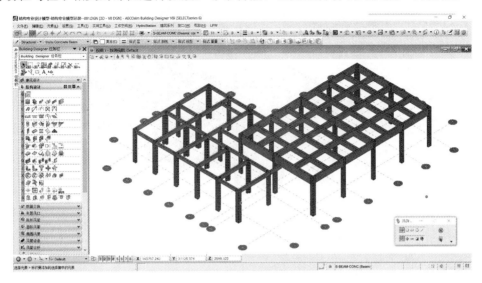

图 2-77 梁轴测视图

3)基础放置

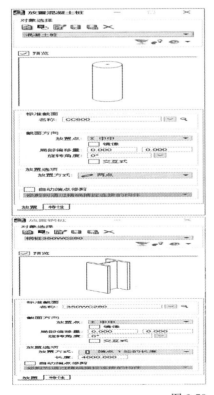

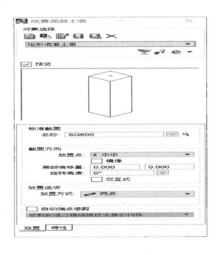

图 2-78 桩墩放置

第 2 章 电力工程 BIM 设计

在布置好的柱子下面,可以用不同的命令来创建桩基础或者支墩,放置的时候可以自动获取柱的位置,节省了大量的布置时间。

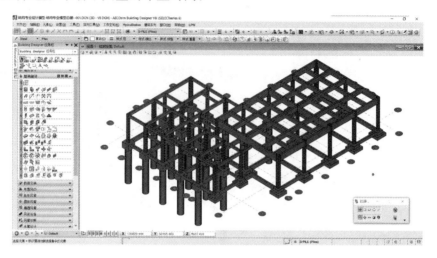

图 2-79 轴测视图

4) 次级结构

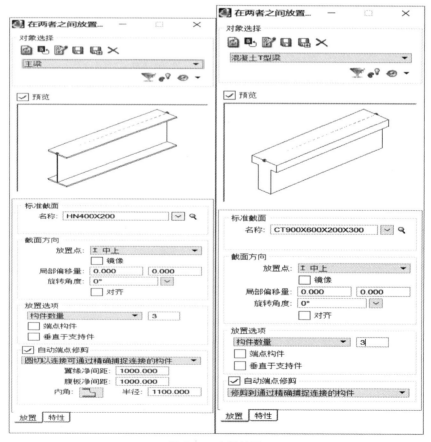

图 2-80 次梁放置

在主梁间可以通过布置次梁命令，来快速进行次梁的布置。选择好合适的混凝土或者钢梁截面就可以通过不同的布置方式，如杆件数量、最大间距和绝对间距来进行次梁的放置。

4. 变电架构创建

Bentley变电架构解决方案能完成三维钢结构、混凝土结构的建模和布置设计；可以与Staad.Pro、RAM、Madis、SAP等计算软件进行接口，实现分析模型与计算模型的整合。在完成三维模型后，Bentley Structure不但可以自动生成平、立、剖面图，还可以自动生成材料表。可以生成平面图、立面图、带视角的大样图、结构剖面图。

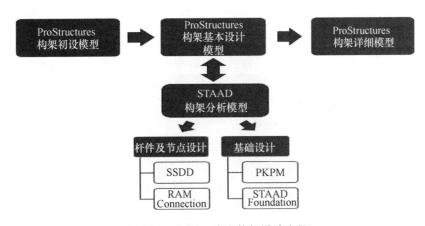

图 2-81　Bentley 变电构架设计流程

（1）构架初设模型由电气工程师建立；建立初设条件的概念模型，包含的设计信息有：全站构架梁柱布置，避雷针位置，梁上挂线点位置和荷载数值。

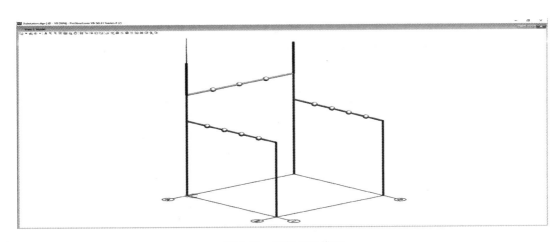

图 2-82　构架初设模型

（2）构架基本设计模型由结构工程师完成；根据前一步完成的概念模型，进一步细化结构模型，细化内容包括：构架柱、构架梁、避雷针的样式和基础。此模型完成后可提供给电气专业用于三维设计中自动捕捉挂导线。

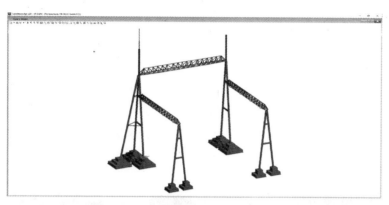

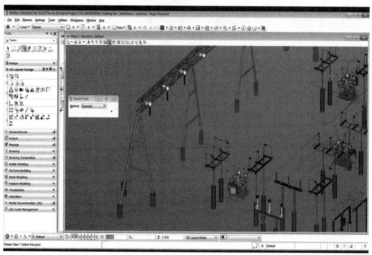

图 2-83 构架基本设计模型

(3) 构架分析模型由结构工程师完成;基于前一步完成的基本设计模型,通过 ISM 接口导入 Staad 生成分析模型,然后添加和修改分析的条件内容包括:约束释放、支座、荷载及荷载组合。

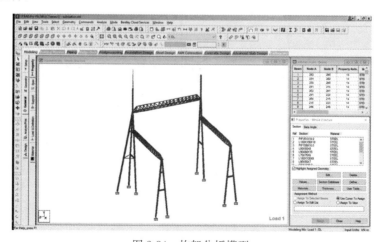

图 2-84 构架分析模型

（4）构架杆件的设计由结构工程师完成，在 SSDD 打开前一步完成的 Staad 分析模型，添加检验参数内容包括：选择用于检验的荷载组合工况，定义构件检验类型及详细设计参数和用于变形检验的设计信息，然后执行检验。

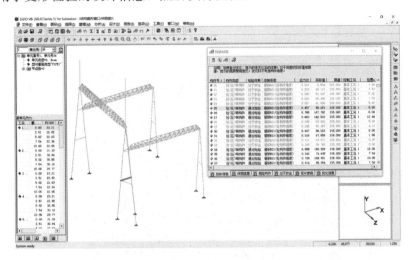

图 2-85　构架杆件设计

（5）构架节点设计由结构工程师完成，在 RAM Connection 建立节点设计模型，手工输入节点杆件的设计内力（从前一步 Staad 分析模型中提取），添加节点设计参数内容包括：螺栓信息和焊缝信息，然后执行节点设计。

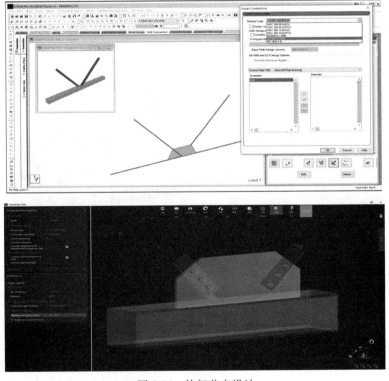

图 2-86　构架节点设计

（6）构架基础设计由结构工程师完成，在 Staad.Foundation 中导入前一步完成的 Staad 分析模型柱脚位置和基本工况信息，添加基础设计参数内容包括：用于基础设计的荷载组合、基础形式及尺寸和地基信息，然后执行基础设计。

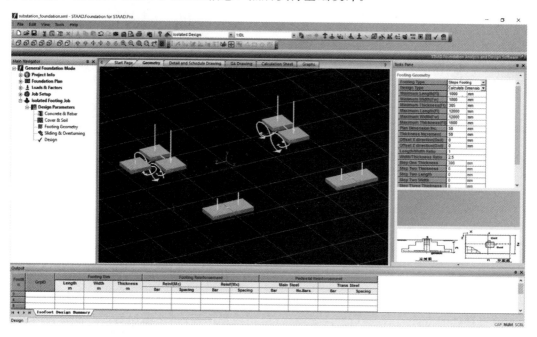

图 2-87　构架基础设计

（7）构架详细模型由结构工程师完成，通过 ISM 同步前一步 Staad 分析模型的最新设计结果到构架基本设计模型，继续添加详细节点模型后，生成材料表和二维图纸。

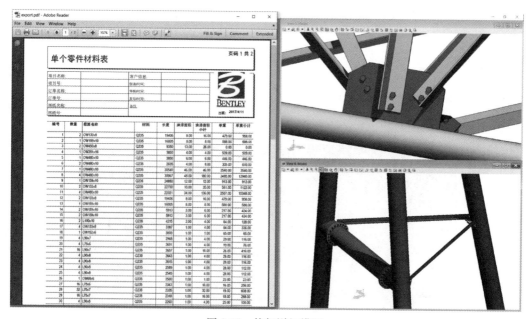

图 2-88　构架详细模型

2.3 Bentley 变电解决方案应用工程案例

5. 总图专业建模

变电站的总图模型设计通过 Bentley 公司的 OpenRoads Designer 软件来完成，OpenRoads Designer 通过勘测数据创建数字地形，针对进场道路和场内道路进行结构模板创建及模型生成；利用场地建模功能实现场地整平以及场地结构的建模。

（1）地模创建以及与实景模型结合

1）利用已知勘测专业数据直接导入创建地形

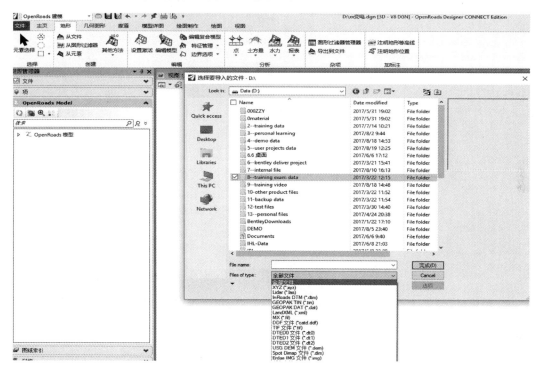

图 2-89 数据创建地形

2）利用现有图形文件（等高线、高程点、点云）创建地形

图 2-90 现有图形创建地形

3) 利用 ASCII 文件创建地形，文本、表格类似数据文件通过导入设置完成模型创建

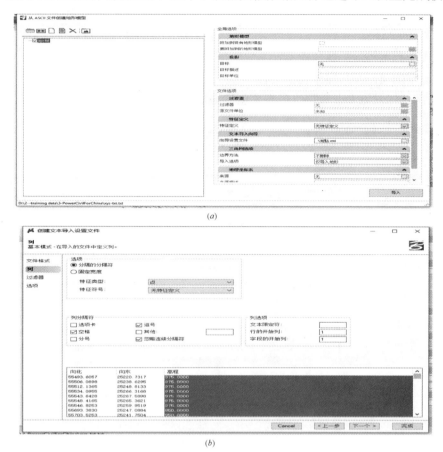

图 2-91 ASCII 创建地形

4) 利用实景模型过滤创建地形

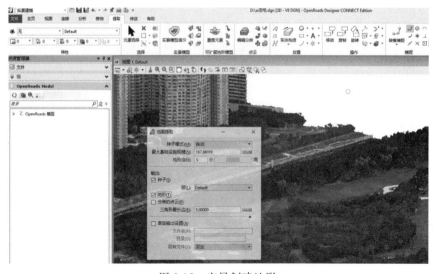

图 2-92 实景创建地形

5) 实景模型与数字地形结合辅助相关设计

通过不同的数据源创建数字地形后，通过参考同样可以把地形与实景模型相结合以辅助设计更合理。

图 2-93　参考结合模型

6) 数字地形创建后根据项目需要进行地形的编辑、裁剪以备后续工作引用。

(2) 道路模型创建

1) 根据地形、卫星图片、实景模型等相关参考信息，确定进场道路的平面线以及纵断面信息，完成道路中心线的设计。

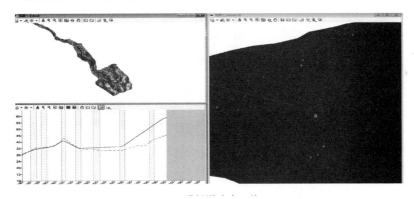

图 2-94　进场道路中心线

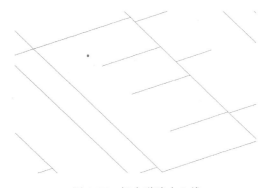

图 2-95　场内道路中心线

2)依照设计文件确定进场道路以及场内道路的结构断面,并确定道路放坡条件

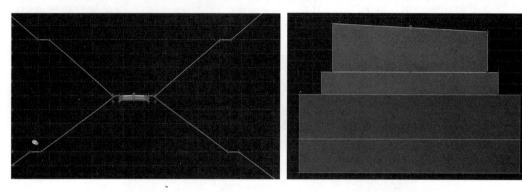

图 2-96 进场道路断面以及放坡条件　　　　图 2-97 场内道路断面

3)设置道路模板与中心线匹配生成道路模型,依据实际情况进行。

图 2-98 进场道路

图 2-99 场内道路

(3)场地模型创建

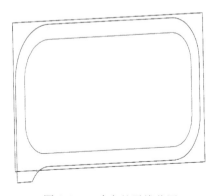

图 2-100 确定整平线范围

1）确定场地的整平线范围确定
2）确定场地整平线的高程控制以及场内按需确定的高程控制条件

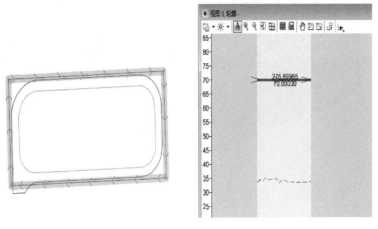

图 2-101　确定高程

3）利用地形模型创建方法中根据元素创建实现场地建模并创建场地的结构层

图 2-102　场地建模

（4）将场地模型、道路模型、地形模型进行组装得到总图专业的综合模型

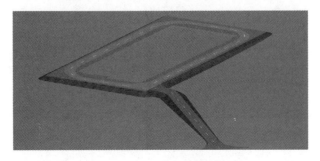

图 2-103　综合模型

6. 模型总装

利用"工具栏－基本工具 \ 参考 "命令，可将各区域内/专业的分装模型总装起来。参考的时候，注意选择合适的模型，以及嵌套连接。

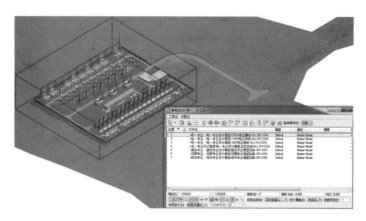

图 2-104　模型总装

(1) 分析校验

安全净距校验。①启动模块，输入工况条件，获取安全净距最小允许值，也可以直接输入安全净距最小允许值。②关键点校验。点击"点校验"按钮，在图纸上选择需要校验的关键点，会自动生成一个 3D 球体，如果有不符合要求的情况，会给出提示。③关键导线校验。在图纸上选择需要校验的导线，点击"线校验"按钮，会沿着导线的中心线自动生成一个 3D 曲面，如果有不符合要求的情况，会给出提示。

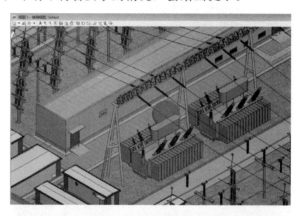

图 2-105　轴测视图

2.3 Bentley 变电解决方案应用工程案例

1) 启动模块

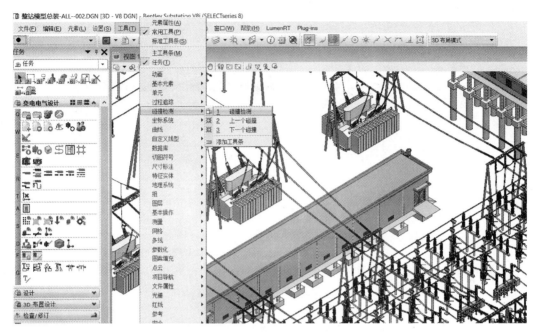

图 2-106 碰撞检测

2) 完成校验设置

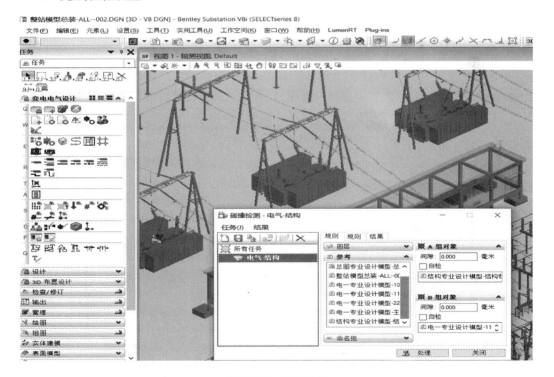

图 2-107 校验设置

3)进行校验并显示结果

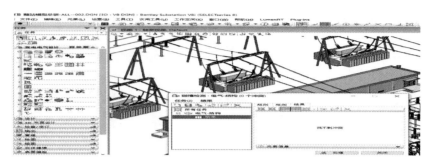

图 2-108　显示结果

(2) 成果输出

1) 二维出图

① 电气出图

本小节所要用到的命令为任务栏中的"变电电气设计"下的"A-平断面图"命令。

图 2-109　A-平断面图

断面图提取:这部分能够实现对三维模型断面的提取,界面如图 2-110。

图 2-110　断面图提取

打开三维图纸,可以在左侧树形工具栏中选中一个 dgn 文件,然后单击"打开三维图纸"按钮就可以在 Substation 中打开你选中的图纸。如果已经有打开的图纸,且是想操作的对象,那么不进行这步操作也可以。

提取断面。有两种方式提取断面,一种为直接提取断面图纸,一种为选择某些设备。

方式一:直接提取断面图纸

单击界面上的"提取断面图纸"按钮,可以进行剖切位置的定义。注意选择需要的方式,可以通过图 2-111 所示的对话框开进行剖切方法的定义。

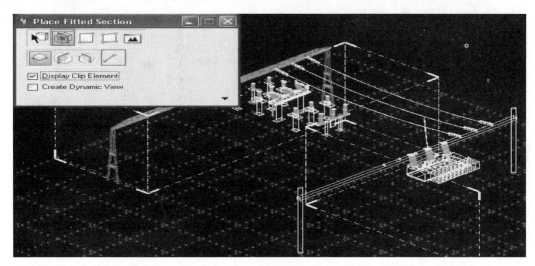

图 2-111　剖切方法定义

如果需要阶梯剖,可以点击阶梯剖按钮实现,注意点击阶梯剖按钮前,一定要选中设置的剖切面,如图 2-112 所示的高亮部分。还要注意,剖切所包含的范围,即剖切立方体包含的范围,这将决定材料统计中设备的数量。

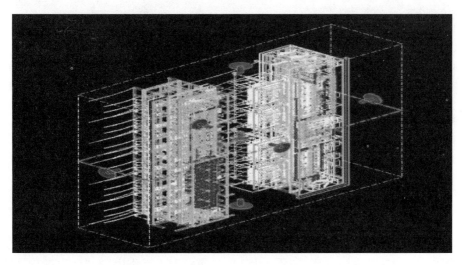

图 2-112　选中高亮部分

方式二：选择某些设备

勾选是否选取剖切设备，点击"选取设备"按钮，在图形中选择设备，可以框选，可以按住Ctrl多选或者取消选择，最后以右键结束选取命令。命令结束后会弹出对话框提示"选取了N个设备"。例如图2-113中选中了高亮的设备（高亮部分）：

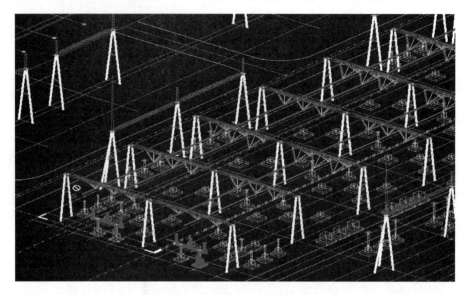

图2-113 选中高亮部分

点击"提取断面图纸"按钮，之后在图面上左键点击一下，接着可以调整断面图的剖切范围。

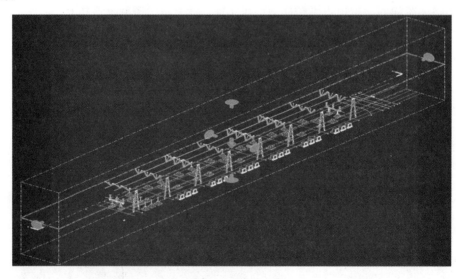

图2-114 调整剖切范围

可以看到选中的某些设备不在剖切范围内，而剖切范围内也有很多没有选中的设备。保存断面图纸。完成选取断面工作后，可以单击图2-110界面上的"保存断面图纸"按钮，弹出如图2-115所示的对话框，可以根据需要输入名称和描述。勾选"创建绘图"选项,如图 2-115。

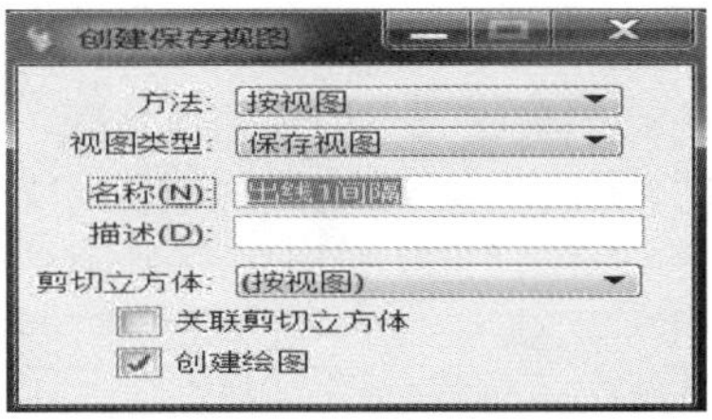

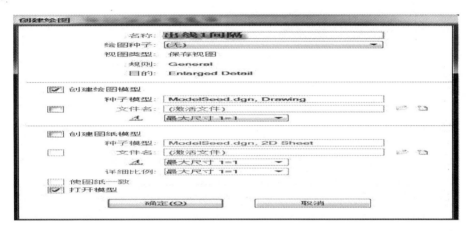

图 2-115　勾选"创建绘图"选项

在所要选择的源视图中,点击鼠标左键,选择视图,软件弹出如图 2-116 所示对话框:

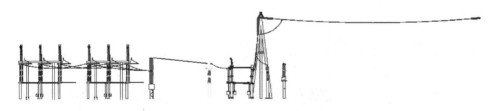

图 2-116　创建绘图

勾选:"创建绘图模型"选项,点击"确定"按钮,软件将会显示最终的断面图。

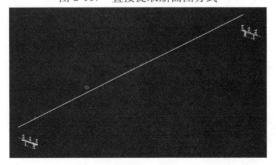

图 2-117　直接提取断面图方式

图 2-118　只显示剖切范围内选中的设备

第 2 章 电力工程 BIM 设计

生成二维图纸。新建图纸，图纸模式选择"接线图"模式，选择所需标题栏和图框，比例因子设1，如图 2-119：

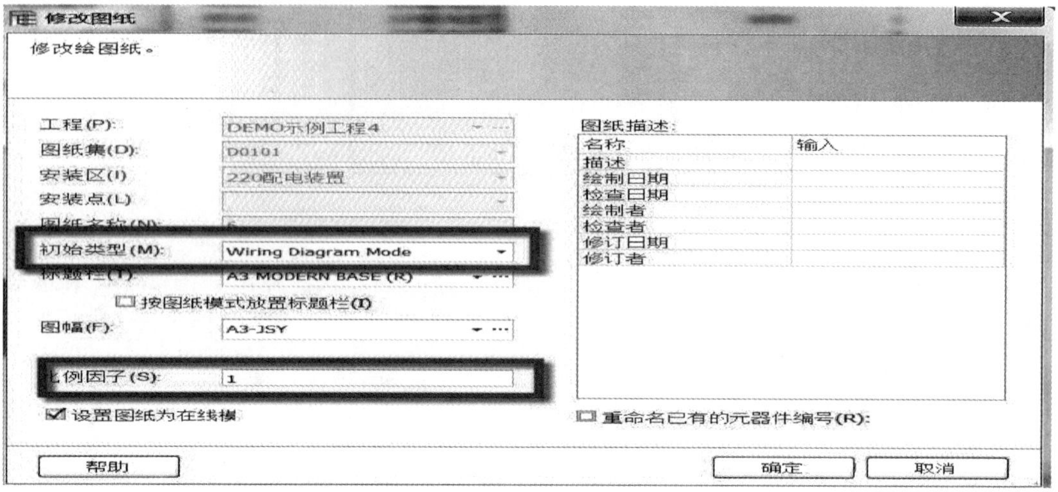

图 2-119　生成二维图纸

参考剖切的图纸，如图 2-120 所示：

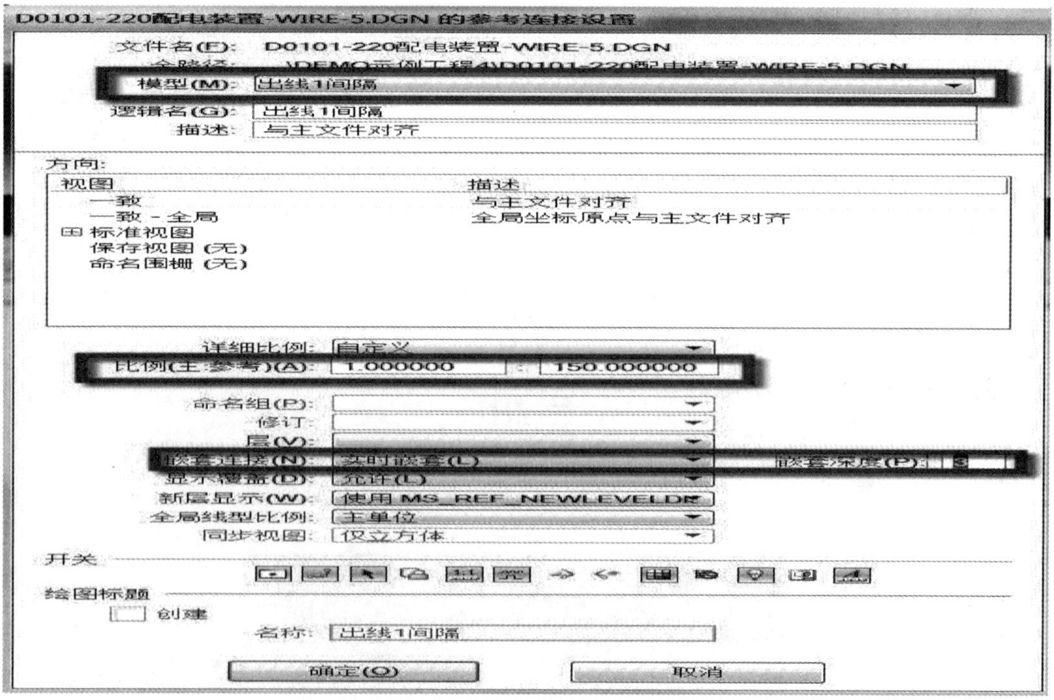

图 2-120　参考剖切的图纸

选择模型为"出线1间隔"，选择合适的比例因子，例如："1∶150"。
(a) 设备材料标注
设备材料标注的界面如图 2-121 所示：

2.3 Bentley 变电解决方案应用工程案例

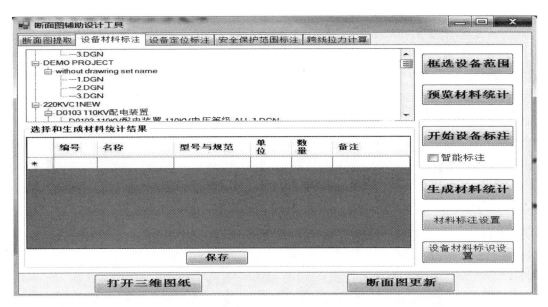

图 2-121　设备材料标注

第一步：框选设备范围

在图纸上先拉框选择所以标注的设备，点击"框选设备范围"按钮，在弹出的对话框中点击"OK"按钮。

第二步：预览材料统计，提示提取材料信息，如图 2-122：

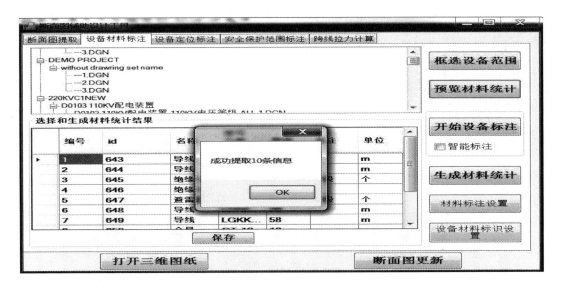

图 2-122　提取材料信息

第三步：开始设备标注

注意：点击菜单命令—元素\尺寸标注样式命令，软件弹出如下对话框，必须包含 CrossS 和 CrossSM 这两种标注样式。

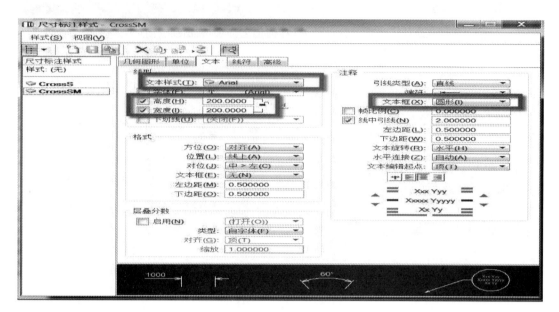

图 2-123　设备标注

其中文本样式中的 Arial 是根据菜单命令——元素 \ 文字样式中定义的，如图 2-124：

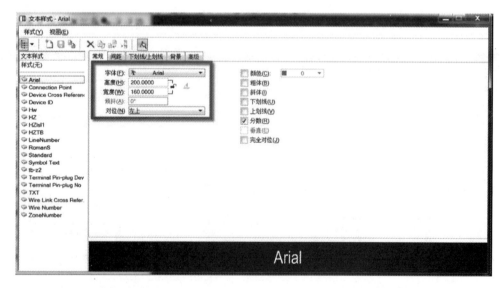

图 2-124　文本样式

完成预览材料统计后就可以进行设备标注操作，单击"开始设备标注"按钮进行设备标注，结果截图如图 2-125 所示。

第四步：生成材料统计

点击"生成材料统计"按钮，软件弹出如图 2-126 对话框：

点击"确定"命令后，在图纸上点击插入点，放置材料表，如图 2-127：

2.3 Bentley 变电解决方案应用工程案例

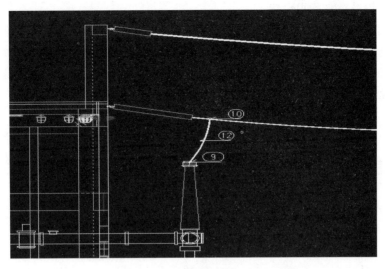

图 2-125 结果截图

图 2-126 放置报告

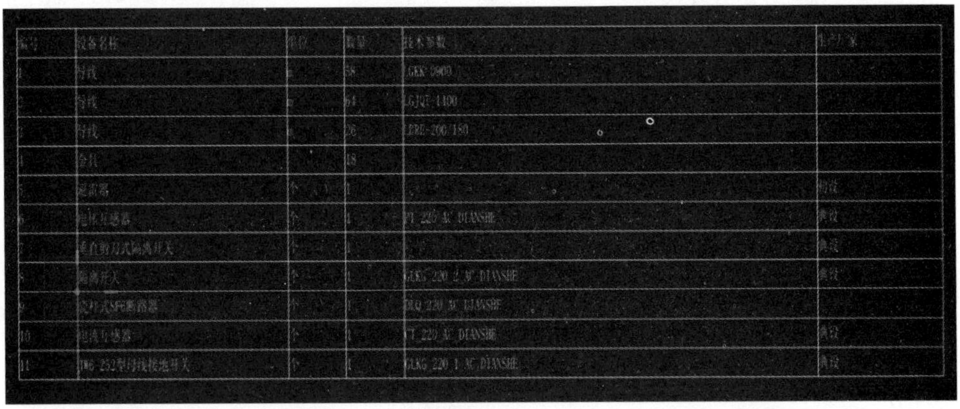

图 2-127 放置材料表

第五步：设备材料标识设置

单击界面上的"设备材料标识设置"按钮，会弹出如图 2-128 所示的对话框。在这个对话框中，选择与设备型号库（parts_database）中匹配的信息字段设置，如设备的单位信息在设备型号数据库中保存在 Use_Unit 字段中，则进行此配置。这些设置将决定材料表的信息是否正确。

第六步：材料标注设置

单击界面上的"材料标注设置"按钮，会弹出如图 2-129"材料标注设置"对话框。其中的标注线长度，指的是设备标注中斜线的长度，标注线与 X 轴的角度指的是设备标注斜线与 X 轴的夹角，Note 引出长度指的是引线的长度，单击保存修改按钮会提示修改成功。

图 2-128　设备材料标识设置　　　　图 2-129　材料标注设置

（b）设备定位标注

设备定位标注主要完成三部分工作，第一部分为设备定位，第二部分为设备标高，第三部分为设备支架等尺寸的标注。界面如图 2-130 所示。

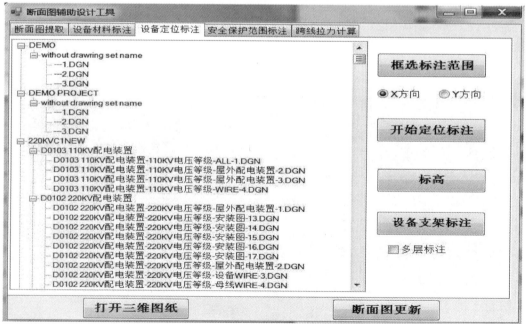

图 2-130　设备定位界面

第一步：框选标注范围

在图纸上，按住 Ctrl 键多选需要进行标注的设备，点击"框选标注范围"命令，软件弹出如图 2-131 所示对话框：

点击"OK"命令后，软件弹出如图 2-132 对话框：

图 2-131　　　　　图 2-132

点击"OK"选中设备。其中，X 方向和 Y 方向为尺寸标注的方向。

第二步：开始定位标注

单击"开始定位标注"，会弹出"请选择一个标准点！"对话框，这时请在所选模型的区域的上方或下方选取一点，若所选的点在模型所在区域的上方则定位尺寸会标注在其上方，否则标注在其下方（如图 2-133 所示）。

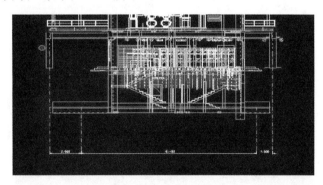

图 2-133　标注定位

第三步：标高

单击"标高"按钮会提示选择基准点，选择基准点后，即可选择需要标注的高度，在该点会放置标高符号，根据提示信息可选择继续进行标注还是终止标注，标注结果如图 2-134 所示。

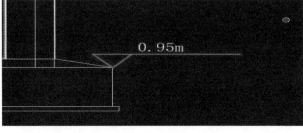

图 2-134　标高

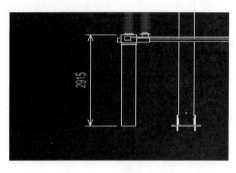

图 2-135 支架标注

第四步:设备支架标注

点击"设备支架标注"命令,在图纸上选择支架的起始点,进行标注,如图 2-135;

(c) 安全保护范围标注

目前支持的标准只有 IEC 的室内和室外两个标注,可以手动增加这两个标准的内容,只需打开 plugins 下的 CrossSection 中的 IEC_Inner.xml 和 IEC_Outer.xml 参照现有的内容即可。在界面中逐一选择参数,程序最终会给出安全净距的值,如图 2-136 所示。此时单击"安全保护范围标注"按钮,在图纸上选择合适的起点和圆弧的中点即可,如图 2-137 所示。注意:安全净距值也可以手动输入。

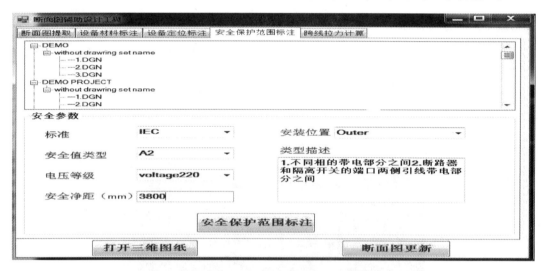

图 2-136 安全净距

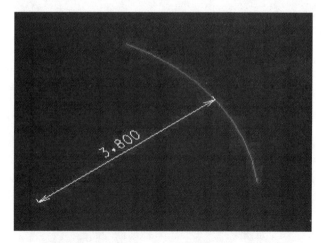

图 2-137 安全保护范围

(d) 跨线拉力计算

图 2-138 拉力计算

第一步：打开拉力计算界面。点击"打开拉力计算界面"按钮，打开导线拉力计算程序开始计算，计算结果输出为计算文件。

第二步：生成计算结果。点击"生成结果"按钮，选中欲在图纸上标注计算数据的导线计算文档，选中报表模板后，即可将报表放置到图纸上，位置由用户通过鼠标输入。

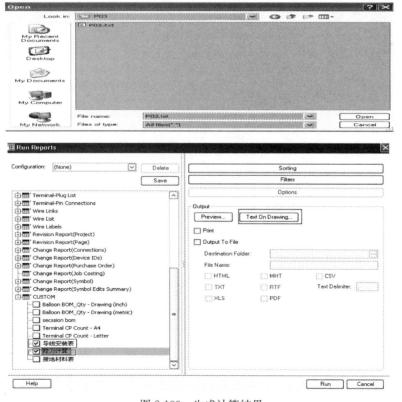

图 2-139 生成计算结果

② 土建出图

变电站的土建模型创建完成以后，就可以从 3D 模型中抽取 2D 的图纸了。ABD 可以抽取平面、立面、剖面和详图图纸。下面内容与以抽取平面图纸为例，其他图纸类型相同。

图 2-140　创建平面图

模型设置为前视图，选择"创建平面图"命令，设定好合适的切图种子，然后对模型进行剖切，定义好深度和方向。

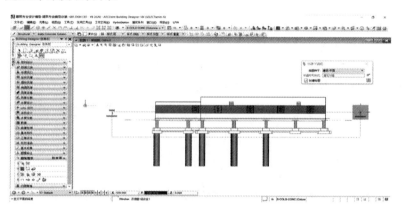

图 2-141　切图种子设定

在创建绘图面板中，输入图纸的名称，并设定好切图文件的保存位置和注释比例，ABD 就可以自动生成相应的绘图模型和图纸模型。

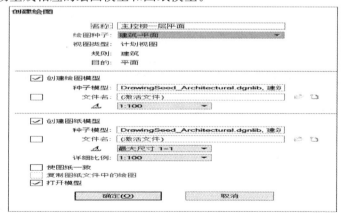

图 2-142　自动生成模型

图纸设定。土建模型在创建的时候调用 ABD 库中不同的功能模型，而这些库内容已经设定好了被剖切也就是切图时候应该显示的颜色、线型、线宽及填充样式，这样保证了图纸文件的一致性。而选择不同的切图种子文件，实际上是定义了各种构件属性的显示与否，例如门窗等尺寸标注的自动添加。除此之外可以在绘图模型中添加需要的文字说明和尺寸标注，可以在图纸模型中选择合适图纸图框，最终完成图纸的抽取工作。

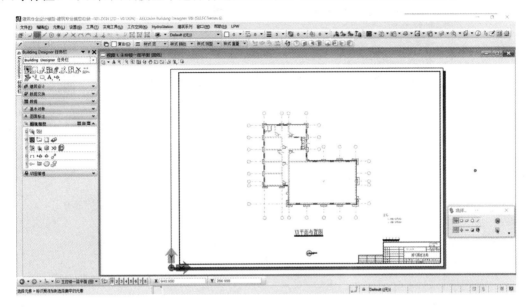

图 2-143　图纸设定

图纸交换。最终生成的图纸可以通过打印命令，打印出纸质的正式图纸，也可以打印为 PDF 格式，方便存档和查看。

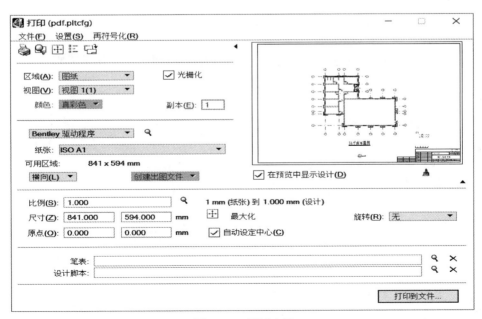

图 2-144　图纸交换

当然也可以把图纸导出为多种 DWG 格式，方便和其他没有 Bentley 软件的用户进行数据交换。

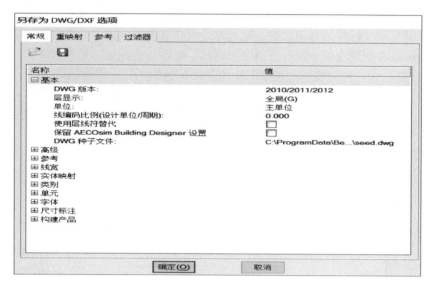

图 2-145　DWG 格式

2）统计材料

① 电气统计材料

利用 Substation 的"生成报表"命令可生成采购清单、图纸目录、电缆清册等多种报表。报表可生成在图纸上，也可生成为 excel 格式。用户也可根据需要自定义报表模板。

操作如下：

点击"任务栏—变电电气设计"下的"F-1 生成报表"可生成各种报表。

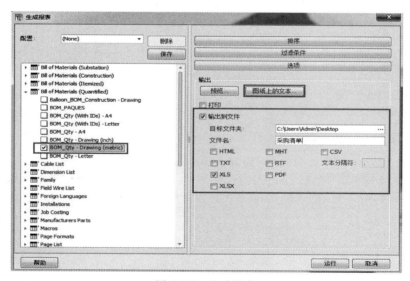

图 2-146　生成报表

勾选报表模板，点击"图纸上的文本"可将报表生成到图纸上。

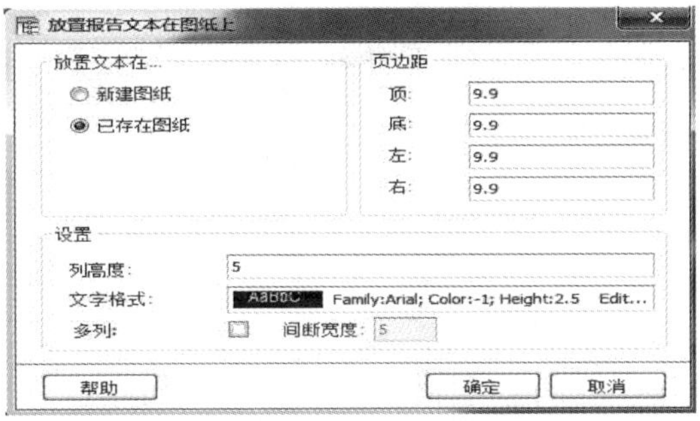

图 2-147 放置报表

选择"新建图纸"，可将报表生成到新的图纸上，如图 2-148。

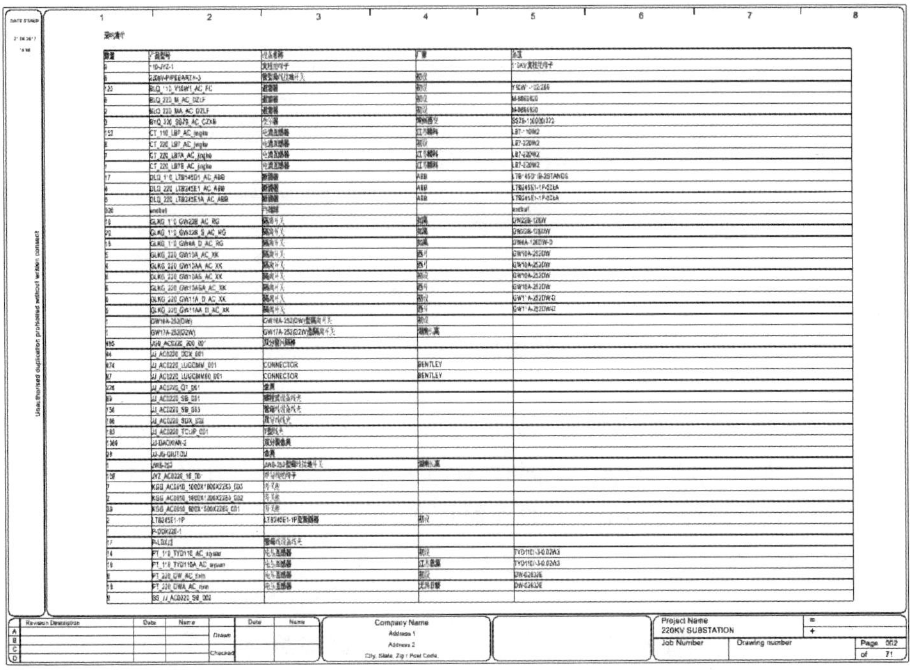

图 2-148 报表

选择"已存在图纸"可将报表生成到当前图纸中，点击"确定"后，报表生成到鼠标所点的位置上。勾选"输出到文件"，可将文件输出为 excel 等格式，可输入文件存放的路径已经文件名称。点击"运行"命令，弹出如图 2-149 所示对话框：

图 2-149 信息框

点击"是",打开报表文件,生成报表如图 2-150 所示。

采购清单

数量	产品型号	种类	厂家	备注
9	110-JYZ-1	支柱绝缘子		110KV支柱绝缘子
8	220kV-PIPEEARTH-3	管型母线接地开关	初设	
123	BLQ_110_Y10W1_AC_FC	避雷器	初设	Y10W1-102/266
6	BLQ_220_M_AC_DZLF	避雷器	初设	M-8890820
2	BLQ_220_MA_AC_DZLF	避雷器	初设	M-8890820
3	BYQ_220_SSZ9_AC_CZXB	变压器	常州西变	SSZ9-150000/220
153	CT_110_LB7_AC_jingke	电流互感器	江苏精科	LB7-110W2
6	CT_220_LB7_AC_jingke	电流互感器	初设	LB7-220W2
7	CT_220_LB7A_AC_jingke	电流互感器	江苏精科	LB7-220W2
1	CT_220_LB7B_AC_jingke	电流互感器	江苏精科	LB7-220W2
17	DLQ_110_LTB145D1_AC_ABB	断路器	ABB	LTB145D1/B-2STANDS
4	DLQ_220_LTB245E1_AC_ABB	断路器	ABB	LTB245E1-1P-50kA
5	DLQ_220_LTB245E1A_AC_ABB	断路器	ABB	LTB245E1-1P-50kA
320	endball			endball
16	GLKG_110_GW22B_AC_RG	隔离开关	如皋	GW22B-126W
20	GLKG_110_GW22B_S_AC_RG	隔离开关	如皋	GW22B-126DW
16	GLKG_110_GW4A_D_AC_RG	隔离开关	如皋	GW4A-126DW-D
5	GLKG_220_GW10A_AC_XK	隔离开关	西开	GW10A-252DW
4	GLKG_220_GW10AA_AC_XK	隔离开关	西开	GW10A-252DW
6	GLKG_220_GW10AS_AC_XK	隔离开关	初设	GW10A-252DW
7	GLKG_220_GW10ASA_AC_XK	隔离开关	西开	GW10A-252DW
6	GLKG_220_GW11A_D_AC_XK	隔离开关	初设	GW11A-252DW-D
5	GLKG_220_GW11AA_D_AC_XK	隔离开关	西开	GW11A-252DW
1	GW16A-252(DW)	GW16A-252(DW)型隔离开关	初设	
1	GW17A-252(D2W)	GW17A-252(D2W)型隔离开关	湖南长高	
485	JGB_AC0220_200_001	双分裂间隔棒		
44	JJ_AC0220_DDX_001			
474	JJ_AC0220_LUGDMM_001	CONNECTOR	BENTLEY	
87	JJ_AC0220_LUGDMM90_001	CONNECTOR	BENTLEY	
228	JJ_AC0220_QT_001	金具		
89	JJ_AC0220_SB_001	螺栓式设备线夹		
156	JJ_AC0220_SB_003	管母式设备线夹		
186	JJ_AC0220_SDX_002	双导线线夹		
183	JJ_AC0220_TCLIP_001	T型线夹		
1368	JJ-DAOXIAN-2	双分裂金具		
28	JJ-JG-QIUTOU	金具		
1	JW6-252	JW6-252型母线接地开关	湖南长高	
108	JYZ_AC0220_16_001	单弯线绝缘子		

图 2-150 报表

用户可以通过"过滤条件"来选择生成的报表。

② 土建统计材料

变电站的土建模型创建完毕以后,就可以用 ABD 中的材料统计功能进行工程量的计算。因为模型是按照1:1来创建的,同时 ABD 的精度绘图完全可以实现任意空间的精准定位,所以说用 ABD 进行材料统计是真实而且准确的。

(a)数据组浏览器

图 2-151 数据组浏览器

数据组浏览器可以统计通过 ABD 的常规功能(如:墙体、门窗等)放置的所有构件的数量、尺寸信息以及常规属性,同时选中的构件还可以通过"缩放和选择"命令,快速定位到 3D 模型中。由于数据组浏览器中的构件属性是和 3D 模型是相关联的,当修改了模型中任意构件的尺寸或者其他常规信息,数据组浏览器是会自动进行更新的;反之如果在数据组浏览器中更新了构件的尺寸或者常规信息,那么这些信息会自动驱动模型构件进行尺寸变化或者写入相应的信息。

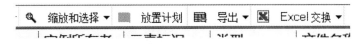

图 2-152 缩放和选择

当然我们最终可以把这些属性信息输出为多种格式，如 xml、excel 等。如果是输出为 excel 文件的话，我们不仅可以使用 ABD 自带的报表样式进行统计，也可以按照自己想要的输出表格样式来自定义。导出后的 excel 文件也是可以和模型进行关联的，如果在生成的 excel 文件中修改了构件的一些属性后，可以通过"从 excel 更新"把相应的属性重新输入到 3D 模型中。

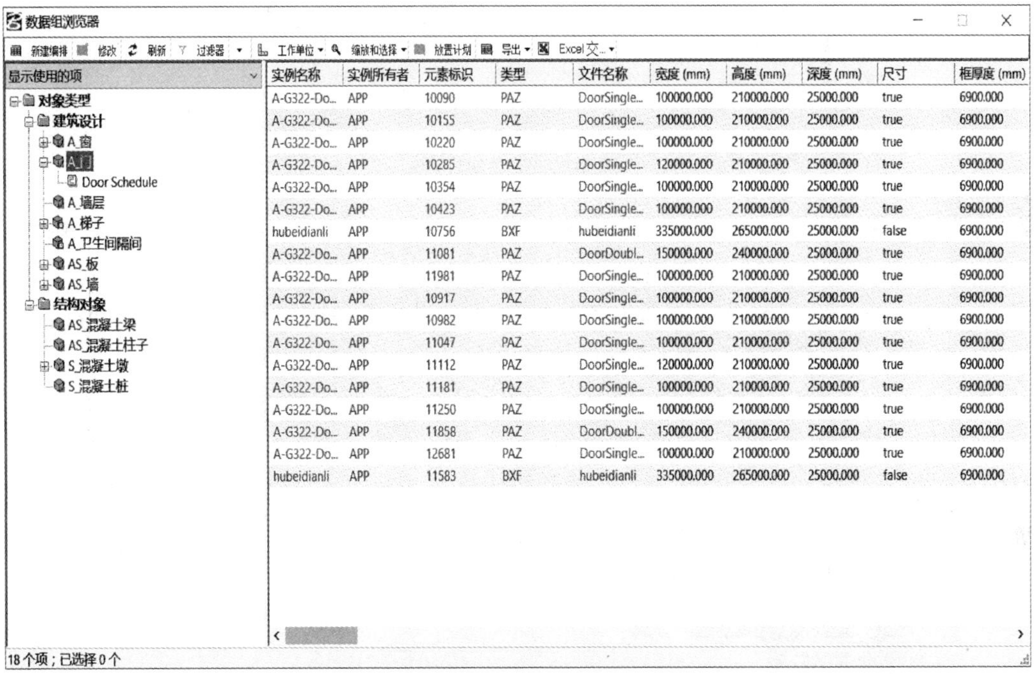

图 2-153 属性格式

（b）添加/修改属性

图 2-154 添加/修改属性

对于不是通过 ABD 常规命令添加的构件，例如通过单元添加的其他 skp、dwg、fbx、obj 等格式的模型，我们也可以通过"添加属性"命令，给这些非 ABD 构件添加一个 ABD 已有库的分类和特定属性。

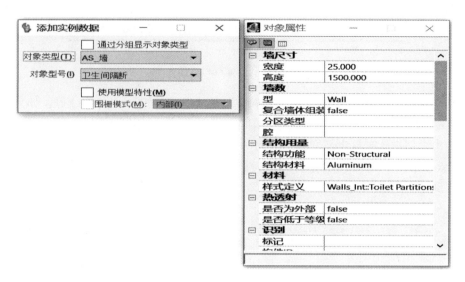

图 2-155 添加属性

在"添加示例数据"面板中可以选择已有的对象类型和型号,在"对象属性"中则可以保留或者手动输入相关的数据属性。添加了属性的这些非 ABD 构件就可以通过"数据组浏览器"来进行数据统计了。如果添加的属性想要修改或者需要删除的话,可以使用"修改属性"来修改或者删除掉以添加的信息内容。

统计工程量。对于一些结构构件,如墙体、梁柱、楼板等大面积的混凝土或者钢结构构件,我们往往需要统计的是这些构件的体积,可以通过"统计工程量"来统计这些构件的体积信息。统计的内容可以从右上角的列表中挑选,字段也可以自己重新命名,最终相应的混凝土或者钢结构构件的体积就可以按照我们设定好的报表样式进行统计。

图 2-156 统计工程量

3）渲染动画

变电站模型创建完后，利用 Bentley 大型景观和环境景观渲染专业软件 LumenRT 可制作投标动画文件以及制作漫游动画视频。LumenRT 是一个功能强大的项目场景处理软件，可以快速完成效果图、鸟瞰图、投标动画的制作。LumenRT 可以直接导入发电厂或变电站的设计模型，通过简单的而处理，就可以输出需要的动画等投标资料。

图 2-157　汨罗西 220 千伏变电站

图 2-158　南京 UPFC 变电站

图 2-159　青岛换流站

2.4　STD-R 变电设计软件应用案例

2.4.1　工程案例概述

本案例依托"国家电网公司 500kV 变电站通用设计方案 B-5 方案"为依托介绍变电

站工程 BIM 设计的技术和方法。

本案例采用变电站通用设计方案，其设计深度为初设深度。该方案是一个 500kV 电压等级户外 HGIS 变电站，主变压器区域规划为 4 组单相自耦变，其中本期为 3 组，远期规模为 1 组；500kV 区域规划进出线 6 回，本期 4 回，远期 2 回，均采用户外 HGIS 设备；220kV 区域规划进出线 16 回，本期 12 回，远期 4 回，均采用户外 GIS 设备；35kV 无功补偿区域规划 8 组补偿装置，本期 6 组，远期 2 组。

本案例将介绍新建变电工程 BIM 设计的一般流程和方法，内容涵盖了 BIM 设计的主要内容，包括设计前的准备工作、设备建族、主接线设计、电气一次布置设计、防雷接地设计、总图设计、结构设计、建筑设计、水暖设计、协同设计和成果输出等内容。帮助电力工程设计从业人员去学习和掌握 BIM 设计的技术和方法。

2.4.2 BIM 设计准备

BIM 设计工作开展前需进行相应的设计准备。需要的前期准备主要包括两个方面，其一是设计环境，其二是设计资料。

设计环境包括 BIM 设计所必须的硬件和软件基础，其硬件在性能上应满足运行 BIM 相关设计工具和开展工程 BIM 设计要求，其软件包括操作系统、数据库、BIM 设计相关软件，三维展示、渲染和漫游类软件可根据需要进行配置。

BIM 设计所需的基本软件如下：

（1）计算机系统：Windows 7 64 位

（2）图形软件：AutoCAD、Revit

（3）BIM 设计软件：STD-R 平台、Civil3D、PKPM、YJK、Midas、Tekla（或 Staad. Pro、3D3S、岩拓、鸿业、飞时达等土建专业计算及分析类软件，读者可根据需要选择使用）

（4）数据库管理软件：SQL sever

（5）办公软件：office 系列软件或 WPS 软件

（6）图形展示及渲染软件：3D Max、Navisworks（根据需要选择）

（7）视频及图像处理软件：Photoshop、AE 等（根据需要选择）

（8）施工管理及模拟软件：BIM-S、BIM-C、Navisworks（根据需要选择）

（9）移动端应用：BIM-C、BIM-S、BIM360（根据需要选择）。

BIM 设计所需的硬件条件如下：

处理器：Core i5 双核（推荐 Core i7 双核）

内存（RAM）：8G（推荐 16G 及以上）

显卡：2G 显存（推荐 2G 以上显存）

硬盘：500GB（推荐 1TB 及以上）

设计资料包括设计工作开展所必须的基本资料、设计范围、设计深度要求等，工程基本资料包括地形资料、设备图纸资料、各专业设计参考图纸、典型回路元件图元等。

工程开始之前需收集本工程所需图纸。由于本工程是一个国网典设，不需要我们进行复杂的设计，只需收集典设资料即可。首先我们需要收集本工程电气一次相关图纸，包括主接线图、平面布置图、各配电装置的布置图、断面图以及接线图；然后收集土建相关图纸，包括总平面布置图、主控通信楼、500kV 继电器室、35kV 继电器室、主变压器及站用电小室平剖面图，同时也要收集 500kV、220kV、主变以及 35kV 构架透视图等。

本工程案例设计范围包括电气一次、总图、建筑、结构、水暖等内容，设计深度要求为初设深度。

※ **本节知识点练习**

1. BIM 设计工作开展前需进行的准备工作包括：（   ）。
 A. 设计环境　　　　B. 设计资料　　　C. 三维展示　　　D. 模型渲染
2. BIM 设计的硬件基础为：（   ）。
 A. Revit　　　　　B. STD-R 平台　　C. 计算机　　　　D. office
3. 以下为 BIM 类设计软件的是：（   ）。
 A. Revit　　　　　B. STD-R 平台　　C. SQL sever　　　D. Windows
4. BIM 设计工作开展所需的资料包括：（   ）。
 A. 设计范围　　　　　　　　　　　B. 设计深度
 C. 设计所需的基本资料　　　　　　D. Revit
5. 工程基本资料为：（   ）。
 A. 地形资料　　　　　　　　　　　B. 设备图纸资料
 C. 设计参考图纸　　　　　　　　　D. 软件操作手册
6. BIM 施工管理及模拟软件包括：BIM-S、BIM-C、Navisworks 等。（   ）
7. 工程开始之前需收集的工程所需图纸中不包括构架透视图。（   ）

答案：1. AB　2. C　3. AB　4. ABC　5. ABC　6. √　7. ×

2.4.3 设备建族

本工程 BIM 设计开始，首先进行设备族模型建立，需要建立本工程 BIM 设计所需的设备族模型包括变压器、断路器、电流互感器、电压互感器、HGIS、GIS、避雷器、电抗器、电容器组、站用变、屏柜、隔离开关等相关设备族模型。

以下将以一个避雷器设备族模型的建立为例介绍设备族模型的建立的技巧和方法。在此之前，首先将介绍族的概念及其模型建立方法和技巧。

1. 族的概念

族是一种参数化的组件，它包括了许多可以自由调节的参数，这些参数控制着图元在项目中的尺寸、材质、位置等信息。族是 Revit 设计软件的基础和精髓所在，族参数越多，信息量就越丰富，就越能体现 BIM 技术的价值。

族可分为可载入族、系统族和内建族，可载入族是指在项目外使用族样板独立创建的族文件，该族文件可以载入到任意项目中；系统族是指软件自带的族文件，用户可以创建、修改系统族类型，但无法创建系统族；内建族是指专门为某个项目创建的族文件，只能在该项目中使用，无法应用于其他项目。可载入族应用最为广泛，本书中所创建的族均为可载入族。

2. 族的建立方法

族的创建有五种基本命令，即拉伸、融合、旋转、放样和放样融合，熟练运用这些基本命令可以创建出各式各样的族文件。在安装 Revit 软件的时候，会自动安装族样板和部分族文件，自带族文件位置：C 盘→Program Data→Autodesk→RVT 2017→Libraries→China；自带族样板位置：C 盘→Program Data→Autodesk→RVT 2017→Family Templates→Chinese。读者可以在缩略图模式下查阅族文件和族样板文件，熟悉这些文件有利于族的创建。

Revit 具有 3 种类型的族：系统族、可载入族和内建族。

在项目中创建的大多数图元都是系统族或可装载的族。可以组合可装载的族来创建嵌套和共享族。非标准图元或自定义图元是使用内建族创建的。

系统族可以创建要在建筑现场装配的基本图元。例如：墙、屋顶、楼板、风管、管道等能够影响项目环境且包含标高、轴网、图纸和视口类型的系统设置也是系统族。系统族是在 Revit 中预定义的。您不能将其从外部文件中载入到项目中，也不能将其保存到项目之外的位置。

可载入族是用于创建下列构件的族：

（1）安装在建筑内和建筑周围的建筑构件，例如窗、门、橱柜、装置、家具和植物等。

（2）安装在建筑内和建筑周围的系统构件，例如锅炉、热水器、空气处理设备和卫浴装置。

（3）常规自定义的一些注释图元，例如符号和标题栏。

由于它们具有高度可自定义的特征，因此可载入的族是您在 Revit 中最经常创建和修改的族。与系统族不同，可载入的族是在外部 RFA 文件中创建的，并可导入或载入到项目中。对于包含许多类型的可载入族，可以创建和使用类型目录，以便仅载入项目所需的类型。

内建族，内建图元是您需要创建当前项目专有的独特构件时所创建的独特图元。可以创建内建几何图形，以便它可参照其他项目几何图形，使其在所参照的几何图形发生变化时进行相应大小调整初其他调整。创建内建图元时，Revit 将为该内建图元创建一个族，该族包含单个族类型。

创建内建图元涉及许多与创建可载入族相同的族编辑器工具。

创建族时，软件会提示您选择一个与该族所要创建的图元类型相对应的族样板。该样板相当于一个构建块，其中包含在开始创建族时以及 Revit 在项目中放置族时所需要的信息。

尽管大多数族样板都是根据其所要创建的图元族的类型进行命名，但也有一些样板在族名称之后包含下列描述符之一：

（1）基于墙的样板；

（2）基于天花板的样板；

（3）基于楼板的样板；

（4）基于屋顶的样板；

（5）基于线的样板；

（6）基于面。

基于墙的样板、基于天花板的样板、基于楼板的样板和基于屋顶的样板被称为基于主体的样板。对于基于主体的族而言，只有存在其主体类型的图元时，才能放置在项目中。

2.4 STD-R变电设计软件应用案例

3. 电气设备族创建的基本方法

族是电力工程项目 BIM 设计的基础,在电力工程 BIM 设计开始之初,首先对缺少的族模型进行建模。族模型具备参数的特点,相似设备的族模型均可以通用调整族模型参数获得新的模型,这种方式建模速度很快。对于一个全新的设备族,就不能进行参数化调整的方式获得了,只能进行通过基本图元和 Revit 的建模工具进行建族,以下将简单介绍电气设备族建立的基本方法和技巧。

在族编辑中,可以创建两种形式的族模型:实心形式和空心形式,空心形式可以对实心模型进行剪切,从而生成多种多样的模型样式。

Revit 实体模型族创建包括拉伸、融合、放样、旋转及放样融合五种基本方法如图2-160,五种创建方法的基本思路都是在指定工作平面上绘制草图轮廓的形式创建。

图 2-160 形状面板

(1)拉伸

拉伸:顾名思义就是根据一个指定的拉伸草图轮廓,拉伸指定高度后生成的模型如图2-161。创建案例:在族编辑器界面,"创建"选项卡→"形状"面板→拉伸。在"绘制"面板→选择一种绘制方式→在绘图区域绘制想要创建的拉伸轮廓。在属性面板里设置好拉伸得起点和终点。在模式面板点击完成编辑模式→完成拉伸的创建。

(2)融合

融合:通过指定模型的底部形状和顶部形状,及模型高度,在两个不同的截面形状间融合生成模型如图2-162。创建案例:在组编辑器界面,"创建"选项卡"形状"面板→融合。在"绘制"面板→选择一种绘制方式→在绘图区域绘制想要创建的融合底部轮廓。绘制完底部轮廓后,在"模式"面板选择"编辑顶部",进行融合顶部轮廓的创建。在属性面板里设置好融合的端点高度。在模式面板点击完成编辑模式→完成融合的创建。

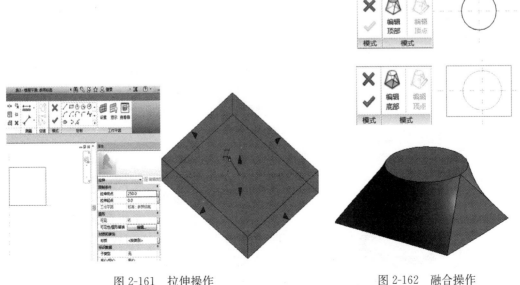

图 2-161 拉伸操作   图 2-162 融合操作

（3）旋转

通过指定的封闭轮廓，绕旋转轴旋转一定角度生成的模型如图 2-163。

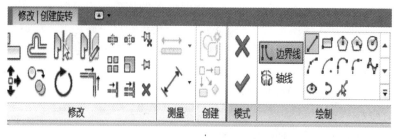

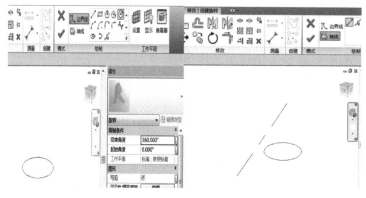

图 2-163　旋转操作

创建案例：在族编辑器界面，"创建"选项卡→"形状"面板→旋转。在"绘制"面板→选择"轴线"→选择"直线"绘制方式→在绘图区域绘制旋转轴线。选择边界线工具绘制圆形，完成后单击完成编辑模式按钮，生成三维模型。

（4）放样

通过指定路径，在与路径垂直的面上绘制封闭轮廓，封闭轮廓沿路径从头到尾移动生成的模型如图 2-164。创建案例：在族编辑器界面，"创建"选项卡→"形状"面板→放样，在放样面板中选择绘制路径或拾取路径的方式绘制路径。绘制完成后单击完成编辑模式按钮，

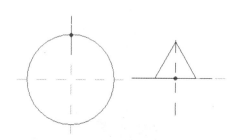

图 2-164　放样操作

2.4 STD-R 变电设计软件应用案例

在放样面板中选择编辑轮廓选项，在右立面打开视图绘制任意三角形，单击两次完成编辑模式按钮，生成放样。

(5) 放样融合

放样融合是放样与融合的相互补充工具，通过指定放样路径，并分别设定起始点的轮廓形状与终止点的轮廓形状，两截面沿路径自动融合生成模型如图 2-165。

创建实例：在组编辑器界面，"创建"选项卡→"形状"面板→放样融合。在"放样融合"面板→选择"绘制路径"或"拾取路径"。若采用绘制路径绘制面板选择相应的绘制方式→在绘图区域绘放样的路径线→完成路径绘制草图模式。若采用拾取路径→拾取导入的线、图元轮廓线或绘制的模型线→完成路径绘制草图模式。在"放样融合"面板→选择编辑轮廓→进入轮廓编辑草图模式。分别选择选择两个轮廓，进行轮廓编辑。完成后单击完成编辑模式按钮，生成放样融合。

图 2-165 放样融合操作

4. 避雷器族的创建

(1) 前期构思

Revit 电气族的创建是从前期的构思开始的。构思的时候必须考虑清楚族的创建构思和实现手段。前期的构思清晰、合理，可以为成功创建族打下良好的基础。在创建族的早期过程中，需要注意以下几点：

1) 设备插入点（原点）定义

设备布置插入点要求，族模型在项目中使用时布置的插入点是在建族过程中确定的，采用族模型自带的两个参照面的交点，如图 2-166，要求所有族模型的必须按照规定将插入点设定正确。

以下是常见模型的插入点位置：

单支架设备采用支架底端中心点为插入点，例如：220kV 避雷器；

多支架设备采用多支架连线的中心点为插入点，例如：多柱隔开开关；

无支架设备如果是独立设备，采用设备本体中心点为插入点，例如：变压器、站用变、电抗器、电容器等；

无支架设备如果是多个设备共同使用，采用设备用共同位置特点的点为插入点，例如：GIS 采用母线套管中心垂直到地面位置为插入点；

吊装设备，采用吊装位置为插入点，例如：悬垂绝缘子串。

注意：设备绘制方向应尽量与坐标轴成平行或者垂直布置，主要是针对方块的处理，避免方块的边线与轴线成有夹角存在。如图 2-167。

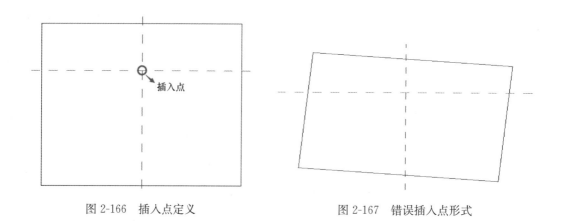

图 2-166 插入点定义　　　　　　图 2-167 错误插入点形式

2）常用电气模型建模选择

常用电气模型表　　　　　　　　　　　表 2-2

对象	族类别
设备	电气设备
导线	电气装置
硬导线	电气装置
金具、线夹、间隔棒	电气装置
照明灯具	灯具
配电箱	电气装置
插座、开关	照明设备

3）创建思路

将避雷器客观上划分为端子板、绝缘子、主体构架三部分。绝缘子族有上下法兰和瓷套组成，避雷器族的最终创建效果见图 2-168。

确定每个部分的建模方式：

（a）端子板：拉伸，见图 2-169；

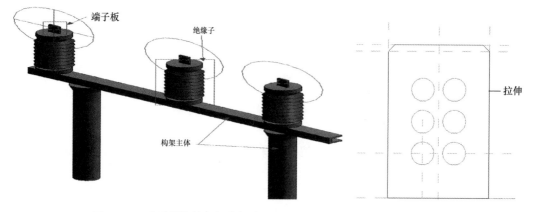

图 2-168 避雷器族的各部分标注　　　　　图 2-169 端子板的创建形式

(b) 上下法兰：拉伸；

(c) 瓷套：旋转；

(d) 构架主体：拉伸。

首先进行建立各部分族，然后通过嵌套族的方式完成避雷器族的创建。

(2) 创建流程

明确了族的创建思路之后，族的创建流程如下：

1) 创建绝缘子主体

(a) 插入点位置：

应位于绝缘子主体的平面几何中心位置。

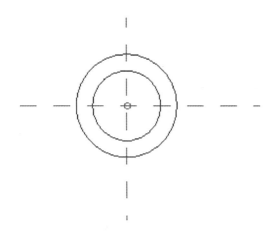

图 2-170　绝缘子主体插入点

(b) 建模方式：

绝缘子族几何形体有上下法兰和瓷套组成，每个组成部分的建模方式：

a) 上下法兰：拉伸；

b) 瓷套：旋转。

2) 创建端子板族

(a) 插入点位置，应位于端子板的平面几何中心位置。

(b) 建模方式：端子板的建模方式为拉伸。

3) 创建主体构架族

(a) 插入点位置，应位于主体构架的平面几何中心位置。

(b) 建模方式：主体构架的建模方式为拉伸。

4) 创建避雷器

按照图 2-166 所示的位置关系，将端子板族、绝缘子族和主体构架族，组合成避雷器族。

(3) 创建步骤

1) 瓷套的创建

由玻璃或陶瓷制成，是一种特殊的绝缘控件，虽然瓷套的形状各异，但大多数都是通过旋转生成的，下面就来介绍瓷套的具体绘制方法。

步骤01 选择族样板：打开 Revit 2017，单击"应用程序菜单"→"新建"→"族"，选择"公制电气设备.rft 族样板"。见图 2-171。

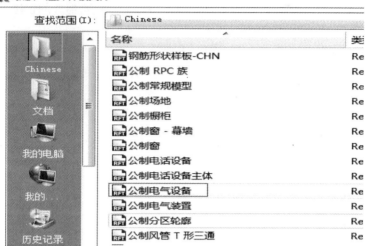

图 2-171　族样板选择

步骤02 定义原点：单击绘图区域内系统默认是两个参照平面，在属性对话框的其他列表中，保证"定义原点"被勾选。确认打开模型中两参照平面的交点为定义原点。如图 2-172 所示。

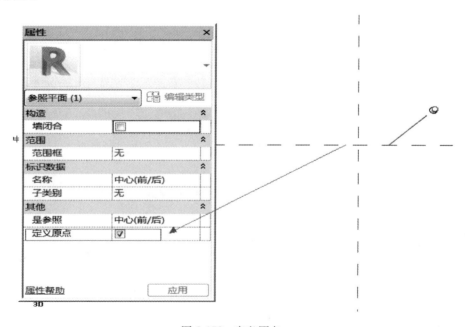

图 2-172　定义原点

步骤03 设置族类型和基本族参数：

单击功能区中"创建"→"属性"→ "族类型"按钮，打开"族类型"对话框。单击右侧"族类型"中"新建"按钮，在"名称"对话框中输入"标准"，作为族类型的名称，单击"确定"，如图2-173所示。

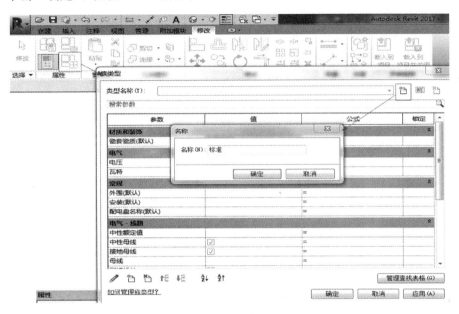

图2-173 设置族类型

在"族类型"对话框中，单击左下角"参数"中的"参数添加"按钮 ，打开"参数属性"对话框。如图2-174所示，在"参数属性"中将"名称"设为瓷套瓷质，并在

图2-174 设置族参数

"参数属性"的下拉列表中选择"材质",此参数为"类型参数"而非"实例参数",其参数值保持"<按类型>"不变,单击"确定"。

步骤 04 创建几何形体:

在"项目浏览器"中将"视图"切换至"视图"→"立面"→"前"立面视图。单击"创建"→"基准"→"参照平面",如图 2-175 所示。在水平参照平面上方 1000mm 处绘制水平参照平面 1。

图 2-175 绘制平面

单击"创建"→"旋转",选择"边界线"、绘制方式为"直线",勾选"链";见图 2-176 所示。以参照平面 1 和竖向参照平面的交点为起点水平向左绘制 150mm,其余参数值如图 2-177 所示。

图 2-176 绘制边界线模式　　　　　图 2-177 绘制边界线

步骤 05:绘制"旋转轴":选择"轴线"、绘制方式为"直线",在竖向参照平面上绘制任意长度的直线,完成后单击"模式"→✓"完成编辑模式"按钮。如图 2-178 所示。

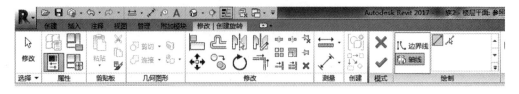

图 2-178 完成编辑模式

步骤 06 选中旋转体:单击属性面板中"材质"后面的"关联族参数"按钮,选择"瓷套材质",单击"确定"回到绘制界面。见图 2-179 所示。

2.4 STD-R 变电设计软件应用案例

图 2-179 关联族参数

【提示】在族的创建过程中,材质的设置并非必需的一环。通常建议读者在族里面不需要特别设置材质,将材质参数的值都保留为默认值"<按类别>"然后到项目文件总通过子类别进行设置。如仍需要在族文件中设置材质,可按照以下步骤:

① 单击功能区中"管理"→"设置"→"材质",见下图 2-180 所示,在"材质浏览器"对话框中添加新的材质。

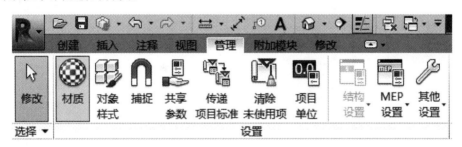

图 2-180 添加新的材质

② 单击"材质浏览器"对话框左下角的 "创建新材质"按钮,右击"默认为新材质",在弹出的菜单中选择"重命名",见图 2-181,将新的材质命名为"瓷套材质",单击"确定"。

③ 在材质浏览器左下角,单击"打开/关闭资源管理器"对材质进行赋值。见图 2-182 所示。

④ 单击材质"瓷套材质",在"材质编辑器"对话框中,单击"图形"特征,再单击"颜色",在"颜色"选项卡中选择一个颜色,见图 2-183,单击"确定"。

⑤ 单击"外观"特征右侧的"替换此资源"按钮 ,在弹出的"资源浏览器"对话框中选择一个合适的外观,本例中选取的"陶瓷"下面的"中间灰色"见图 2-184 所示。

图 2-181　创建新材质

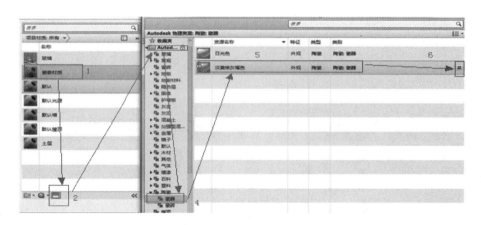

图 2-182　定义材质

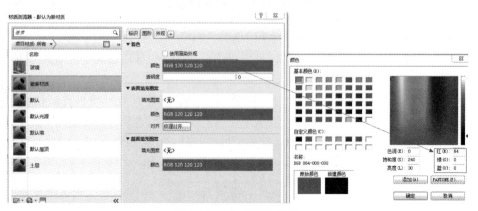

图 2-183　外观颜色设置

2.4 STD-R 变电设计软件应用案例

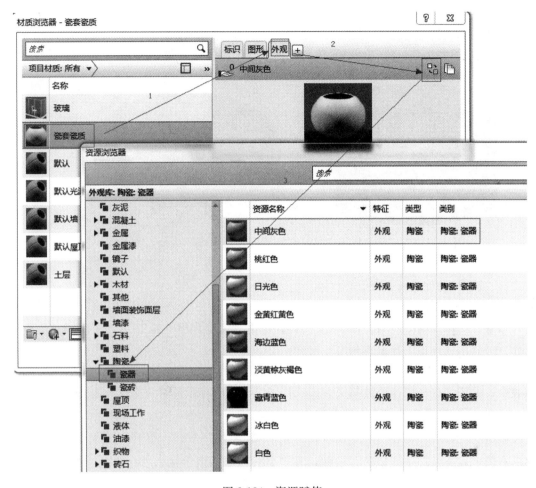

图 2-184 资源赋值

单击"外观"特征，再单击"颜色"，在"颜色"选项卡中选择一个颜色，见图 2-185。单击"确定"，材质"瓷套材质"创建完毕。

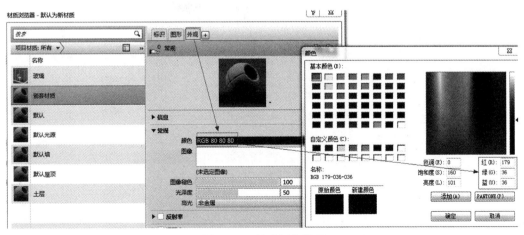

图 2-185 外观颜色设置

103

切换至三维视图，调整"视觉样式"为"着色"，绘制完成的瓷套如图 2-186 所示。保存，文件名：瓷套。

步骤 07 绘制法兰：法兰可由简单的拉伸或输入主要参数即可得到，如图 2-187 所示。

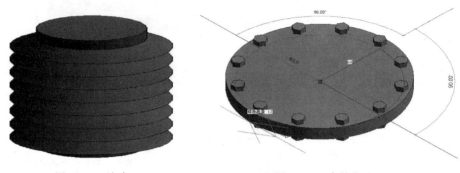

图 2-186　瓷套　　　　　　图 2-187　参数化法兰

2）端子板的创建

① 绘制端子板主体

步骤 01 选择族样板：打开 Revit 2017，单击"应用程序菜单"→"新建"→"族"，选择"公制电气设备.rft 族样板"。

步骤 02 定义原点：单击绘图区域内系统默认是两个参照平面，在属性对话框的其他列表中，保证"定义原点"被勾选。确认打开模型中两参照平面的交点为定义原点。

步骤 03 设置族类型和基本族参数：

单击功能区中"创建"→"属性"→▥"族类型"按钮，打开"族类型"对话框。单击右侧"族类型"中"新建"按钮，在"名称"对话框中输入"标准"，作为族类型的名称，单击"确定"见图 2-188 所示。

图 2-188　族类型设置

2.4 STD-R变电设计软件应用案例

在"族类型"对话框中,单击左下角"参数"中的"参数添加"按钮,打开"参数属性"对话框。见图2-189,在"参数属性"中将"名称"设为"设备材质",并在"参数属性"的下拉列表中选择"材质",此参数为"类型参数"而非"实例参数",其参数值保持"＜按类型＞"不变,单击"确定"。

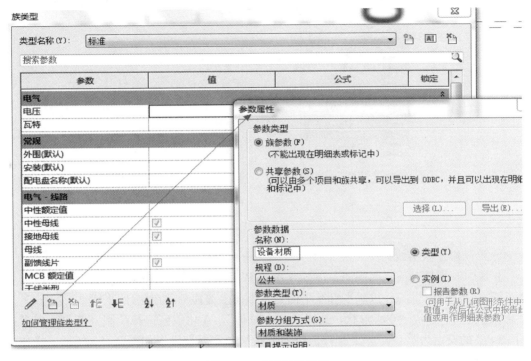

图 2-189 参数属性设置

步骤04 创建几何形体:

(a)切换至视图→立面→前立面视图。单击功能区创建→基准→参照平面,绘制如下图2-190所示参照平面。

(b)单击功能区创建—形状—拉伸,在功能区选择绘制—直线图2-191,拉伸形状绘制和属性设置如下图2-192所示。操作完成后单击修改 | 创建拉伸→模式下。完成端子板主体建模。

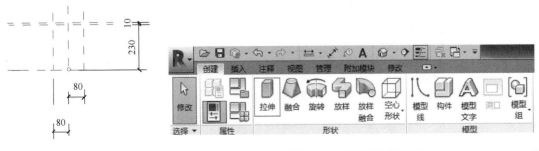

图 2-190 参照平面绘制　　　　图 2-191 端子板主体建模

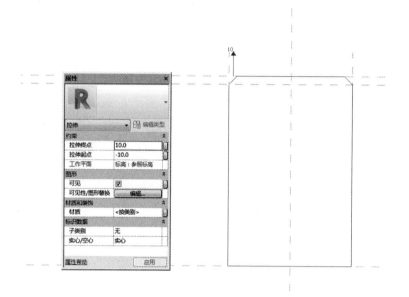

图 2-192 属性设置

② 绘制端子板接线孔

步骤 01：切换到前立面视图，以默认参照平面为基准，以竖直参照平面为基准向左偏移 25 绘制参照平面 1，以水平参照平面为基准向上偏移 70 绘制参照平面 2。

单击创建→形状→空心形状，选择"空心拉伸"，在功能区选择绘制→圆形，以参照平面 1，2 的交点为圆心，半径为 18。拉伸形状绘制和属性设置如图 2-193 所示。操作完成后单击修改｜创建拉伸—模式下 ✓ 。

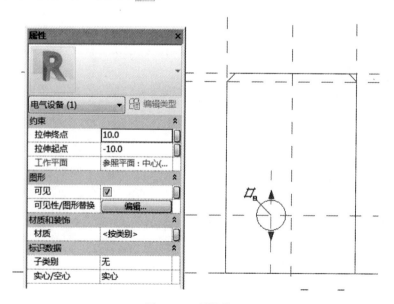

图 2-193 属性设置

2.4 STD-R 变电设计软件应用案例

选择上步骤绘制拉伸的接线孔,单击修改|拉伸→修改→镜像拾取轴 。以竖直参照平面为对称轴,完成镜像。如图 2-194 所示。

按住 Ctrl 键,选择上步骤镜像完成的两个模型,单击修改|拉伸→修改→阵列,按照其默认设置,选择两个模型的任一圆心为定位点,向上偏移 50,输入阵列个数为 3.完成端子板的绘制。保存,文件名为:端子板。

3) 完成绝缘子的绘制

步骤 01 选择族样板:打开 Revit 2017,单击"应用程序菜单"→"新建"→"族",选择"公制电气设备 .rft 族样板"。

步骤 02 定义原点:单击绘图区域内系统默认是两个参照平面,在属性对话框的其他列表中,保证"定义原点"被勾选。确认打开模型中两参照平面的交点为定义原点。

步骤 03 设置族类型和基本族参数:

单击功能区中"创建"→"属性"→

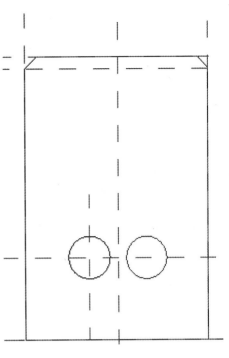

图 2-194 完成镜像

"族类型"按钮,打开"族类型"对话框。单击右侧"族类型"中"新建"按钮,在"名称"对话框中输入"标准",作为族类型的名称,单击"确定"见图 2-195。

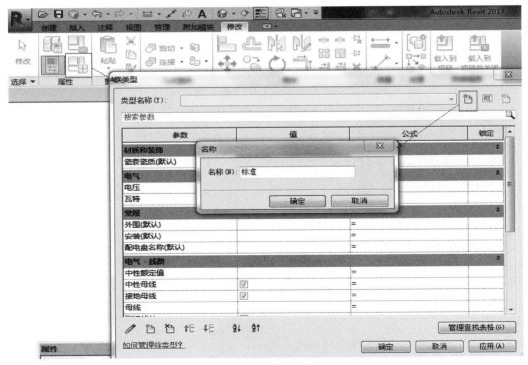

图 2-195 族类型设置

在"族类型"对话框中,单击左下角"参数"中的"参数添加"按钮,打开"参数属性"对话框。如图2-196所示,在"参数属性"中将"名称"设为"设备材质",并在"参数属性"的下拉列表中选择"材质",此参数为"类型参数"而非"实例参数",其参数值保持"＜按类型＞"不变,单击"确定"。

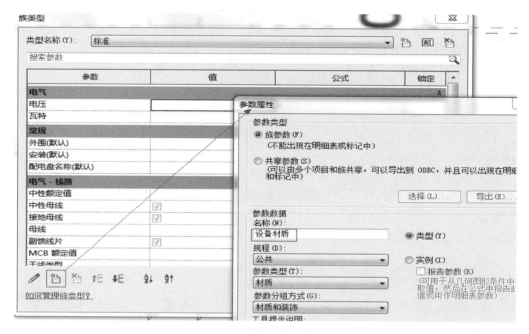

图2-196 参数设置

步骤04 绘制下法兰:在"项目浏览器"中切换到"参照标高"视图,单击"创建"→"形状"→"拉伸",在功能区绘制选择圆,半径为200,拉伸终点为125,单击"模式"中"完成编辑模式"完成编辑。

步骤05 载入族:将之前画好的族载入,单击插入→从库中载入→载入族。在"项目浏览器"中"族""电气设备"中选择瓷套和端子板文件。在前立面视图中,单击创建→构件。在"属性面板"下拉列表中依次选择瓷套和段子板放在对应位置。同时将"法兰"复制到对应位置,完成"上法兰"的建模。完成效果如图2-197所示。保存,绝缘子。

4)完成主体构架建模

① 创建模板

图2-197 绝缘子效果图

步骤01 选择族样板:打开Revit2017,单击"应用程序菜单"→"新建"→"族",选择"公制电气设备.rft族样板"。

步骤02 定义原点:单击绘图区域内系统默认是两个参照平面,在属性对话框的其他列表中,保证"定义原点"被勾选。确认打开模型中两参照平面的交点为定义原点。

2.4 STD-R 变电设计软件应用案例

步骤 03 设置族类型和基本族参数：

单击功能区中"创建"→"属性"→ "族类型"按钮，打开"族类型"对话框。单击右侧"族类型"中"新建"按钮，在"名称"对话框中输入"标准"，作为族类型的名称，单击"确定"如图 2-198 所示。

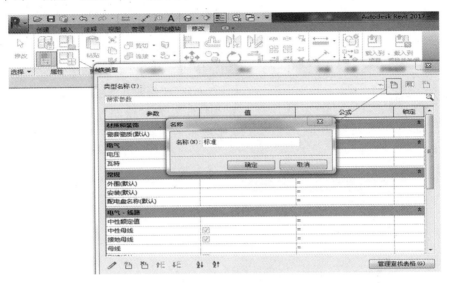

图 2-198 族类型设置

在"族类型"对话框中，单击左下角"参数"中的"参数添加"按钮 ，打开"参数属性"对话框。如图 2-199 所示，在"参数属性"中将"名称"设为"构架材质"，并在"参数属性"的下拉列表中选择"材质"，此参数为"类型参数"而非"实例参数"，其参数值保持"＜按类型＞"不变，单击"确定"。

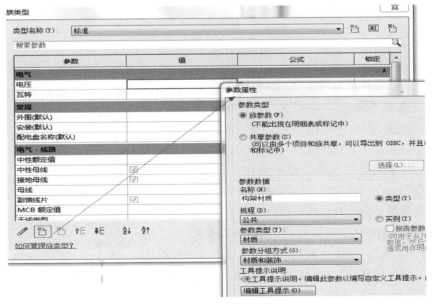

图 2-199 参数设置

109

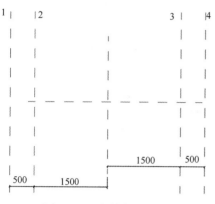

图 2-200 绘制参照平面

步骤 04 绘制参照平面：在"楼层平面""参照标高"视图中完成如下四条"参照平面"的绘制。尺寸标注如图 2-200 所示。

② 创建立柱

步骤 01：单击："创建""修改""拉伸"命令。在"绘制"面板中选择"圆"；以水平参照平面和 2 参照平面的交点为"圆心"，半径为 150，拉伸终点为 2900。如图 2-201 所示。

"创建""修改""融合"命令。默认进入编辑"底部"；在"绘制"面板中选择"圆"；以水平参照平面和 2 参照平面的交点为"圆心"，半径为 150。

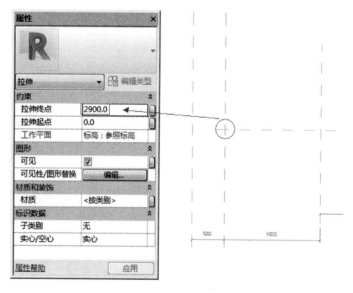

图 2-201 立柱的创建

单击"模式"中"编辑顶部"以水平参照平面和 2 参照平面的交点为"圆心"，半径为 200，在属性面板中，设置，第一端点为 2900，第二端点为 3100。如图 2-202 所示。

步骤 02：同理，以水平参照平面和 3 参照平面的交点为"圆心"，完成另一立柱的绘制（也可采用修改的镜像命令完成建模，请读者自行操作）。

步骤 03：切换到左立面视图，单击"创建"、"拉伸"，选择"直线"；具体位置关系按照下图 2-203 所示尺寸。约束属性见"属性"面板设置，如图 2-204 所示。

5）完成避雷器族建模

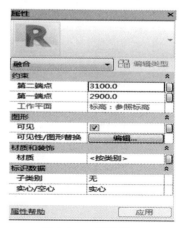

图 2-202 属性设置

2.4 STD-R变电设计软件应用案例

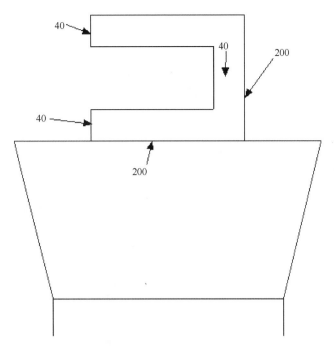

图 2-203 尺寸表示

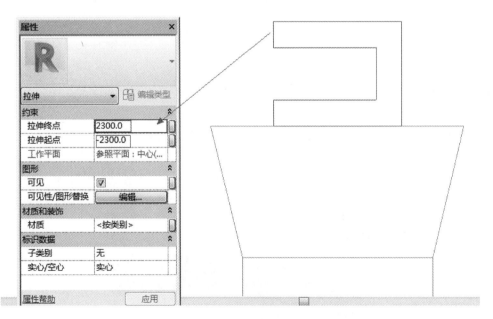

图 2-204 属性设置

载入族，将"避雷器主体族载入"，切换到"前"立面视图。单击"创建""构件"，在属性面板下拉列表中选择避雷器主体。如图 2-205 所示，放在合适的位置。

6）电气连接线

单击"创建""连接件""电气连接件"在端子板顶部进行电气连接件连接。完成整个避雷器族模型建立。

第 2 章 电力工程 BIM 设计

将建立完成的避雷器族模型，切换到三维视图，单击左下角"视觉样式"选择"真实"，建立避雷器三维效果如图 2-206 所示。

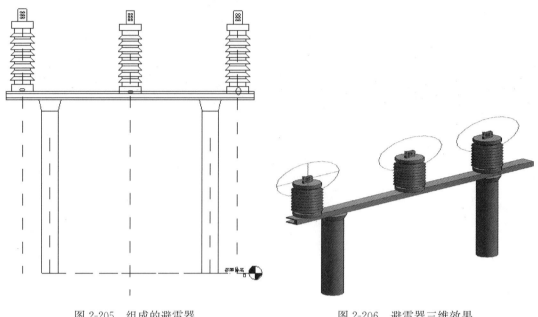

图 2-205 组成的避雷器　　　　　　　　图 2-206 避雷器三维效果

※ 本节知识点练习

1. 族可分为（　　）几类。
   A. 可载入族　　　B. 系统族　　　C. 内建族　　　D. 嵌套族
2. 以下（　　）不是创建族的基本命令。
   A. 空心拉伸　　　B. 融合　　　　C. 旋转　　　　D. 放样
3. 项目中创建的是（　　）族。
   A. 可载入族　　　B. 系统族　　　C. 内建族　　　D. 嵌套族
4. 族文件的后缀为（　　）。
   A. rfa　　　　　　B. rvt　　　　　C. std　　　　　D. dwg
5. 绘制图中模型采用的命令是（　　）。

　　A. 放样融合　　　B. 放样　　　　C. 拉伸　　　　D. 旋转
6. 创建电气族模型时，采用的族样板文件是哪个？设备族的插入点在什么位置？
7. 按照本节介绍的方法，自行创建一个普通电气设备模型。

答案：1. ABC　2. A　3. B　4. A　5. A

6. 公制电气设备样板。设备插入点采用族模型自带的两个参照面的交点。

7. 略

2.4.4 主接线设计

主接线是以设计任务书为依据，以国家经济建设的方针、政策、技术规定、标准为准绳，结合工程实际情况，在保证供电可靠、调度灵活、满足各项技术要求的前提下，兼顾运行、维护方便，尽可能的节省投资，就近取材，力争设备元件和设计的先进行，坚持可靠、先进、适用、经济、美观的原则。通常分为可研设计阶段，初步设计阶段、施工设计阶段、竣工设计阶段等四阶段。

变电工程设计开始，首先就是主接线，主接线是变电工程的灵魂和逻辑。其设计方案的优劣不仅影响到发电厂、变电站和电力系统本身，同时也影响到工农业生产和人民日常生活。对于主接线设计来说诸多设计单位各有各的设计方法，普遍的是在 CAD 上进行传统的主接线图设计。本次我们以国网典型设计 500－B－5 工程为依托，介绍以 BIM 理念为指导的数字化主接线的设计。

本工程案例为 500kV 变电站工程初设阶段的主接线设计。以 BIM 为理念的主接线设计内容涵盖系统设计、主接线系统搭建、确定主变容量和电抗器及电容器组参数等信息、短路电流计算、设备选型校验、设备赋值、回路标注、期次划分、设备编码、主接线设计成果发布等内容。以下将对主接线设计的流程和方法进行讲解。

1. 创建工程

工程设计开始，首先创建工程，添加工程设计人员，并分配权限。详细步骤如下：

步骤1：启动 STD-R 平台软件，输入工号、密码，选择【管理模型】，点击登录按钮，进入平台管理界面。

图 2-207 STD-R 平台登录界面

步骤2：进入平台管理界面，选择【工程信息】，点击【工程创建】进入工程创建界面，输入工程名称、工程代号、变电站类型、电压等级、设计阶段等信息，保存信息，创建工程。

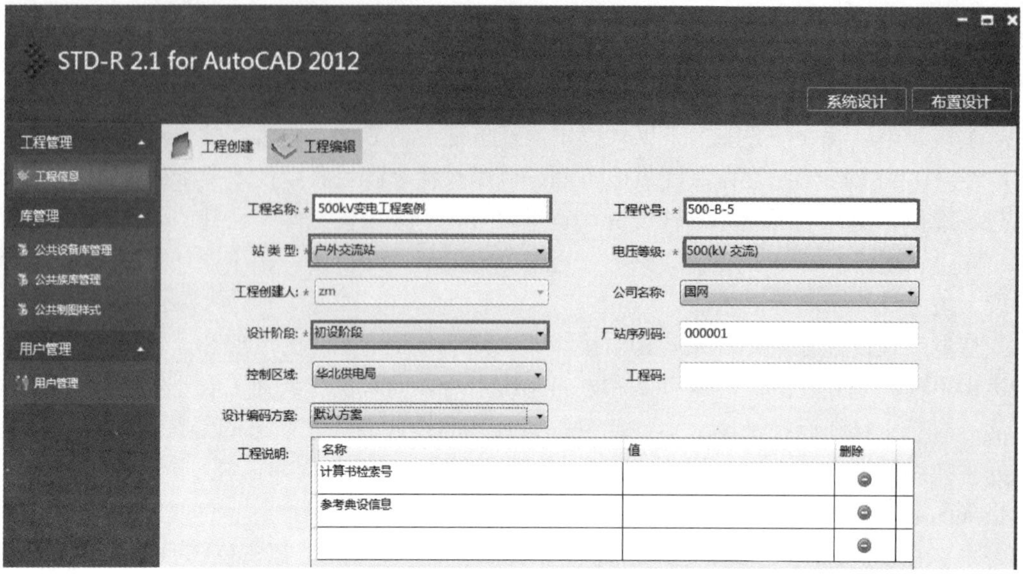

第 2 章　电力工程 BIM 设计

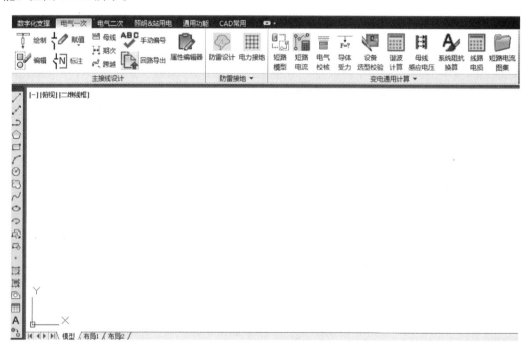

图 2-208　工程创建

步骤 3：工程创建完成后，在平台管理界面点击【系统设计】按钮，启动系统设计功能，如图 2-209 所示。

图 2-209　系统设计界面

2. 创建工程系统信息

主接线设计开始，首先要进行系统设计，创建工程信息信息，详细步骤如下：

步骤 1：在系统设计界面，选择辅助功能→设计中心，启动系统设计界面，如图 2-

210、图 2-211 所示。

图 2-210 启动设计中心

图 2-211 启动系统设计

步骤 2：参数化配置各装置信息，如图 2-212，选中"工程系统信息"中工程树根节点 "500kV 变电工程案例"，点击右键，选择【参数化装置信息】，启动自动化间隔数创建界面。

步骤 3：自动化间隔树界面，选择区域，选择装置信息，如图 2-213、图 2-214 所示。自动完成所选择装置的间隔树创建。

图 2-212 启动参数化装置信息

图 2-213 自动化间隔数创建

步骤 4：依次完成 500kV、220kV、35kV、主变区域各配电装置区域的间隔树创建，如图 2-215 所示。

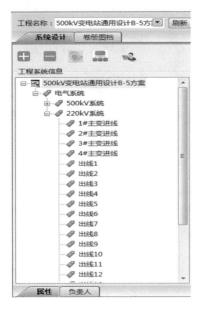 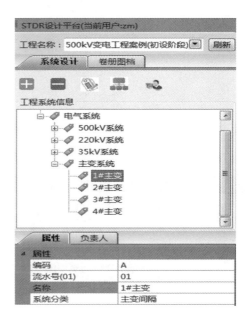

图 2-214 创建完成的间隔树　　　　图 2-215 完成全站间隔树创建

3. 主接线系统搭建

主接线系统搭建主要有两种，一种是手动搭建，另一种是参数化搭建。

手动搭建是通过主接线绘制功能，绘制各电压等级母线，并将各配电装置的间隔回路逐个调到图面上，依次搭建出全站主接线图。

参数化搭建主接线，将按照配电装置，批量、快速、参数化的搭建出全站主接线模型。以下将详细介绍参数化搭建主接线的方法和流程。

步骤 1：启动主接线绘制菜单，找到电气一次→主接线绘制→绘制，点击【绘制】按钮，启动主接线绘制菜单，如图 2-216 所示。

图 2-216 启动主接线绘制菜单

步骤 2：启动参数化绘制功能，在界面的图形绘制区域上方，找到【参数化绘制】按钮，点击【参数化绘制】，启动参数化绘制功能，如图 2-217 所示。

图 2-217 启动参数化绘制功能

步骤3：参数化绘制，启动参数化绘制对话框，如图2-218所示。选择需要绘制的配电装置区域，调整回路顺序、回路方向、间隔距离、绘制方向等，并预览该装置主接线效果。

步骤4：调整间隔回路样式，通过【上移】【下移】调整回路顺序，通过【翻转】调整回路方向，通过双击间隔，启动回路样式，可批量或单个更换回路样式，通过回路间距、绘制方向调整整体绘制效果。

图2-218 参数化绘制

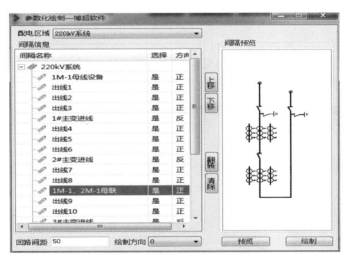

图2-219 调整回路

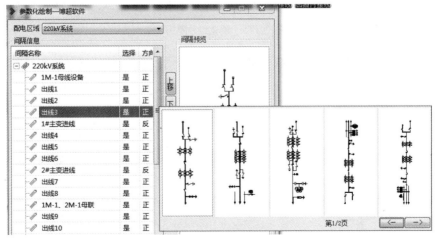

图2-220 更换回路样式

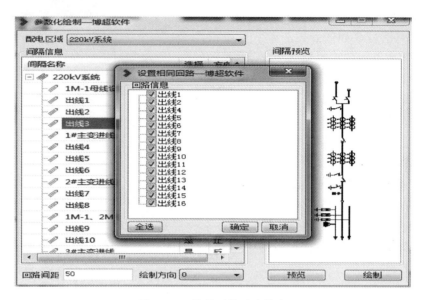

图 2-221　批量更换回路样式

步骤5：预览绘制效果，点击【预览】按钮，预览整个配电装置主接线绘制效果，如图 2-222 所示。

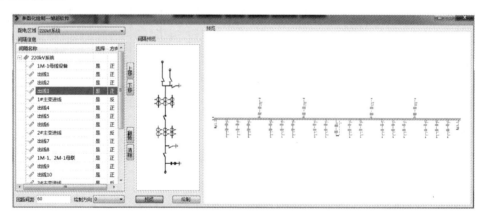

图 2-222　预览绘制效果

步骤6：绘制配电装置的主接线，如图 2-223 所示。并依次完成全站主接线的绘制，搭建全站主接线。

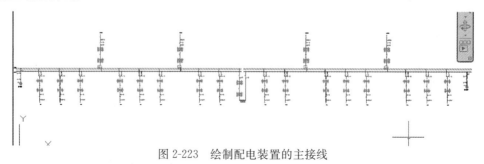

图 2-223　绘制配电装置的主接线

步骤7：依次搭建出全站主接线方案，如图2-224所示。

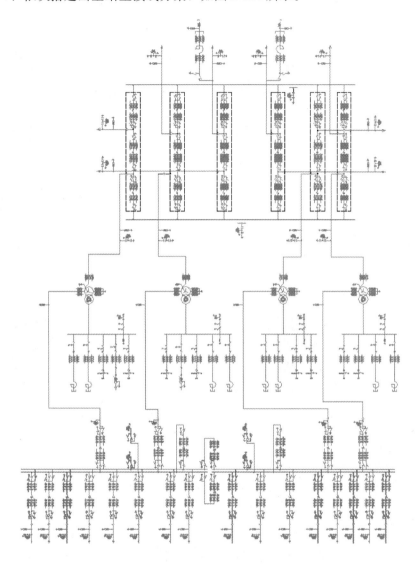

图2-224 搭建完成的全站主接线图

步骤8：对已搭建完成的主接线进行期次转换。点击【期次】按钮，根据工程需要设定【前期】【本期】和【后期】，如图2-225所示，可分别对回路和设备进行期次转换。

图2-225 期次转换

如图2-226所示，主接线的为期次转换，其中黄色标示的回路为前期、青色标示的回路为本期、深蓝色标示的回路为后期，前期、本期和后期的颜色和线型可在平台管理中根据需要配置。

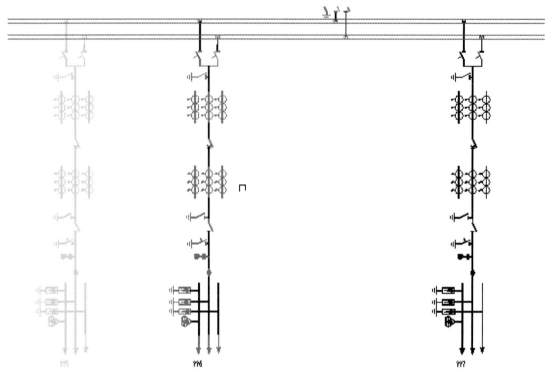

图 2-226　期次转换示意

4. 短路电流计算

短路电流计算时主要电气设备选型校验的基础，只有确定了短路电流计算结果才能进行后续设计功能。主接线搭建完成后，可根据工程确定其主变容量、电容器组和电抗器主要参数指标及其他主要信息，以便进行短路电流计算。

短路电流计算一般有两种方式，一种是手动搭建短路计算模型进行短路电流计算，另一种是直接从主接线上提取短路电流计算模型进行短路电流计算。第一种方式比较通用、灵活，可适用于各种设计情况；第二种比较快速、方便，有针对性，但其使用条件要求较高，要求必须使用软件工具搭建的主接线模型，才能从主接线上提取出短路计算模型。以下着重介绍，主接线提取短路电流计算模型的计算过程和方法。

步骤1：主接线提取短路电流模型

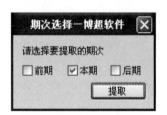

图 2-227　期次选择

做完主接线后，我们可以进行短路电流计算，软件中提供了根据电力系统常用矩阵变换算法和分支电流分布系数法相结合编制的系统短路电流计算模块。点击菜单上【电气一次专业→通用计算→短路电流】项，弹出对话框如图 2-227 所示：

选择要提取的期次，软件提供的期次为前期、本期、后期，可以一次选择多个期次，也可以一次选择一个期次。

【提取】：选择图面上的主接线，根据上面的期次选择，把主接线转换成短路电流计算需要的模型，根据这个模型就可以进行短路电流计算了。

步骤 2：对短路计算模型上的主变、电容器组和电抗器等设备参数信息进行赋值，如图 2-228 所示。

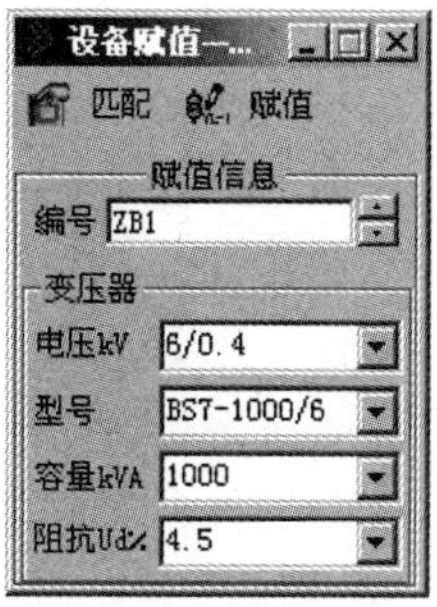

【给设备赋值】：点击弹出设备赋值对话框：在这个对话框中，可以完成设备参数的设定。

【匹配】：将选定设备的参数读入对话框中。点击按钮后，选择要赋值的设备或导线，其参数即显示在对话框中。【赋值】：将对话框中设定的参数赋予指定的设备。点击按钮后，点击需要赋值的设备，该设备的参数及标注文字即按照新的参数自动修改。

图 2-228 设备赋值

图 2-229 阻抗赋值

【给阻抗图中的设备赋值】：点击弹出给阻抗图中的设备赋值对话框：

【阻抗赋值】：将对话框中设定的参数赋予指定的设备。

点击按钮后，点击需要赋值的设备，该设备的参数及标注文字即按照新的参数自动修改。

【计算】：点击按钮弹出计算对话框：

图 2-230 计算

在这个对话框中,可以设定计算的各项参数:

【基准容量】:设定系统计算的基准容量;

【冲击系数】:设定系统的冲击系数;

【短路时间】:设定要计算的各时间点;

【计算书】:设定计算结果是否生成计算书;

【阻抗图】:设定计算结果是否在 AutoCAD 中绘制阻抗图及结果表;

【断网修复】:自动对存在断网的系统进行修复;

【绘制开关】:在系统接线图上增加开关;

【阻抗图计算】:根据系统阻抗图进行计算;

【系统图计算】:根据系统接线图进行计算。

点击按钮后,框选要计算的系统接线,软件自动对系统的正确性进行分析,如果系统各项参数正确,则按照设定生成计算书和阻抗图。如系统不正确,则给出警告信息。用户根据提示信息修改后重新计算即可。

5. 设备选型校验

短路计算完成后,可根据短路计算结果进行设备选型校验。设备选型校验内容涵盖了断路器、隔离开关、电流互感器、电压互感器、限流电抗器等设备,以及软硬导体和电缆等。以下对设备选型校验进行简单介绍。

步骤 1:启动设备选型校验功能,选择电气一次→变电通用计算→设备选型校验,如图 2-231 所示。

图 2-231 设备选型校验启动

步骤 2:设备选型与校验,启动设备选型校验功能,如图 2-232 所示。选择要校验的设备类型、输入计算所需的参数等信息,进行设备选型校验。如有计算书,可直接读取计算书中的计算信息,便于进行设备选型和校验。

设备选型校验时可以根据所输入条件从库中选出所有满足条件的设备,并可对这些设备进行短路、动稳定、热稳定等检验,再从中选出符合设计要求的设备。可以根据需要出校验结果表和计算书。

步骤 3:完成所有设备选型与校验,依次完成所有设备型号的选型和校验,并输出校验结果表和计算书,供后续设计使用。

6. 设备赋值与标注

设备选型完成之后,可以根据设备选型结果对主接线各配电装置的回路元件进行赋值,具体步骤如下。

2.4 STD-R 变电设计软件应用案例

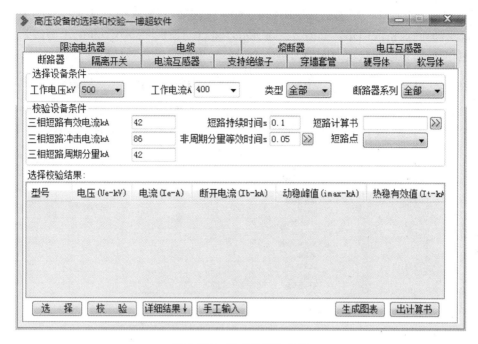

图 2-232 设备选型与校验

步骤 1：启动设备赋值，找到电气一次→主接线设计→赋值→赋值按钮，启动设备赋值功能。

图 2-233 找到设备赋值功能

图 2-234 设备定义赋值功能界面

123

步骤2：为设备或回路确定型号信息，点击【选择回路】按钮，从所搭建的主接线上选择需要赋值的设备或回路，如图 2-235 所示，将自动识别回路类型和电压等级，工程师可以根据设计需要依次从数据库中为每一个设备选出所需设备型号信息。

图 2-235　选择赋值设备式回路

工程师为每一个设备确定型号信息后，其对应的设备符号的颜色会变成红色，依次完成所有设备的型号信息确定，如图 2-236 所示。

图 2-236　选择设备型号信息

步骤3：对设备或回路进行赋值。确定好设备型号信息后，在设备定义赋值界面上点击【设备赋值】按钮，将回到所搭建的主接线界面，工程师可选择需要赋值的设备或回路，自动完成设备赋值。如图2-237、图2-238所示，赋值完成的设备或回路的设备符号同样显示为红色。

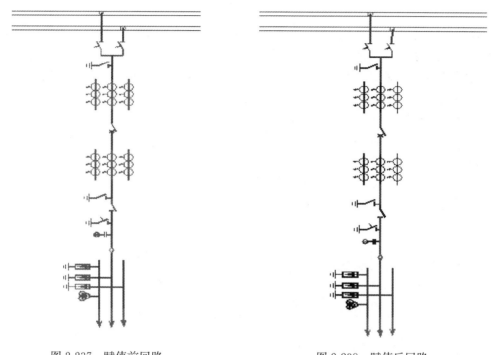

图2-237 赋值前回路　　　　　　　图2-238 赋值后回路

对于相同回路，可以点击【相同回路刷新】按钮，批量进行回路赋值。依次完成所有回路的赋值。

步骤4：启动设备及回路标注功能。找到电气一次→主接线设计→标注按钮，启动标注功能，如图2-239所示。

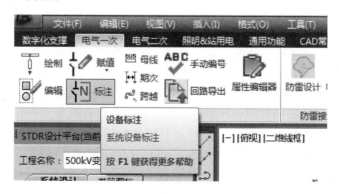

图2-239 启动标注功能

启动标注功能后，绘图区顶部会显示4个悬浮按钮，如图2-240所示，提供的标准功能包括设备标准、自由标准、母线端头标准和标准刷新功能。

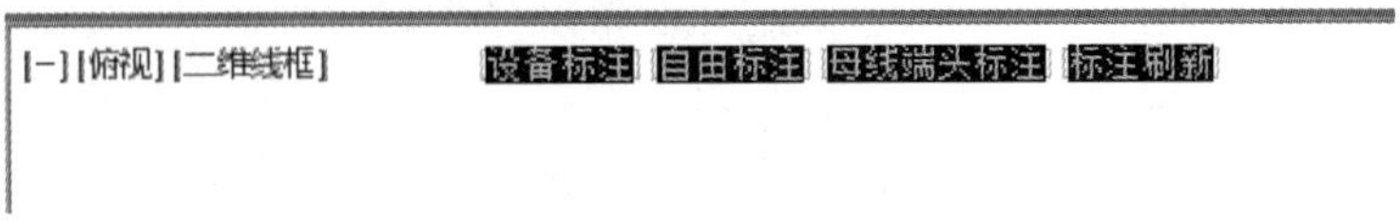

第 2 章 电力工程 BIM 设计

图 2-240 标准功能

步骤 5：进行设备或回路标注。点击【设备标准】，显示如图 2-241 所示对话框。可以切换【设备标注】【回路标注】，选择标注模板进行标注。对回路进行标注时，还可以根据需要选择是否锁定间距或整体标注、是否指定宽度，可以选择所标注样式，比如初设样式，不同阶段所表达的信息和深度不同，标注样式也不同，在平台管理界面，用户可以自由制定多个标注样式，供以后工程设计时使用。

选择设备或回路进行标注，标注完成后，如图 2-242 所示，标注的样式和内容由标注样式模板确定，工程师可以根据自己的需要选择合适的模板进行标注。

图 2-241 设备标注界面

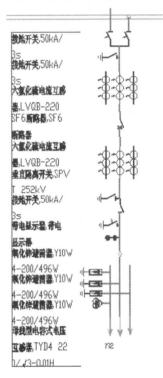

图 2-242 标注完成的回路

按照以上步骤和方法，依次完成整个主接线的赋值和标准。

7. 编码与发布

主接线赋值标注完成后，对于传统设计来说，基本算完成了主接线设计，而对于 BIM 设计还不止于此，仍需几步工作，包括设备编码、设计成果发布等。

编码是贯穿工程全生命周期，是 BIM 设计成果向后期阶段应用的基础。编码包括唯一标识码（工艺码、位置码）、物料编码等。STD-R 平台按照《电网工程标识系统编码规范》GB/T 51061 要求，实现全专业模型工艺码，位置码自动编写，提供了编码工具，便于用户进行编码。

编码完成后，电气一次专业可以对设计成果进行发布，发布后其他专业将获得主接线设计成果和设计信息，以便于其他专业开展后续设计。比如，二次设计专业，可以直接获得工程的间隔信息、装置信息、回路信息等，可用于确定二次原理图设计等。

※ **本节知识点练习**

1. 以下哪些不属于主接线设计的内容：（　　）。
   A. 回路绘制　　　　　　　　　　B. 设备选型校验
   C. 设备赋值　　　　　　　　　　D. 设备三维布置
2. 使用STD-R平台进行BIM设计，创建工程时必填信息有哪些：（　　）。
   A. 工程名称　　　　　　　　　　B. 变电站类型
   C. 电压等级　　　　　　　　　　D. 回路数
3. 主接线设计时需要做的计算和校验包括以下哪些方面：（　　）。
   A. 短路电流计算　　　　　　　　B. 设备选型校验
   C. 安全净距校验　　　　　　　　D. 碰撞检查
4. STD-R中参数化搭建主接线的特点包括：（　　）。
   A. 批量　　　　B. 快速　　　　C. 参数化　　　　D. 繁琐
5. 参数化绘制主接线时（　　）命令用来调整回路方向。
   A. 上移　　　　B. 下移　　　　C. 翻转　　　　D. 预览
6. 如何快速创建工程系统树？
7. 使用STD-R平台进行参数化主接线绘制时，需要调整的内容有哪些？

答案：
1. D　　2. ABC　　3. AB　　4. ABC　　5. C

6. 可以使用STD-R平台中的【自动间隔树】功能，按照配电装置区域快速进行全站工程系统树的创建。

7. 根据工程设计需要，绘制时需要调整的内容包括回路顺序、回路方向、间隔距离、绘制方向。

2.4.5　电气布置设计

1. 电气布置设计内容

在变电站BIM设计中，电气布置设计的内容包括电气一次设计布置和电气二次设计布置。其中，电气一次设计布置包括电气一次设备布置、母线布置、导线连接、电缆沟和桥架布置、照明设备布置、避雷针及避雷线布置、接地网布置等，电气二次布置包括屏柜布置、屏柜内装置及柜面布置、监控摄像头布置、防护网布置、消防报警布置等。本案例只针对电气一次布置进行设计，设计深度为初设阶段。

电气一次设备布置主要是把整个变电站设备，例如变压器、避雷器、电压互感器等设备按照国网设备布置要求，将这些设备放到整个场地之中，本次主要介绍STD-R布置设备的方法，让读者了解到STD-R设备布置的方式。本章重点讲解500kV配电装置区域的电气一次布置，其他区域参照本章节介绍方法完成。

2. 电气设备布置

STD-R主要可以分成两种办法进行设备布置，一种是首先进行主接线设计，把主接线已经赋值的设备导入工程模型库里面，然后进行设备布置；另一种是主接线与设备布置同时进行，然后给设备赋值，通过编码把两者联合起来。

第 2 章 电力工程 BIM 设计

前面已经做完完主接线设计，接下来操作一下电气一次设备布置，设备布置主要以第一种方式进行操作。

步骤 1：打开该软件布置设计，软件创建了适合 STD-R 的五种项目模板，打开 STD-R 的 BC-电气模板。

步骤 2：进行设备定位，定位有两种方式，第一是按照平面图绘制轴网，第二是把总平面图 CAD 导入到项目平面图上。这里用第一种办法绘制轴网的方式布置设备，用导入 CAD 图纸的办法来进行另一种的设备布置。

步骤 3：在建筑中找到轴网命令，把需要布置设备的轴网一一绘制出来，如图 2-243 所示。

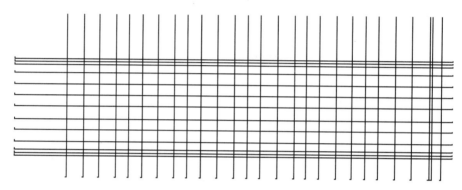

图 2-243　绘制设备轴网

步骤 4：绘制人字柱，软件提供了参数化建模，只需输入参数即可得到模型，前面已经说明如何设计，在这里只需布置即可，打开电气栏里的构架设计。

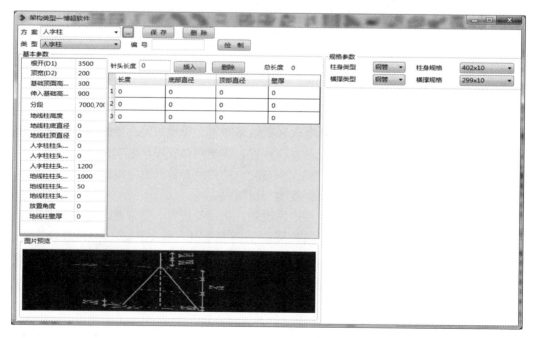

图 2-244　绘制人字柱

步骤5：点击方案后面的按钮，加载之前已经设计好的人字柱或者端撑人字柱，加载完之后点击绘制，一一放置到平面图上。

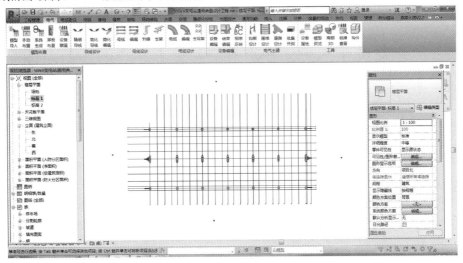

图 2-245　布置人字柱

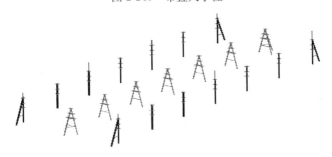

图 2-246　人字柱三维效果

步骤6：横梁绘制与人字柱是一样的，加载之前设计好的三角梁或者收口三角梁，点击绘制即可。

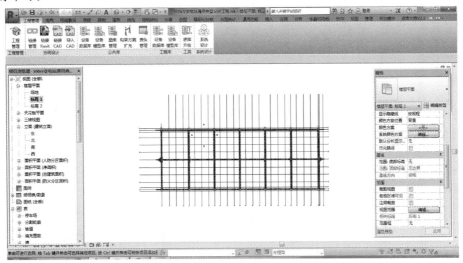

图 2-247　布置构架梁

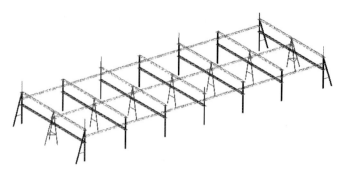

图 2-248 构架三维效果

步骤 7：接下来操作进行间隔的设备一一布置，之前已经做好主接线，把主接线赋值设备导入工程设备库中。

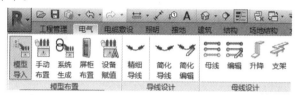

图 2-249 模型导入

步骤 8：点击系统生成，主接线已经对设备进行赋值，可以看见每个间隔关联的模型，设备布置是将主接线关联的设备放置在场地中。

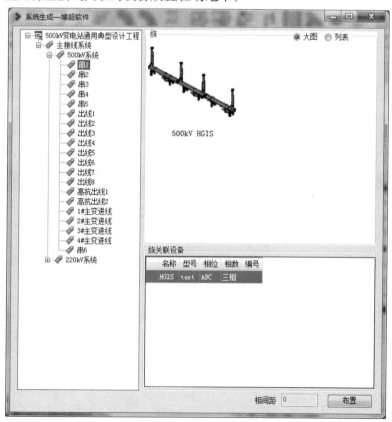

图 2-250 获取主接线发布的成果信息

步骤9：点击布置，把设备布置到绘制好的轴网上面，把每个间隔对应相序的设备放到对应的轴网上面。

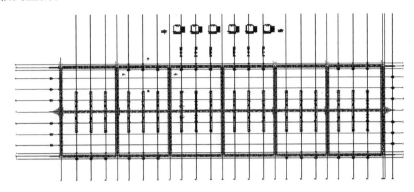

图 2-251　完成设备布置

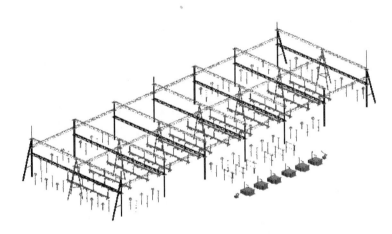

图 2-252　设备布置三维效果

步骤10：设备布置结束之后进行导线的连接，点开电气栏中的导线连接，STD-R 提供了许多类型的导线与金具，不满足需求的时候也可以进入公共库进行扩充。软件提供多种导线连接类型，以及满足分裂导线二分裂、四分裂等，本次操作用单根导线进行导线连接。

步骤11：首先选择合适的导线类型和金具类型，导入工程库，根据设备类型进行导线连接，例如梁与梁之间连接用跨线连接，设备与设备之间连线用设备间连线。

步骤12：点击确定，单相设备连接选择相同相序的设备，三相设备点击设备接线点即可进行导线连接，不同类型的导线连接也一样，下面看下连接的三维模型（图 2-255）。

3. 断面图剖切

配电装置的布置设计完成后，可以进行安全净距校验，并为各个间隔剖切间隔断面图。断面图剖切方法和流程如下。

步骤1：设备间隔布置完毕可以出剖面图，用剖切命令剖切其中一个间隔，在整个虚线区域内的是剖切的区域，在软件出图栏中对剖面图进行一键标注。

步骤2：在项目浏览器中的图纸里面新建一张图纸，取合适的纸张大小，在这里选择 A3 公制图纸。

步骤3：把剖面图拉进图纸中，在出图统计栏里，点击【电气材料】按钮进行电气材料统计。

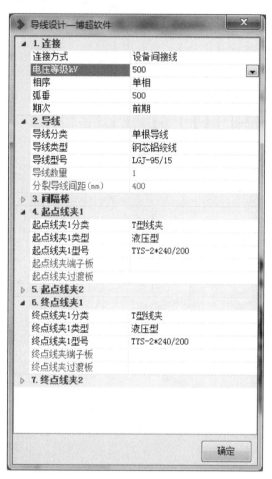

图 2-253　导线连接

图 2-254　设备间接线

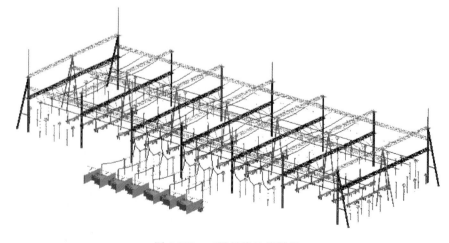

图 2-255　三维导线连接效果

2.4 STD-R 变电设计软件应用案例

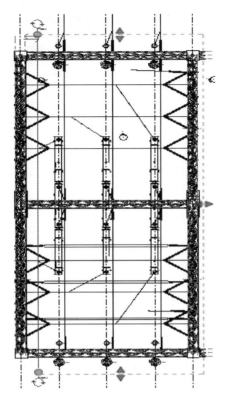

图 2-256 需要进行剖切的间隔

图 2-257 出图图框调用

第 2 章 电力工程 BIM 设计

图 2-258 功能界面

步骤 4：双击图纸，显示出图样式。

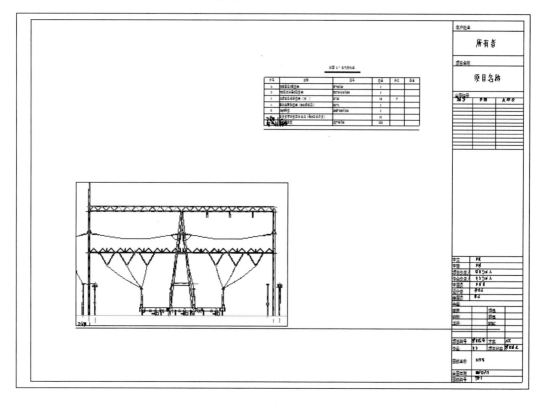

图 2-259 剖切的断面图

剖面1-电气材料表

序号	名称	型号	数量	单位	备注
1	TY液压型T形线夹	TY-95/15	5		
2	TYS型双分裂T型线夹	TYS-2*240/200	5		
3	SL螺栓型设备线夹(30°)	SL-2B	30	个	
4	铝合金耐张线夹(NLL螺栓型)	NLL-1	8		
5	35kV母线	LDRE-150/136	0		
6	悬吊式管母线固定金具(MGX型直吊式)		24		
7	钢芯铝绞线	LGJ-95/15	322		

图 2-260 电气材料表

※ 本节知识点练习

1. 以下不属于电气一次布置范围的内容为：（   ）。
   A. 设备布置   B. 母线布置
   C. 导线连接   D. 消防报警布置
2. 以下属于电气二次布置范围的内容为：（   ）。
   A. 设备布置   B. 构架布置
   C. 屏柜布置   D. 消防报警布置
3. 设备布置之后一般接下来的工作是什么：（   ）。
   A. 导线连接   B. 断面剖切
   C. 一键标注   D. 电气材料统计
4. 使用 STD-R 软件进行构架与构架间导线连接时，应选用（   ）连接方式。
   A. 跨线   B. 跳线
   C. 设备间接线   D. 引下线
5. 使用 STD-R 软件出间隔断面图时，剖图和一键标注的前后顺序为：（   ）。
   A. 先剖图，再标注   B. 先一键标注，再剖图
   C. 两者同时进行   D. 无固定先后顺序，谁先谁后都可以
6. 主接线与设备布置分别进行时，如何两者的关联？
7. 参照本节电气布置的介绍，使用 STD-R 软件自行完成一个间隔的设备布置和导线连接，并剖切出间隔断面图。

答案：

1. D   2. CD   3. A   4. A   5. A

6. 主接线与设备布置分别进行时，可以给主接线和三维布置模型分别设置相同的间隔信息，并分别进行设备编码，且保证对应设备编码相同，这样既可建立主接线与三维布置模型的相互关联。

2.4.6 防雷设计

对于大型工程来说，防雷是不可缺少的一部分，有效的防雷保护可以减少或者避免人员财产损失。而对于电力工程来说更是重中之重，如果设计有缺陷那将会造成重大事故。

如何进行防雷设计，怎么验证防雷设计的准确性就成了必不可少的工作。下面介绍三维防雷设计，内容包括避雷针布置、防雷计算、输出保护范围表和计算书。

1. 防雷设计计算方法

防雷设计的计算方法一般分为滚球法（多用于民建）/折线法（多用于电力）。

（1）滚球法

《建筑物防雷设计规范》GB 50057—2010，主编部门：中国机械工业联合会/批准部门：中华人民共和国建设部/执行日期：2011 年 10 月 1 日。

（2）折线法

《交流电气装置的过电压保护和绝缘配合》DL/T 620—1997，中华人民共和国电力工业部 1997-04-21 批准 1997-10-01 实施。

(3) 手册算法

《电力工程电气设计手册》第一册；电气一次部分/水利水电部西北电力设计院编，北京：中国电力出版社，ISBN：978-7-80125-236-4。

2. 布置避雷针

步骤1：在【算法】选项设定采用"折线法"还是"滚球法"计算。对于折线法，不需要设定防雷类别。对于滚球法，需要设定防雷类别。

在本栏内【类别】下拉列表选择保护对象的防雷类别。软件会据此选定相应的滚球半径。如果要查询建筑物所属防雷类别，点击后面的【帮助】钮，弹出【建筑物防雷分类】对话框。对话框提供防雷规范的有关章节，可供工程师参考。

图 2-261 防雷设计功能

【设置】：可以选择避雷针的绘制形式，设定避雷针的统计范围，以及联合保护范围的绘制设定。

【视图】：设定当前视图状态是三维还是二维。

【更新】：设定绘制避雷针过程中是否动态更新保护曲线。

【避雷针编号】：设定避雷针的编号。

【避雷针长度】：可定义避雷针的高度。

【基础高度】：定义避雷针安装位置的标高。

【基础地面标高】：防雷计算的参考基准，一般为0。

在工程设计时，放置避雷针时可同时显示其在指定保护标高的保护范围。对于一个避雷针可以同时设定三个保护对象标高。

【保护标高1】：确定避雷针（第一）保护对象的标高。

【保护标高2】：确定避雷针（第二）保护对象的标高。

【保护标高3】：确定避雷针（第三）保护对象的标高。

【放置偏移X、Y】：定义避雷针放置点距光标所点的X、Y方向相对偏移距离。

通过上述定义，就可以在放置避雷针的同时绘出在要保护的不同高度上避雷针的保护范围，使得保护效果一目了然。

步骤2：条件定义好后，就可以放置避雷针了。点【放置】钮，在绘图区上的500kV配电装置布置避雷针，如图2-262所示。

步骤3：为已布置的避雷针进行标注，标注内容包括避雷针基本信息和bx值，布置标注及bx值如图2-263；

步骤4：绘保护断面图，用来生成选定断面的保护断面图。在【断面号】栏选择或输入所出断面的编号，然后点击【生成保护断面】按钮，生成保护断面图如图2-264所示。

此外，还可以绘国标剖面，用来生成选定避雷针的国标剖面。

步骤5：设定局部保护范围。所有相邻避雷针都可能产生相互作用的联合保护范围。假设1号避雷针只设定A保护标高，2号避雷针只设定保护标高，当放置2号避雷针后，在1号避雷针上会自动增加一个B保护标高的保护范围。这样，图面就会越来越复杂。为了方便观察局部保护效果，我们可以通过【局部保护范围】功能，绘制出局部保护范围。

2.4 STD-R变电设计软件应用案例

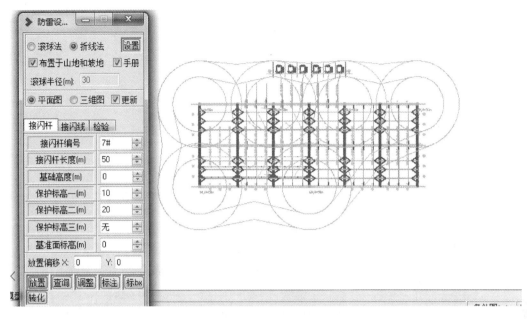

图 2-262　500kV 配电装置区域布置的避雷针

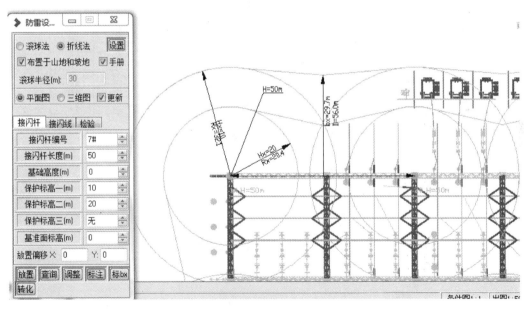

图 2-263　避雷针标注及 bx 值

步骤 6：检验保护范围。从平面角度分析避雷针的保护范围是否能够覆盖保护对象的各个高度，用以对防雷设计的保护效果进行校验。

点击【检验保护范围】按钮，软件可自动进行避雷针保护范围的校验。

步骤 7：出保护范围表。用以将避雷针的保护范围生成一个详细的列表说明。

点击【出保护范围表】按钮，可直接输出防雷保护范围表，如图 2-265 所示。

步骤 8：出计算书，点击【计算书】按钮，输出防雷保护计算书。如图 2-266 所示。我看可以将计算结果以为文本文件格式保存，比如 word 格式。

图 2-264 保护断面图

避雷针保护范围计算结果									
避雷针编号	避雷针高度(m)	被保护物高度hx(m)	避雷针有效高度ha(m)	单针保护半径rx(m)	两针间距离D(m)	两针间等效距离D'(m)	两针间最低保护高度h0(m)	最小保护宽度bx(m)	高度影响系数
1#-2#	50-50	10	40-40	42.8-42.8	56.0	56.0	39.7	39.6	0.78
1#-2#	50-50	20	30-30	27.2-27.2	56.0	56.0	39.7	19.7	0.78
1#-3#	50-50	10	40-40	42.8-42.8	110.0	110.0	29.8	24.7	0.78
1#-3#	50-50	20	30-30	27.2-27.2	110.0	110.0	29.8	9.8	0.78
1#-4#	50-50	10	40-40	42.8-42.8	166.0	166.0	19.5	9.5	0.78
1#-5#	50-50	10	40-40	42.8-42.8	61	61	38.8	38.2	0.78
1#-5#	50-50	20	30-30	27.2-27.2	61	61	38.8	18.8	0.78
1#-6#	50-50	10	40-40	42.8-42.8	103	103	31.1	26.6	0.78
1#-6#	50-50	20	30-30	27.2-27.2	103	103	31.1	11.1	0.78
2#-3#	50-50	10	40-40	42.8-42.8	54.0	54.0	40.1	40.1	0.78
2#-3#	50-50	20	30-30	27.2-27.2	54.0	54.0	40.1	20.1	0.78
2#-4#	50-50	10	40-40	42.8-42.8	110.0	110.0	29.8	24.7	0.78
2#-4#	50-50	20	30-30	27.2-27.2	110.0	110.0	29.8	9.8	0.78
2#-5#	50-50	10	40-40	42.8-42.8	82.8	82.8	34.8	32.2	0.78
2#-5#	50-50	20	30-30	27.2-27.2	82.8	82.8	34.8	14.8	0.78
2#-6#	50-50	10	40-40	42.8-42.8	66.7	66.7	37.7	36.6	0.78
2#-6#	50-50	20	30-30	27.2-27.2	66.7	66.7	37.7	17.7	0.78
3#-4#	50-50	10	40-40	42.8-42.8	56	56	39.7	39.6	0.78
3#-4#	50-50	20	30-30	27.2-27.2	56	56	39.7	19.7	0.78
3#-5#	50-50	10	40-40	42.8-42.8	125.0	125.0	26.9	20.4	0.78

图 2-265 保护范围表

避雷针计算书

工程名称：

设计阶段：

单　　位：

设 计 人：

计算时间：2017 年 08 月 09 日 21 时 59 分 42 秒

1. 防雷

参考《交流电气装置的过电压保护和绝缘配合设计规范》GB/T 50064-2014 相关内容计算。

1.1. 计算条件

算法：折线法

保护标高 1：hx1 = 10.000 m

保护标高 2：hx2 = 30.000 m

避雷针 1#高度：h1 = 50.000 m

避雷针 2#高度：h2 = 50.000 m

避雷针 3#高度：h3 = 50.000 m

图 2-266 保护计算书

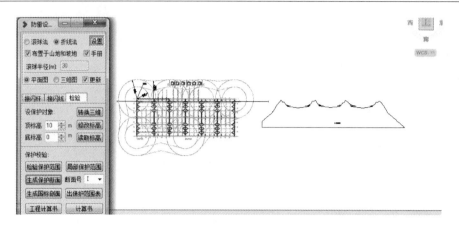

步骤9：防雷三维展示，可用以将避雷针的保护范围生成一个三维实体进行校验。选中视图中【三维】状态，这时软件自动将视图转换为三维模式。选中【平面】状态，软件恢复正常视图状态。如图 2-267 是有一个避雷针没有放置的效果可以更直观地查看设备有没有保护到。

图 2-267　防雷三维效果

2.4.7　接地设计

对于大型工程来说，接地设计跟防雷设计一样也是不可缺少的一部分，有效的接地保护可以减少或者避免人员财产损失。而对于电力工程来说更是重中之重，当电力设计遇到故障或者事故的时候，可以保护检修或者操作人员人身安全。但是在接地设计的时候往往困惑设计人员的是接地网的绘制、接地极的插入以及大量的准确材料统计，以及修改方案后材料的更新等。

以上这几个难点也才是设计的冰山一角，怎么能快速、准确的绘制以及统计改变现有的设计环境才是我们现在最应该解决的难题，下面我们讲解三维接地设计。

本节将依托本工程案例接地设计介绍接地设计的流程和方法，介绍的内容包括接地网绘制和接地计算等。

步骤1：点击菜单上【接地】项，弹出工具条如图 2-268。

图 2-268　接地工具条

步骤2：接地网绘制。点击【接地网绘制】弹出下图菜单选项。

【材料】：选择接地线的材料

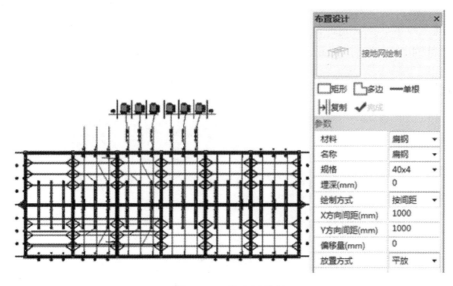

图 2-269 接地网绘制

【规格】：选择接地线的规格

【名称】：设定接地线的名称

【埋深】：设定接地网材料入地深度

【x 偏移】【y 偏移】：用于精确定位。给定对应偏移量，绘制时会自动偏移。

步骤 3：选择接地网绘制样式，点击【接地网绘制】，进行接地网的绘制，完成的接地网布置如图 2-270 所示。

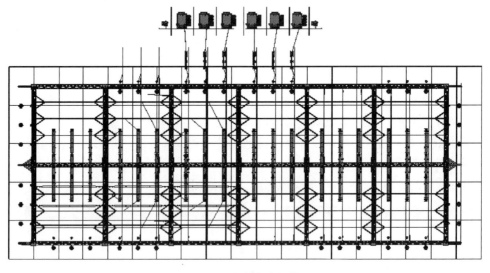

图 2-270 已绘制完成的接地网

步骤 4：接地网连接。绘制接地网连接时候，首先需要将公共族库中的标注族选型到工程族库（工程族库→辅助→标注→接地网连接线方向）选型之后的情形请如图 2-271 所示，设置接地网连接方向。

步骤5：布置接地极。点击【接地极绘制】按钮，启动接地极绘制功能，如图2-272所示。

通过【框选插入】【任意点插入】【交叉点】等功能完成接地极的布置，各功能的具体操作如下：

【框选插入】操作：框选接地网，软件自动在接地线接地上绘制接地极。

【任意点插入】操作：在需要插入接地极的位置上点一下。

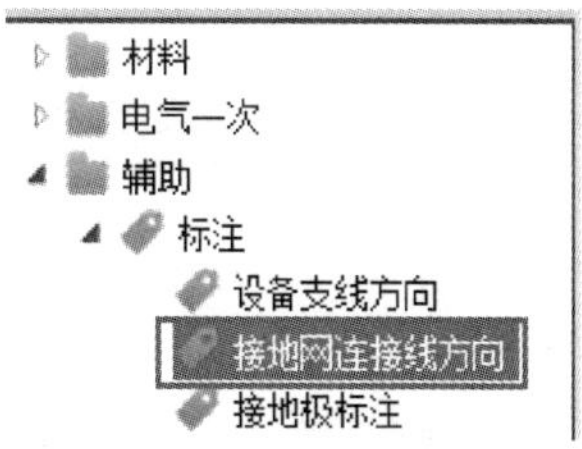

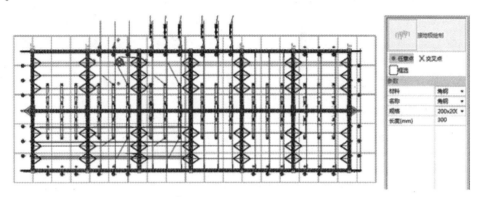

图 2-271 接地网连接线方向

图 2-272 接地极绘制界面

【交叉点】操作：交叉点绘制和任意点绘制的操作步骤类似，不同之处为任意点是在选择点的位置生成接地极，而交叉点的话是在距离所选点最近的交叉处生成接地极。如图2-273所示，为插入的角钢接地极。

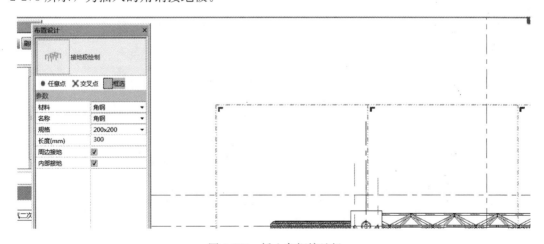

图 2-273 插入角钢接地极

步骤6：布置接地帽檐。点击【接地帽檐】，弹出图2-274所示功能界面。

将相关参数设置完成之后，选中接地线上的两点，确定接地帽檐端点的位置；之后在该接地线外选择一点，作为接地帽檐生成的方向，具体情况请图2-275所示的截图：

步骤7：接地导角。点击【接地导角】，弹出图2-276所示功能界面。

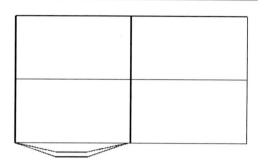

图 2-275 接地帽檐绘制示意

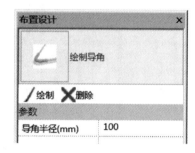

图 2-274 绘制接地帽檐

图 2-276 绘制导角

在绘制时，可以设置导角半径绘制需要导角的接地网。如图 2-277 所示，绘制的接地网示意。

步骤 8：接地端子绘制，通过"通用布置→基础族库布置→材料→接地材料→接地端子"，选中适合的接地端子进行放置即可。

步骤 9：接地赋值，点击【接地赋值】，弹出接地赋值功能界面（图 2-278），选择需要的材料、规格进行接地赋值即可。

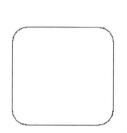

图 2-277 带导角的接地网

图 2-278 接地赋值

目前可以进行接地赋值的实体有：接地线，接地网连接线，设备支线，接地极。其中接地极在赋值的时候，可以改变接地极的长度和材质参数，其他的赋值参数只能改变材质参数。

步骤 10：材料统计，点击【材料统计】按钮，可自动统计接地材料，统计的材料如图 2-279 所示。

序号	名称	规格型号	单位	数量	备注
1	扁钢	-10x3mm,L=0.5m	个	1	
2	扁钢	-40x4mm	米	190	
3	扁铜	-50X60mm	米	28	
4	扁铜	-50X60mm,L=0.5m	个	1	
5	角钢	40x40mm	米	41	
6	角钢	40x40mm,L=0.5m	个	50	
7	放热焊接点	-50X60，"L"接	个	4	
8	放热焊接点	-50X60，"T"接	个	4	
9	放热焊接点	-50X60，"十-L"接	个	1	

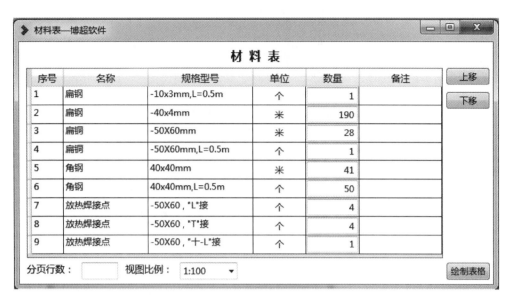

图 2-279　接地材料统计

点击【绘制表格】，可生成接地材料表，如图 2-280 所示。

步骤 11：接地计算。点击【接地计算】，弹出图 2-281 所示功能界面，我们可以输入工程设计相关的参数，点击计算按钮，即可得出正确的计算结果。

点击【输出计算书】即可输出详细的计算过程，输出的计算书如图 2-282 所示。

9	放热焊接点	-50X60，"十-L"接	个	1	
8	放热焊接点	-50X60，"T"接	个	4	
7	放热焊接点	-50X60，"L"接	个	4	
6	角钢	40x40mm,L=0.5m	个	50	
5	角钢	40x40mm	米	41	
4	扁铜	-50X60mm,L=0.5m	个	1	
3	扁铜	-50X60mm	米	28	
2	扁钢	-40x4mm	米	190	
1	扁钢	-10x3mm,L=0.5m	个	1	
序号	名称	规格型号	单位	数量	备注

材料表

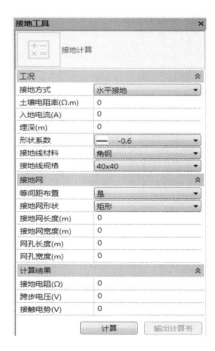

图 2-280　接地材料表

图 2-281　接地计算工具

```
                接地设计计算书(均压带等间距布置)
                        工    程:
                        设计阶段:
                        单    位:
                        设 计 人:
                        计算时间:2016/12/06/16:45:53
        该计算参考《中华人民共和国国家标准 GB/T 50065－2011 交流电气装置的接地设计规
范》

                        接地电阻计算

        水平接地电阻计算：
                土壤电阻率ρ(Ω.m): 1
                接地体材料：角钢 40x40
                d(m) = 0.0336
                水平接地体总长 L(m): 4
                水平接地体埋深 h(m): 1
                接地体形状系数 A: -0.6
                实际接地电阻(Ω) = 0.22


                        最大接触电势计算
                计算用入地短路电流 IG(A): 1
                接地网埋深 h(m): 1
                接地网参考深度 h0(m): 1
                接地网水平均压带的直径 d(m): 0.0336
                接地网平行导体间距 D(m): 1
                水平接地网导体总长度 Lc(m): 4
```

图 2-282　输出的计算书

※　本节知识点练习

1. STD-R 软件的防雷设计提供了多种算法，以下不属于其提供的算法的是(　　)。
   A. 经验算法　　　　　　　　　　B. 手册算法
   C. 滚球法　　　　　　　　　　　D. 折线法
2. 防雷设计的算法中，(　　)防雷计算需要设定防雷类别。
   A. 滚球法　　　　　　　　　　　B. 手册算法
   C. 经验算法　　　　　　　　　　D. 折线法
3. 通过(　　)功能可以查看三维防雷效果。
   A. 局部保护范围　　　　　　　　B. 生成保护断面
   C. 三维图　　　　　　　　　　　D. 设置与检验
4. 接地极的插入方式有哪几种：(　　)。
   A. 框选插入　　　　　　　　　　B. 任意点插入
   C. 交叉点插入　　　　　　　　　D. 外围等距插入

5. 以下（　　）不是接地极材料统计时需要统计的内容？
A. 长度　　　　　　　　　　　　B. 名称
C. 数量　　　　　　　　　　　　D. 规格型号

6. 三维防雷设计的内容包括哪些？

7. 三维接地设计一般有哪几个步骤？

答案：

1. A　　2. A　　3. C　　4. ABC　　5. A

6. 三维防雷设计内容包括避雷针布置、防雷计算、三维图预览、输出保护范围表和计算书。

7. 三维接地设计一般有以下三个主要步骤：

第一步：三维接地模型设计。内容包括三维接地网布置、接地极布置、焊接点布置、均压带布置、设备接地引下线布置等。

第二步：接地计算。内容包括接地电阻计算、跨步电压计算、接触电势计算。

第三步：材料统计。统计所有接地材料，内容包括接地线、接地极、焊接点、均压带等。

2.4.8 总图设计

1. 总图设计介绍

总图设计即总平面图设计，总图专业的主要内容包括于站区的总平面设计、站区的护坡、挡土墙等的设计、站区内道路的规划以及对厂区内各种建筑物、构筑物的具体布置。

总图设计的初步工作即收集各方面相关资料，如当地的气象、地形地貌、水文情况、站区位置的基本情况及与本站相关的规范等，除此之外总图专业还要了解站区的基本情况，包括站区的规划容量、建设规模等，以保证按照实际情况进行设计。同时，对于不同专业间的了解也是总图专业不可或缺的部分，通过了解不同专业的基本情况，来达到避免不同专业设计时产生碰撞冲突的目的。在收集了相关资料并了解了基本情况后，即可进行总图专业的相关设计。

总图设计的成果主要为站区总平面布置图。站区总平面图中主要包括站区平面布置和站区相关的技术经济指标两部分。在站区平面布置中会有站区内道路、围墙、电缆沟的详细位置及尺寸，包括道路的宽度、坡度及道路转弯部分的半径，围墙及电缆沟的详细布置，以及对不同区域的划分。技术经济指标则主要包含了站区内建构筑物一览表、建构筑物详细面积等内容。

2. 总图设计思路

本工程主要根据站区所在的地理位置、站区的容量及站区内的建构筑物划分情况等进行设计。设计思路为通过 Civil 3D 对站区周边地形环境进行模拟，模拟站区用地的基本情况，并将站区及周边环境导入到 Revit 然后对站区进行详细道路、围墙、电缆沟及排水沟等的设计。

通过 Civil 3D 对站区及周边的设计，既能快速得出土方施工图，同时又能在 Revit 中创建满意的地形，同时保证整个工程在实际的地形中进行设计，能够达到设计成果与实际的建筑成果相一致，减少了后期因地形情况考虑不足而可能产生的返工，缩短了工程的实际工期，降低了实际设计建设中的成本。

3. 总图设计步骤

（1）场地三维地形处理

步骤 1：单击【曲面】→创建曲面，类型选择"三角网曲面"，设置曲面名称。

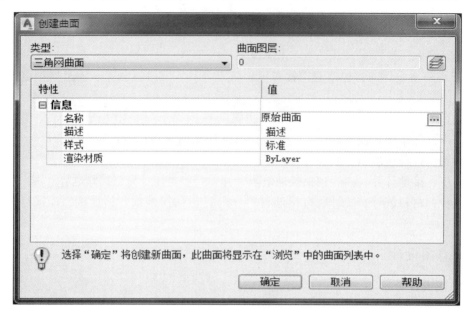

图 2-283　创建曲面

步骤 2：将等高线批量添加到原始曲面（注意是否有标高）；添加原始高程点到原始曲面（块，注意标高），这样可以使曲面变得更精确。

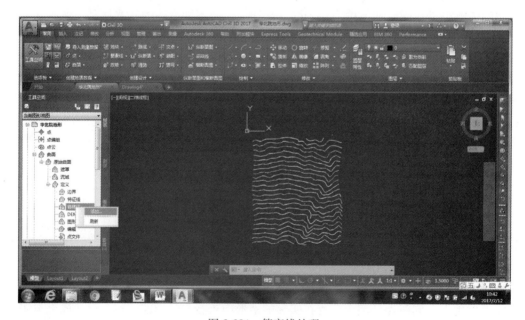

图 2-284　等高线处理

2.4 STD-R 变电设计软件应用案例

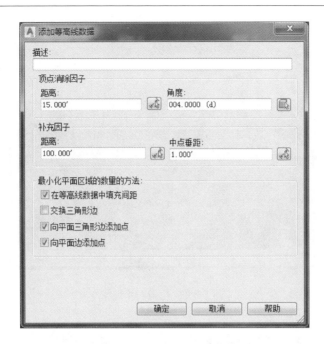

图 2-285 添加等高线数据

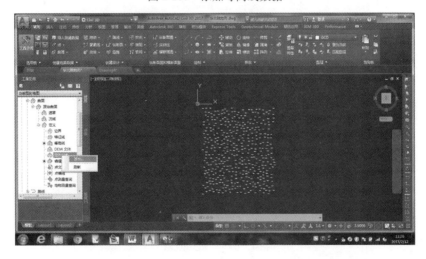

图 2-286 高程点处理

图 2-287 块添加点

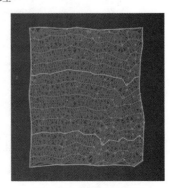

图 2-288 生成三角网

步骤3：可以调整原始曲面的样式，可以同步在对象查看器中进行三维观察。

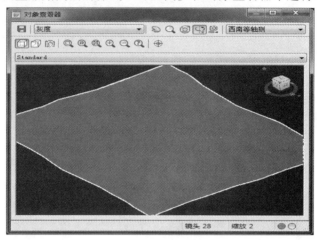

图 2-289　生成三维地膜

步骤4：创建设计曲面。

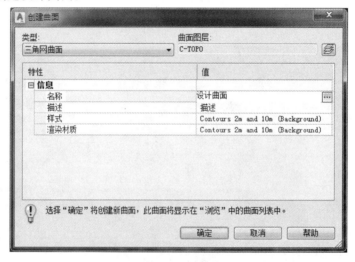

图 2-290　创建曲面

步骤5：绘制 PLine 线为设计曲面轮廓线（闭合）。

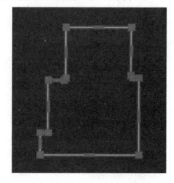

图 2-291　绘制轮廓线

步骤 6：将该轮廓线从对象添加为要素线，并给要素线赋予对应的高程。

实现方法：单击【常用】→【创建设计】→【要素线】→【从对象创建要素线】，选择绘制的多段线，创建要素线。

图 2-292　创建要素线

步骤 7：将要素线作为特征线添加到设计曲面，更改设计曲面的样式就可以看到创建好的设计曲面。

实现方法：选中要素线，在要素线菜单面板，单击【作为特征线添加到曲面】。

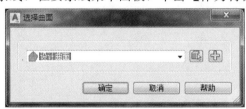

图 2-293　选择曲面

图 2-294　添加特征线

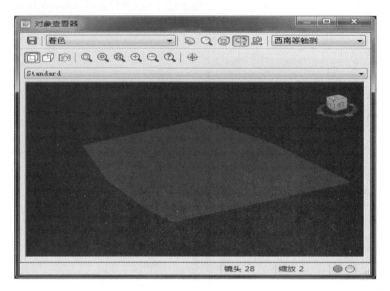

图 2-295　对象预览

步骤 8：设计曲面与原始曲面相结合的地方可以用放坡工具进行解决。首先创建一个放坡组（体积基准：设计曲面）。

实现方法：【常用】→【创建设计】→【放坡】→【创建放坡组】，输入放坡组名称，体积基准，选择：设计曲面，确定，创建放坡组。

图 2-296　创建放坡组

步骤 9：然后选择放坡目标曲面（原始曲面）。

实现方法：【常用】→【创建设计】→【放坡】→【放坡创建工具】。

图 2-297　创建曲面

图 2-298　放坡创建工具

选择：设定目标曲面，曲面 选择"原始曲面"。

图 2-299　曲面选择

步骤 10：选择放坡样式：曲面-挖填坡度。

图 2-300　放坡创建工具

步骤 11：建立放坡曲面。

实现方法：选择 创建放坡按钮，选择要素线，选择放坡边线，输入放坡填、挖方坡度，建立完成放坡曲面。

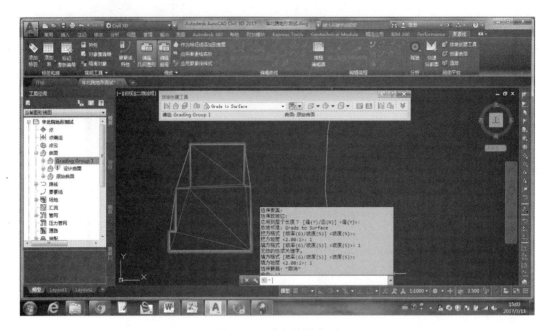

图 2-301 建立放坡曲面

步骤 12：可以把放坡曲面粘贴在设计曲面之上，创建完整的设计曲面。

实现方法：【模型面板】→【曲面】→【设计曲面】→【定义】→【编辑】→【鼠标右键菜单】→【粘贴曲面】。

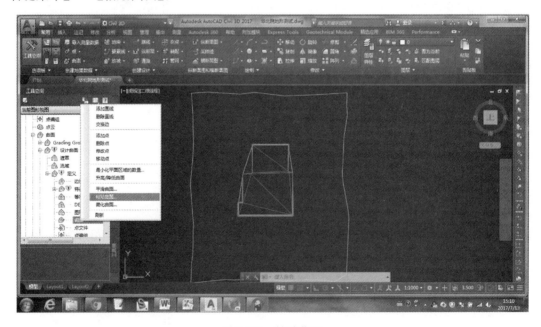

图 2-302 粘贴曲面

选择需要粘贴的放坡曲面：Grading Group 1，点【确定】后，预览放坡后完整的设计曲面。

2.4 STD-R 变电设计软件应用案例

图 2-303 选择曲面

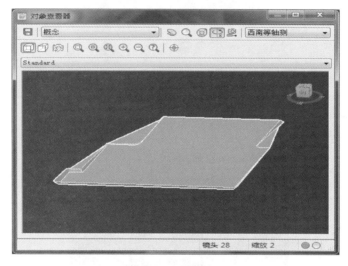

图 2-304 预览效果

步骤 13：创建土方施工图

实现方法：【分析】→【体积和材质】→【创建土方施工图】。

图 2-305 创建土方构造面

153

步骤 14：打开点样式。在 Civil 3D 中建立曲面，将曲面的点样式打开。

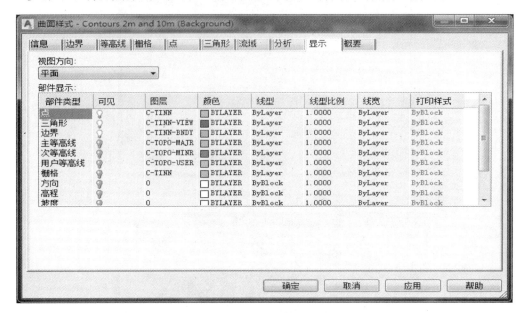

图 2-306　曲面样式

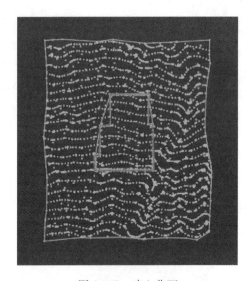

图 2-307　建立曲面

步骤 15：提取点。实现方法：【选定曲面】→【曲面工具】→【提取对象】，选择曲面，提取曲面中的点。

步骤 16：转换成几何空间点。实现方法：【点】→【转换 AutoCAD 点】→【提取对象】。

步骤 17：导出点。输出为 CSV 格式。实现方法：【输出】→【导出】→【导出点】，导出 .csv 格式的点文件。

步骤 18：打开 Revit 在体量与场地中，点击地形表面，通过导入创建，指定点文件。

2.4 STD-R 变电设计软件应用案例

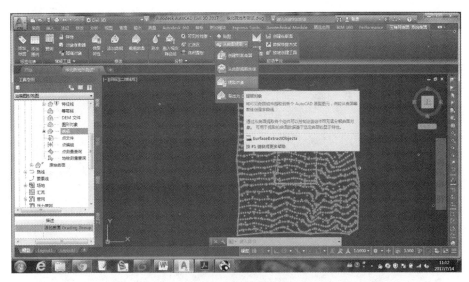

图 2-308 提取曲面中的点

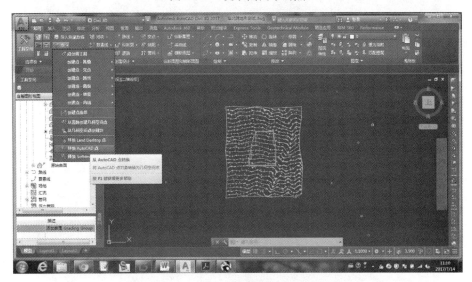

图 2-309 转换 CAD 点

图 2-310 从曲面提取对象

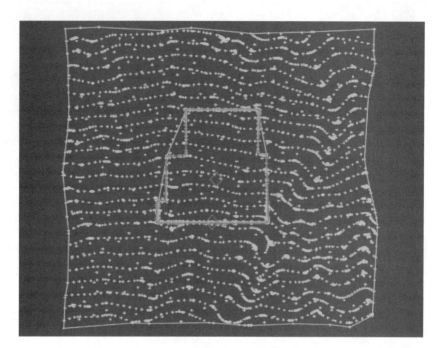

图 2-311 提取对象展示

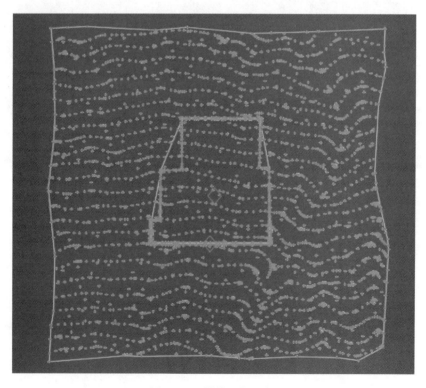

图 2-312 转换几何空间

2.4 STD-R 变电设计软件应用案例

图 2-313　导出 .csv 成果

实现方法：【体量和厂地】→【地形地表】→【工具】→【通过导入创建】→【指定点文件】，导入选定的 .csv 格式的点文件，生成地形。

步骤 19：成功导入 Civil 3D 的场平地形。

图 2-314　导出场平地形

按照上述方法，对本工程案例地形进行处理，处理完后效果如图 2-315、图 2-316 所示。由于本工程为典设工程，没有真实地形，此处地形仅仅是用于示意，可能会存在设计上不合理的地方，请勿作为实际设计工程考虑。

图 2-315　本工程案例场地效果图一

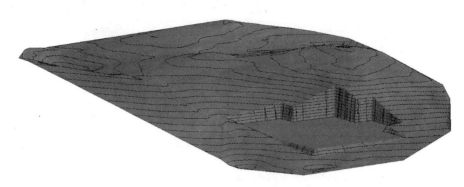

图 2-316 本工程案例场地效果图二

(2) 道路设计

步骤 1：打开平面视图"标高 1"，选择"总图"→"道路布置"，弹出道路布置界面，如图 2-317 所示。

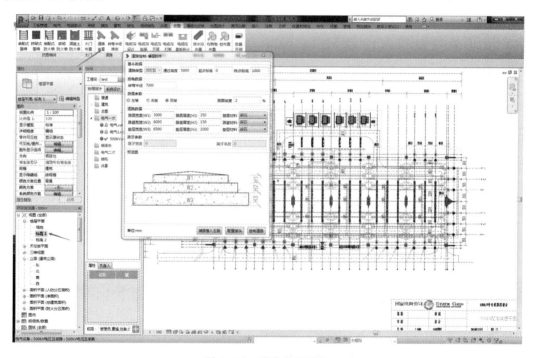

图 2-317 道路布置界面

步骤 2：对站区内道路进行相应的参数设计，设计完成后单击"绘制道路"。如图 2-318 所示。

提示：道路的绘制参数在预览图中都有标注，可以根据预览图中的参数标注对道路进行相应的设计。

步骤 3：根据绘制线的方式绘制站区道路。绘制完成后连按两次"ESC"键退出绘制模式。如图 2-319 所示。

步骤 4：对于未自动连接的道路，可通过"辅路接入主路"和"配置接头"命令对道路进行手动连接。软件会自动根据选择的道路生成三通或四通。对于图 2-319 未自动连接

2.4 STD-R 变电设计软件应用案例

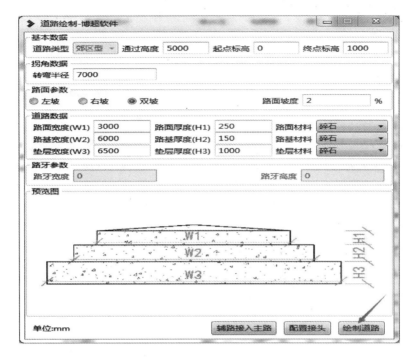

图 2-318　道路设计界面

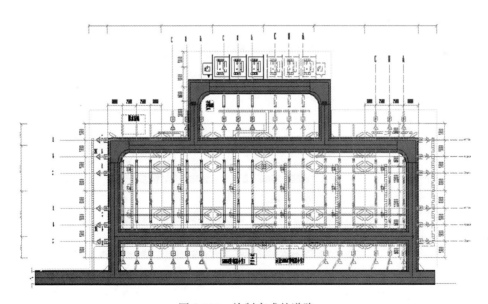

图 2-319　绘制完成的道路

的道路，选择"配置接头"命令，选择需要连接的道路，点击"完成"即可完成道路的连接。

提示：如果需要连接的两条路的夹角不是直角，则用"辅路接入主路"命令进行连接，如果两条路的夹角是直角，则用"配置接头"命令进行连接。

步骤 5：连接好的站区道路如图 2-322 所示。

第 2 章 电力工程 BIM 设计

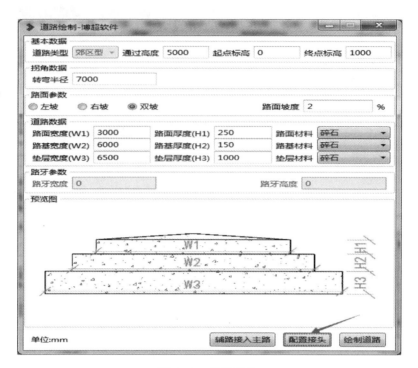

图 2-320 配置接头

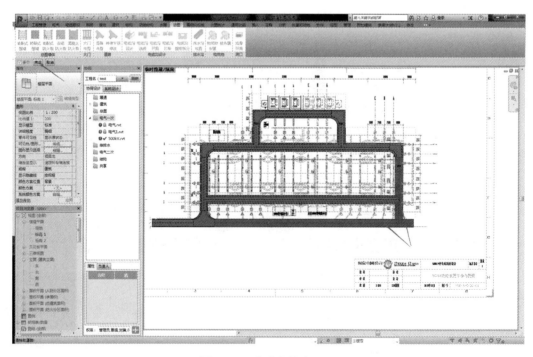

图 2-321 完成的接头配置

2.4 STD-R 变电设计软件应用案例

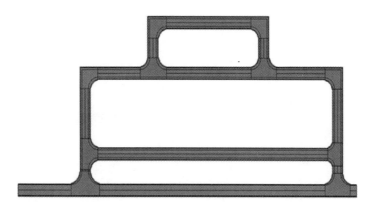

图 2-322 完成的道路效果

步骤 6：对于已经绘制好的道路，选择"出图统计"→"道路标注"按钮对道路进行标注，如图 2-323 所示。

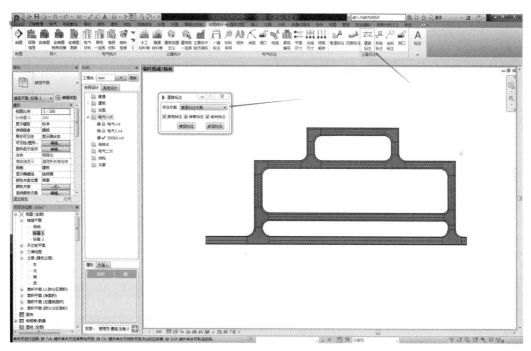

图 2-323 道路标注

道路标注功能包括标注方案、路宽标注、转弯标注、坡向标注、单选标注、多选标注等。

【标注方案】：读取工程中，标注样式配置方案，方案中设置标注字体大小、颜色、线型等方案信息。

【路宽标注】：读取道路路面宽度信息，标注到道路上。

【转弯标注】：在有弯头部分会进行转弯半径的标注。

【坡向标注】：根据绘制时选项，进行单坡、双坡标注。

【单选标注】：点选道路进行相关标注。

【多选标注】：框选到的道路，点击 Revit 完成按钮，均进行标注。

步骤 7：已经完成标注的道路如图 2-324 所示。

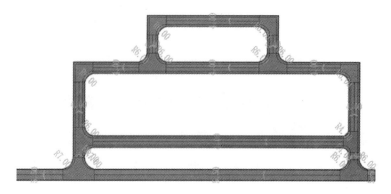

图 2-324　道路标注示意

(3) 围墙设计

步骤 1：打开平面视图 1，选择总图→装配式围墙，如图 2-325 所示。

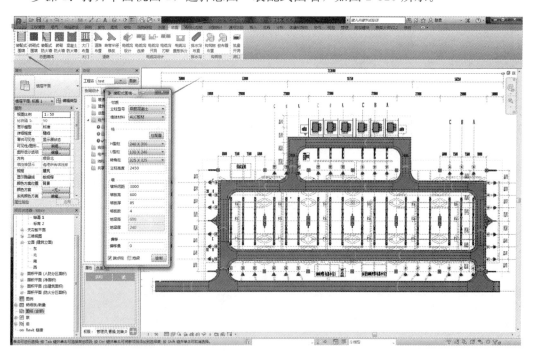

图 2-325　装配式围墙

提示：围墙的样式根据工程实际情况选择绘制"装配式围墙"或"砖砌式围墙"。

步骤 2：选择装配式围墙的材质及立柱和墙的尺寸，单击【绘制】按钮，按照绘制线的方式对墙体进行绘制。如图 2-326 所示。

步骤 3：绘制完成的站区墙体如图 2-327、图 2-328 所示。

(4) 电缆沟设计

2.4 STD-R 变电设计软件应用案例

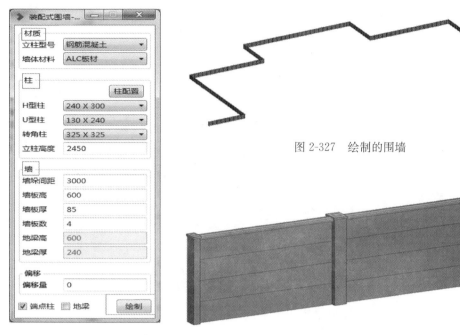

图 2-326 围墙绘制对话框

图 2-327 绘制的围墙

图 2-328 墙体局部细节

步骤1：打开平面视图1，选择总图→电缆沟设计，如图2-329所示。

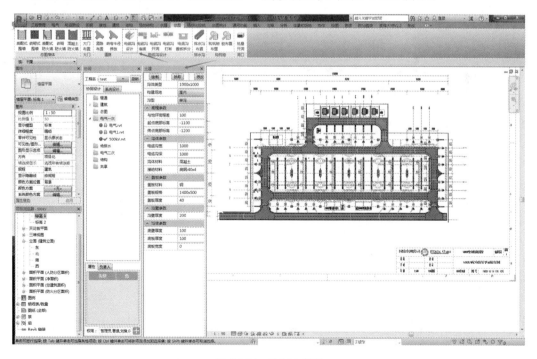

图 2-329 绘制电缆沟

步骤2：对电缆沟的尺寸进行设计，设计完成后点击：【绘制道路】按钮，根据Revit的绘制模型线命令来绘制道路路径线。如图2-330所示。

163

提示：软件会自动根据绘制的路径生成电缆沟的接头。

图 2-330　道路绘制功能

步骤 3：绘制完后点击"完成"键结束绘制，完成电缆沟的绘制。如图 2-331、图 2-332 所示。

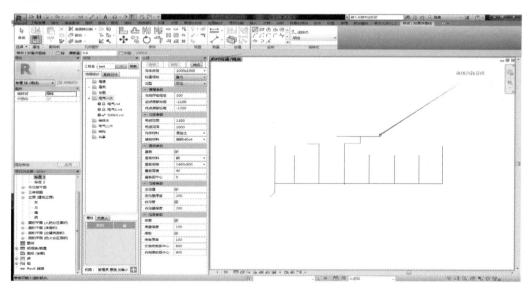

图 2-331　电缆沟绘制成果

步骤 4：对于已经绘制好相交却没有连接的电缆沟，选择总图→电缆沟连接，选择连接半径，点击确定后选择需要连接的电缆沟，然后点击左上角【完成】按钮进行连接。如图 2-333、图 2-334 所示。

2.4 STD-R 变电设计软件应用案例

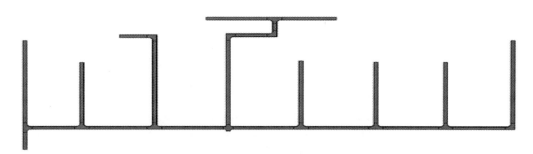

图 2-332 电缆沟俯视图展示

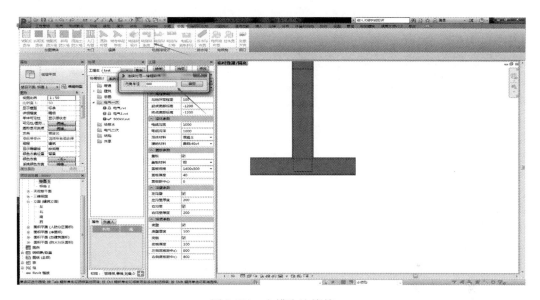

图 2-333 电缆沟连接前

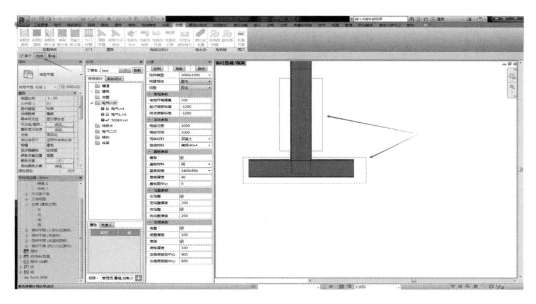

图 2-334 选择连接对象

步骤 5：连接后的电缆沟，连接前后如图 2-335 所示。

图 2-335　电缆沟连接前和连接完

步骤 6：点击总图→电缆沟开洞，对电缆沟进行开洞设置。如图 2-336 所示。

图 2-336　电缆沟开洞

步骤 7：选择电缆沟洞口的形状、直径、深度，点击【单个】按钮，然后点击需要开洞的位置在电缆沟沟体上进行开洞。开洞效果如图 2-337 所示。

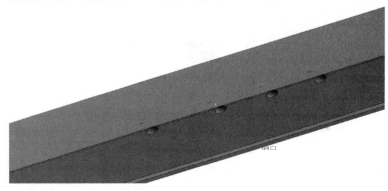

图 2-337　电缆沟开洞效果

提示：单个开洞指根据点选位置进行开洞。多个开洞为点击起点与终点位置，在位置中，设定尺寸与个数数值，进行均分布置。

（5）排水沟设计

步骤1：打开平面视图1，选择总图→排水沟布置，如图2-338所示。

图2-338　排水沟设计

步骤2：选择排水沟材质，根据预览图设置排水沟的相应尺寸数据，设置排水沟坡度。

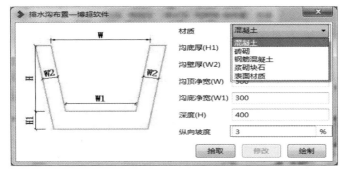

图2-339　排水沟绘制界面

步骤3：设置完成后选择绘制按钮，按照绘制线条的方式绘制排水沟。

步骤4：绘制好的排水沟如图2-340。

图2-340　排水沟

步骤5：对于已经绘制好的排水沟，可以点击"拾取"按钮查看排水沟参数。

图2-341　拾取排水沟参数

步骤 6：拾取排水沟数据后，"修改"按钮由不可选变为可选，此时可以修改排水沟相应参数，修改完成后点击修改按钮即可修改排水沟参数。

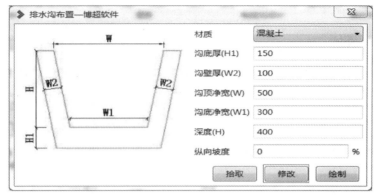

图 2-342　修改排水沟参数

※　本节知识点练习

1. 总图设计不包括（　　）内容。
   A. 构架设计　　　　　　　　　B. 总平面设计
   C. 挡土墙设计　　　　　　　　D. 站区道路设计

2. 以下不属于总图设计的成果的为：（　　）。
   A. 站区总平面布置图　　　　　B. 站区道路布置
   C. 站区电缆沟布置　　　　　　D. 架构布置

3. 总平面设计中的技术经济指标包含：（　　）。
   A. 站区构筑物一览表　　　　　B. 站区建筑物一览表
   C. 建构筑物详细面积　　　　　D. 站区不同区域规划图

4. STD-R 软件进行总图设计时，一般通过（　　）对站区场地平整和站外道路、排水沟、护坡等进行设计。
   A. Civil 3D　　　　　　　　　　B. Revit
   C. AutoCAD　　　　　　　　　 D. 3D MAX

5. 通过 Civil 3D 对站区及周边设计的优点包括：（　　）。
   A. 减少后期返工　　　　　　　B. 缩短实际工期
   C. 减少施工用料　　　　　　　D. 降低建设成本

6. 总图设计的初步工作收集的资料包括哪些？

7. 对于已经绘制好却没有自动连接的道路如何进行连接？

答案：

1. A　　2. D　　3. ABC　　4. A　　5. ABD

6. 当地的气象、地形地貌、水文情况、站区位置的基本情况及与本站相关的规范等。

7. 选择"配置接头"命令，选择需要连接的道路，点击"完成"即可完成道路的连接。

2.4.9 结构设计

1. 结构设计介绍

结构设计主要分为场地结构和建筑结构两部分。场地结构及承重类结构，承担设备及建筑的主要受力部分，主要包括场地中的构架、支架、支架及建筑底部基础、基础埋件及建筑中起到支撑作用的部分，如框架结构中的梁、板、柱等部分。在结构设计中，场地结构中的内容均需要根据相应规范进行计算，以保证后期试用时的安全性。建筑结构为除去场地结构之外的部分，建筑结构部分也可理解为非受力部分，如框架结构中的非承重墙及部分非主要受力的梁柱、建筑的基础等。

在实际的设计过程中，场地结构和建筑结构应结合设计，一方面满足建筑的安全适用性，另一方面满足建筑的经济性，控制建筑的成本，以满足建筑相关的经济技术指标。

实际设计中，结构设计主要分为以下三个阶段。第一阶段为方案设计阶段。此阶段主要进行可行性研究，验证设计的构支架等承重部分是否满足设计要求，能否保证构支架的安全性，同时验证方案是否是一个能够适用于各个不同专业的方案。第二阶段为初步设计阶段，此阶段会根据相关规范及标准对构支架进行详细的数据计算，已确定各构筑物的经济性与合理性，此阶段的成果也是后期施工的依据。第三阶段为施工图阶段，在实际的施工中，根据现场情况的不同，实际施工过程中可能会与初步设计的结果有部分出入，此时就需要根据现场的实际情况重新对结构进行设计。

2. 结构设计思路

本工程中的结构设计同样分为场地结构和建筑结构两部分，本章只介绍场地结构部分。场地结构中主要进行设计的内容包括场地中的构架、支架、相关基础及埋件几部分。实际需要进行设计的具体内容为三角梁、人字柱、带端撑人字柱、设备基础及相关埋件。详细的设计过程包括如下内容：①人字柱设计；②三角梁设计；③支架柱设计；④埋件设计；⑤基础设计。

（1）人字柱设计

步骤 1：打开平面视图"标高 1"，选择场地结构→构架设计，打开架构类型界面。

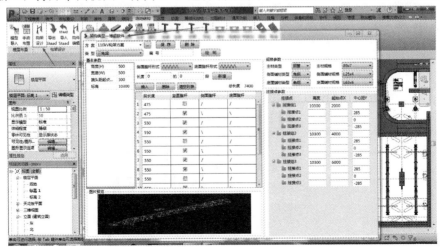

图 2-343 架构设计界面

步骤 2：选择相应的构架类型，此处选择"人字柱"。

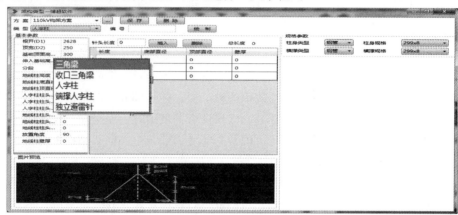

图 2-344 设置人字柱参数

步骤 3：设定人字柱相应参数及避雷针针头长度，选择人字柱主材及辅材规格，点击【绘制】按钮，绘制人字柱。绘制完成后通过【复制】命令绘制出相同规格的人字柱，绘制结果如图 2-345、图 2-346。

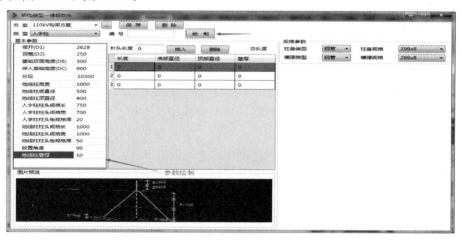

图 2-345 人字柱参数设定完成

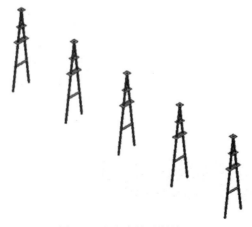

图 2-346 人字柱绘制效果

（2）三角梁设计

步骤1：绘制完人字柱后，选择类型"三角梁"，设定三角梁的高度、宽度、标高，选择三角梁侧面及地面腹杆形式，设置三角梁每段长度及样式，选择主材及辅材类型。

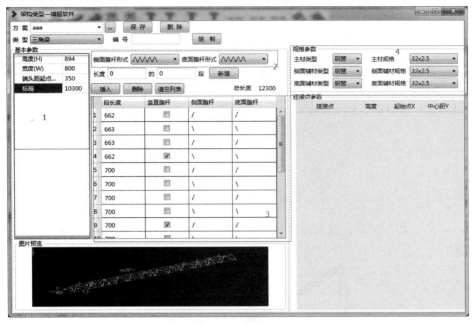

图 2-347 三角梁设计界面

提示：三角梁的总长度为段长度之和。

步骤2：在挂线点参数位置右键，为三角梁添加挂线组和挂线点。

图 2-348 挂线点设置

提示：首先右键添加挂线组，每个挂线组下右键添加挂线点。

步骤3：添加挂线组和挂线点后，为每个挂线组和挂线点设置相应参数。

挂接点	高度	起始点X	中心距Y
挂接组1	10300	2000	
挂接点1			285
挂接点2			0
挂接点3			-285
挂接组2	10300	4000	
挂接点1			285
挂接点2			0
挂接点3			-285
挂接组3	10300	6000	
挂接点1			285
挂接点2			0
挂接点3			-285

图 2-349 设定挂线点参数

提示：①挂线组起始点为挂线组距离第一个绘制点的位置；
②中心距为挂线点距离梁中心线的距离。

步骤4：设定好梁的参数后，点击绘制按钮进行绘制。绘制效果如图2-350。

图2-350 绘制的三角梁

提示：对于相同的梁可以采用复制命令进行创建。

步骤5：人字柱与梁完全绘制好后如图2-351。

图2-351 三角梁与人字柱合成效果

(3) 支架设计

步骤1：构架绘制完成后开始对支架进行设计，支架设计分为【支架柱底】、【支架柱体】和【支架柱头】三部分。设计过程如下。

步骤2：打开"标高1"，选择场地结构→支架柱底，打开柱底设计界面。

步骤3：对"支架柱底"参数进行设置。首先点击"加劲板设置编辑"按钮，对加劲板进行设置，如图2-353。

步骤4：设置完加劲板后点击【确定】按钮回到"柱脚底板放置"界面，对柱底参数进行设置。设置完成后点击【放置】按钮放置支架柱底，放置效果如图2-354。

提示：设置支架柱底时必须对螺栓进行设置，否则无法进行柱体及柱顶的设计。

步骤5：放置完支架柱底后对支架柱体进行设置，打开支架柱体设置页面。如图2-355所示。

2.4 STD-R 变电设计软件应用案例

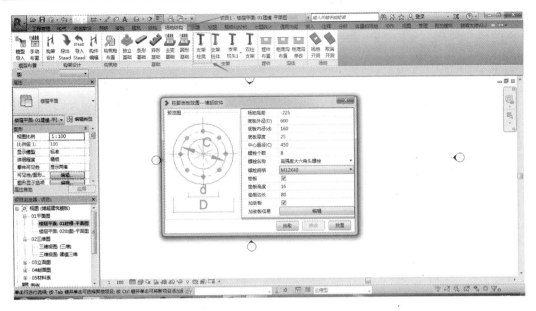

图 2-352 柱底设计

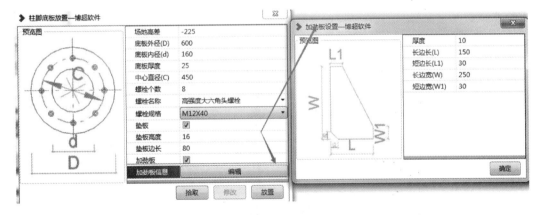

图 2-353 加劲板设置

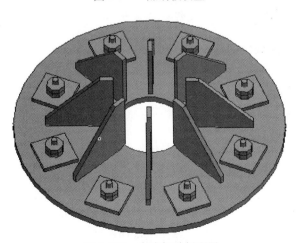

图 2-354 完成加劲板配置

图 2-355 支架柱体设置界面

步骤 6：点击"端子基本信息"后的"设置"按钮，对端子信息进行设置。

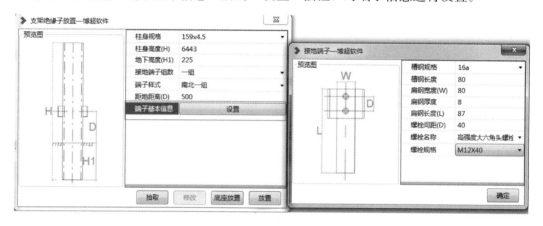

图 2-356 接地端子设置

步骤 7：对柱体参数进行设置，设置完成后点击"底座放置"按钮，将柱体放置在已经放置好的柱底上。放置好之后的效果如图 2-357。

提示：【底座放置】将支架柱体放置在已经放置好的柱底上，如图 2-357 所示。

步骤 8：柱头设置。将支架柱体放置在任意位置，打开"支架柱头 1"对支架柱头进行设置。

选择是否有"加劲板"，勾选后可以点击"编辑"按钮对加劲板参数进行设置，设置完成后点击"确定"按钮返回柱头设置界面。

提示：是否有加劲板根据实际情况确定，如果没有加劲板则不需要对加劲板参数进行设置。

步骤 9：对柱头设置完成后点击"放置"按钮，将柱头放置在已经放置好的柱体上，完成对支架的设计。完成设置的支架效果如图 2-360 所示。

2.4 STD-R 变电设计软件应用案例

图 2-357 放置底座

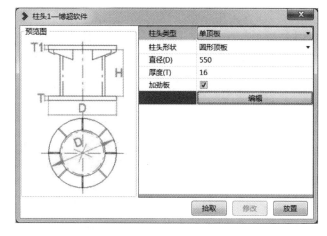
图 2-358 柱头设置

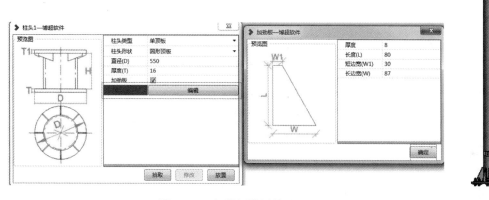

图 2-359 加劲板设置界面

图 2-360 完成支架设计

3. 埋件设计

步骤 1：点击【场地结构】→【埋件布置】对埋件进行设置。

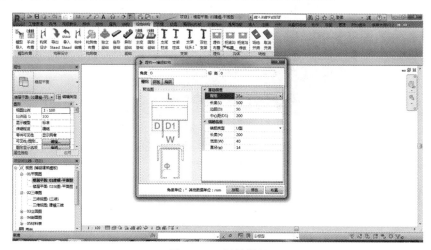

图 2-361 埋件设置

175

步骤 2：选择埋件所用钢材类型，此处选择"槽钢"，然后选择槽钢的规格，输入槽钢的"长度"、"边距"和"中心距"。输入完成后设置锚筋的参数，选择"锚筋类型"，输入"长度"、"宽度"及"直径"，设置完成后点击【布置】按钮对埋件进行布置。

图 2-362　配置设置信息

提示：
① 如果不清楚输入数值代表的意义，可参照左侧预览图进行输入。
② 可在埋件设置页面对埋件的放置角度及放置高度进行设定。
布置好的埋件如图 2-363 所示。

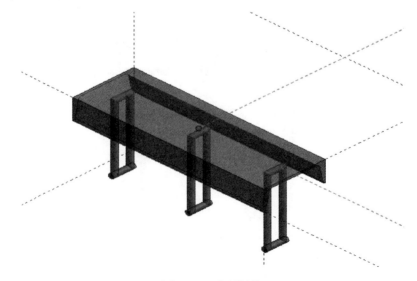

图 2-363　布置埋件

2.4 STD-R 变电设计软件应用案例

4. 基础设计

步骤 1：打开"标高 1"视图，选择场地结构→独立基础，打开独立基础设计界面。

图 2-364　基础设计功能区

提示：实际设计中的基础有很多种，需根据工程实际情况选择基础类型。

步骤 2：设置基础垫层高度、三维转角及标高，选择基础阶数，然后根据左侧预览图设计基础不同部位的尺寸参数，设计完成后点击【布置】按钮对基础进行布置。

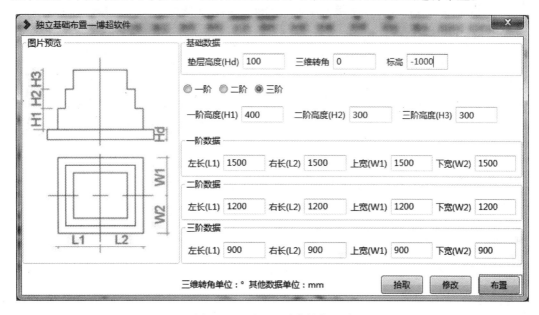

图 2-365　独立基础参数化设计

提示：基础只能在平面视图中进行布置。

步骤 3：布置好的独立基础。

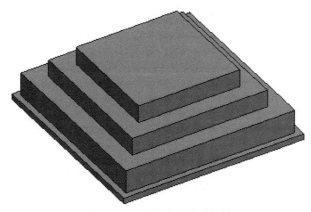

图 2-366　独立基础模型效果

步骤4：对于需要查看参数的基础，可点击【拾取】按钮查看参数。

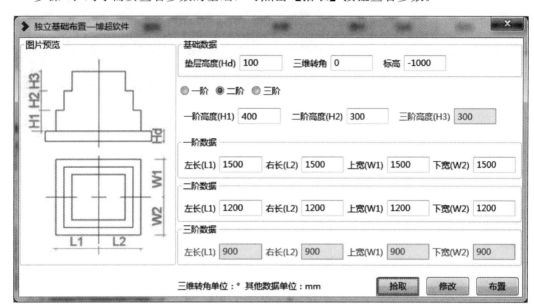

图 2-367　拾取基础模型参数

提示：【拾取】命令需要在平面视图执行。

步骤5：对于需要修改参数的基础，在基础布置界面设置好参数后，点击"修改"按钮后拾取需要修改的基础，软件会自动修改基础参数。

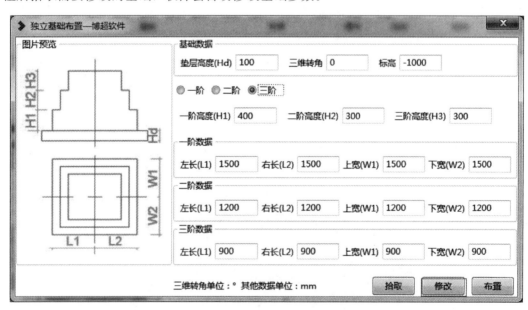

图 2-368　修改基础模型参数

提示：【修改】命令需在平面视图中执行。

※ **本节知识点练习**

1. 结构设计中的场地结构内容包括:( )。
   A. 构架　　　　　　　　　　B. 支架
   C. 基础埋件　　　　　　　　D. 非承重墙
2. 在( )阶段会验证构支架是否满足设计要求。
   A. 方案设计阶段　　　　　　B. 初步设计阶段
   C. 施工图阶段
3. 以下属于人字柱设计内容的是( )。
   A. 人字柱主材　　　　　　　B. 人字柱辅材
   C. 横梁　　　　　　　　　　D. 地线柱和避雷针
4. 三角梁的设计中,挂线点的参数不包括:( )。
   A. 高度　　　　　　　　　　B. 起始点 X
   C. 中心距 Y　　　　　　　　D. 挂线点相序
5. 支架设计包括( )几部分。
   A. 支架柱底　　　　　　　　B. 支架螺栓
   C. 支架柱体　　　　　　　　D. 支架柱头
6. 结构设计需要遵循哪些原则?
7. 结构设计中三角梁的总长如何确定?

答案:
1. ABC　　2. A　　3. ABD　　4. D　　5. ACD

6. 在实际的设计过程中,场地结构和建筑结构应结合设计,一方面满足建筑的安全适用性,另一方面满足建筑的经济性,控制建筑的成本,以满足建筑相关的经济技术指标。

7. 三角梁的总长度由各段长度决定,总长度为各段长度之和。

2.4.10 建筑设计

建筑设计简介:

建筑 BIM 设计应用技术已经比较成熟,变电站 BIM 设计中的建筑设计方法和一般建筑 BIM 设计一样。在变电站中,建筑设计内容主要包括主控通信楼设计、继电器小室设计、配电室设计和消防小室设计等。

本节将依托 500kV 典设案例中的继电器小室为例介绍简单介绍建筑 BIM 设计。STD-R 平台中建筑设计模块是集成了 Revit 的建筑设计功能,其使用方法与 Revit 建筑完全一样,以下建筑设计将着重介绍主要设计内容和流程,不再详细介绍细节操作。

步骤 1:创建项目文件。

启动 STD-R 平台,单击【项目】→【新建】,选择选项栏中"建筑样板",选择建筑样板建立新项目。单击【确定】完成项目的创建,如图 2-369 所示。同时将文件保存在合适位置,命名为"35kV 继电器小室"。

图 2-369 创建项目文件

步骤 2：创建标高和轴网。

单击"项目浏览器"→"立面"→"东"，切换至东立面视图。单击"建筑"→"基准"选项卡中的"标高"工具，如图 2-370 所示建立相应的标高。

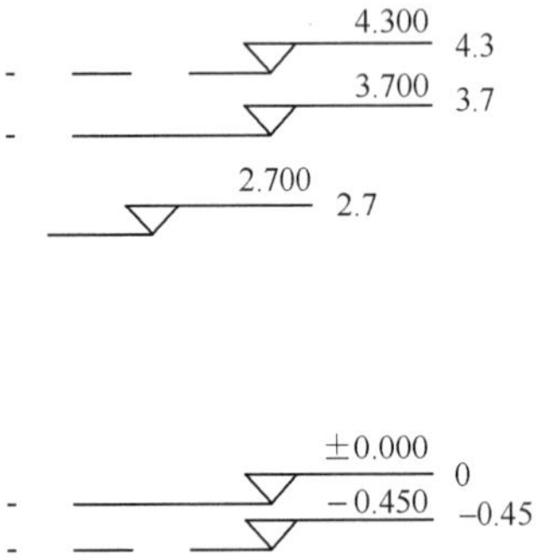

单击"项目浏览器"→"楼层平面"→"0"打开标高 0 的平面视图，单击"建筑"→"基准"选项卡中的"轴网"，如图 2-371 所示建立相应的轴网。

步骤 3：创建墙体。

单击"建筑"→"墙"下拉列表中"墙：建筑"。在"属性浏览器"中选择"基本墙 常规−200mm"。

并更改"顶部约束"与"底部约束"分别为"直到标高：4.3"、"0"，修改"定位线"为"面层：内部"如图 2-372 所示。

在"修改｜放置墙"→"绘制"面板下，选择"矩形"；如图 2-373、图 2-374 所示按顺时针方向创建墙体。

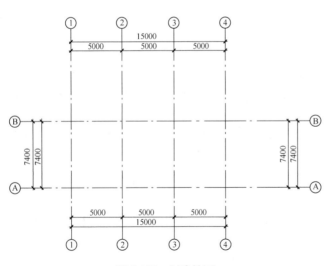

图 2-370 创建标高

图 2-371 创建轴网

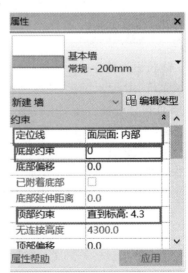

图 2-372 墙体属性设置

2.4 STD-R 变电设计软件应用案例

图 2-373 放置墙修改功能区

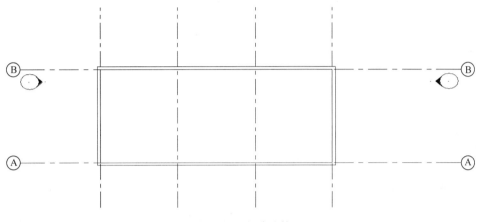

图 2-374 创建墙体

步骤4：创建楼板。

点击"项目浏览器"→"楼层平面"→"3.7"打开标高 3.7 的对应视图，单击"建筑"→"构建"→"楼板"选项卡下拉列表中选择"楼板：建筑"。

在"修改|创建楼层边界"中选择"边界线"，依次选择上一步骤所建立的墙体，选择"完成编辑模式"，具体操作见图 2-375。

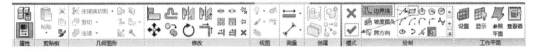

图 2-375 楼板创建功能区

步骤5：创建门窗。

点击"项目浏览器"→"楼层平面"→"0"，打开标高为 0 的视图。

单击"建筑"→"构建"→"门"在"属性浏览器"中载入"双扇木制防火平开门 1800×2100"。

并在下方"约束"修改为"0"，如图 2-376 所示。

在图 2-377 位置处创建门，选定位置，指定方向，放置门即可。

单击"建筑"→"构建"→"窗"在"属性浏览器"中选择"固定 0915×1220mm"，并修改"顶高度"为"2100"，如图 2-378 所示。

在图 2-379 红色箭头指向的位置处创建窗，选择窗的

图 2-376 门类型

类型、尺寸，指定位置即可创建窗。

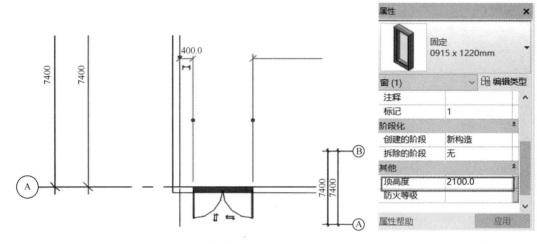

图 2-377 创建门　　　　　　　　图 2-378 窗属性

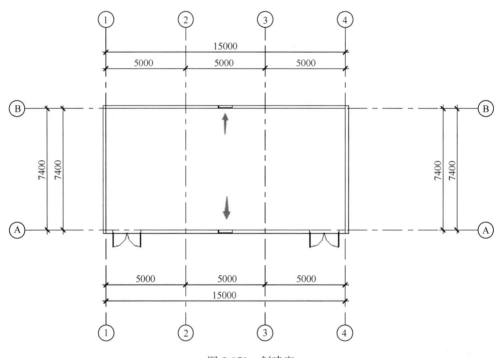

图 2-379 创建窗

步骤 6：创建坡道。

点击"项目浏览器"→"楼层平面"→"-0.45"，打开标高为-0.45 的视图。

点击"建筑"→"楼梯坡道"→"坡道"打开"修改｜创建坡道草图"，点击"绘制"→"梯段"→"直线"，绘制长为"3000"宽为"2100"的矩形，如图 2-380 所示。

修改"属性浏览器"约束条件"底部标高"为"-0.45"，"顶部标高"为"0"，如图 2-381 所示。

并点击"属性浏览器"→"编辑类型"将"造型"修改为"实体"，修改"坡"。

2.4 STD-R 变电设计软件应用案例

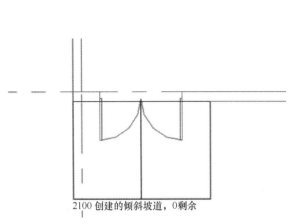

图 2-380 创建坡道

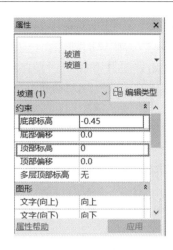

图 2-381 坡道属性

道最大坡度"（1/x）"为"＝14/3"，单击"确定"，如图 2-382 所示。

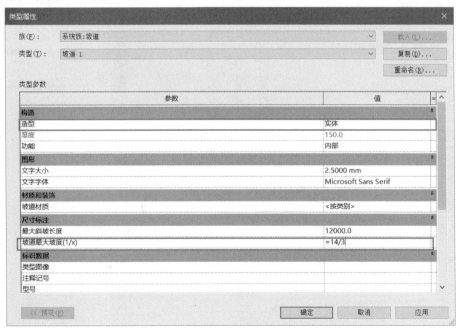

图 2-382 属性设置

单击"完成编辑模式"以完成坡道的创建。保存项目文件。

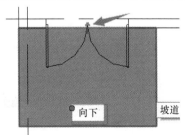

图 2-383 创建的坡道示意

提示：若创建的坡道方向相反，则需点击方向箭头以修改方向。

步骤7：雨檐的创建。

单击"项目浏览器"→"立面"→"西"打开西立面视图。

单击"建筑"→"构建"→"构件"下拉列表"内建模型"。

在弹出的"族类别和族参数"对话框中选择"常规模型"，如图2-384所示。

修改"名称"为"雨檐"单击"确定"。

单击"创建"→"拉伸"，在弹出的"工作平面"对话框中选择"轴网1"，单击确定，如图2-385所示。

绘制雨檐外轮廓，并在"属性浏览器"→"约束"中"拉伸起点"改为"－200"，"拉伸终点"改为"2800"，如图2-386所示。

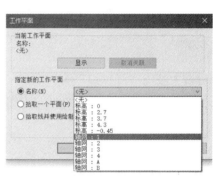

图 2-385　设置工作平面

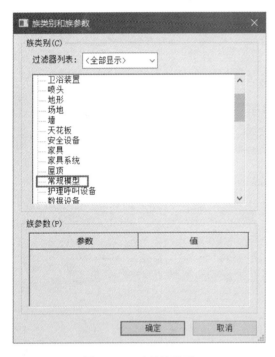

图 2-384　选择族类型

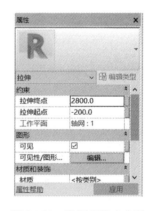

图 2-386　设置起终点参数

单击"完成编辑模式"。创作完成后将"门"、"窗"、"雨檐"中心对称到另一侧即可。完成的500kV继电器小室BIM设计成果，如图2-387所示。

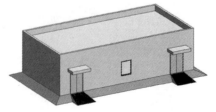

图 2-387　500kV继电器小室模型

通过剖切可以形成建筑平面图和断面图，并按照设计要求对关键尺寸进行标注，标注完成后套上图框图戳即可形成一张完整的建筑设计图纸，如图 2-388 所示。

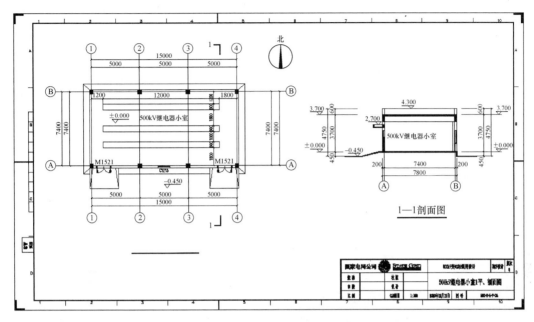

图 2-388　500kV 继电器小室平面、断面图

※　本节知识点练习

1. 以下不属于建筑专业 BIM 设计内容的为(　　)。
   A. 门窗　　　　　B. 建筑梁柱　　　　C. 楼板与墙体　　　　D. 女儿墙
2. 以下一般通过放置载入族方式进行建模的对象是(　　)。
   A. 水管　　　　　B. 墙体　　　　　　C. 风管　　　　　　　D. 空调
3. 进行建筑设计时，应选择以下哪种样板文件(　　)。
   A. 电气样板　　　　　　　　　　　　B. 总图样板
   C. 建筑样板　　　　　　　　　　　　D. 结构样板
4. 以下建筑设计中的哪一步最先做(　　)。
   A. 绘制墙体　　　　　　　　　　　　B. 绘制轴网
   C. 绘制梁柱　　　　　　　　　　　　D. 布置门窗
5. 在轴线"类型属性"对话框中，在"轴线中段"参数值下拉列表中选择"自定义"之后，无法定义轴线中段哪个参数(　　)。
   A. 轴线中段宽度　　　　　　　　　　B. 轴线中段长度
   C. 轴线中段颜色　　　　　　　　　　D. 轴线中段填充图案
6. 使用 STD-R 平台，自行完成一个建筑的轴网绘制。
7. 使用 STD-R 平台，自行完成一个建筑的建模。

答案：
1. B　　2. D　　3. C　　4. B　　5. B　　6. 略　　7. 略

2.4.11 水暖设计

变电站工程水暖设计是指变电站的水工设计和暖通设计,设计内容包括给排水系统设计、消防喷淋系统设计、暖通系统设计等。

本节将依托 500kV 变电站通用设计方案 B-5,采用 STD-R 平台进行水暖 BIM 设计,STD-R 平台集成了 Revit 的水暖设计功能,其使用方法与 Revit 水暖设计模块完全一致,本节的水工暖通设计将着重介绍变电站水暖设计的主要内容和流程,不再详细介绍细节操作。

下文将以变电站工程中的主变消防和站区给排水为例介绍水暖设计的方法和流程,其他部分可参照此方法开展水暖 BIM 设计。

1. 新建项目

打开 STD-R 布置设计软件,在【项目】菜单中选择【BC_水暖模板】,如图 2-389 所示。点击鼠标左键,即可创建新的 MEP 项目。

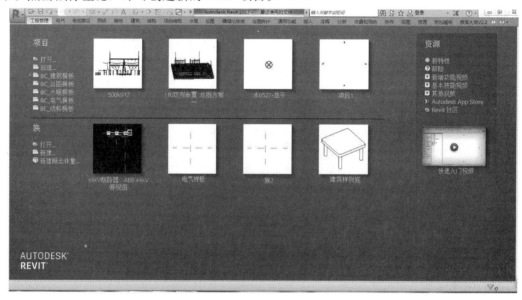

图 2-389 指定样板文件

2. 管道构件配置

在进行管道系统布置时,将用到相关的构件族,STD-R 平台自带大量的与水暖设计相关的构件族,用户需要将项目所需要的构件从公共库导入到工程库当中。

步骤1:点击菜单栏工程管理→设备模型库,如图 2-390 所示。

图 2-390 找到设备模型库

步骤 2：点击族库选型，如图 2-391 所示。

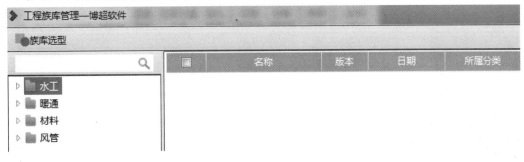

图 2-391　进行族库选型

步骤 3：点击所需要的构件，从公共库导入工程库中，如图 2-392 所示。

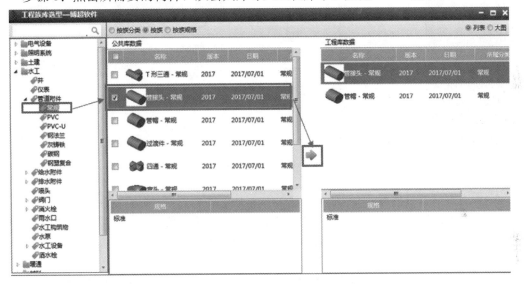

图 2-392　公共库导入工程库

相关构件导入成功后，用户需要进入 STD-R 平台管理将构件样式与管道信息相配置。

步骤 4：进入工程管理平台，点击工程信息→工程编辑→管理（本工程），如图 2-393 所示。

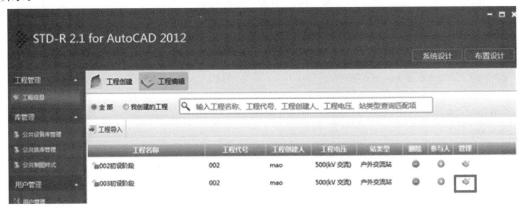

图 2-393　管理本工程

步骤 5：点击工程制图样式→功能模块→管道绘制配置，进行配置。如图 2-394 所示。

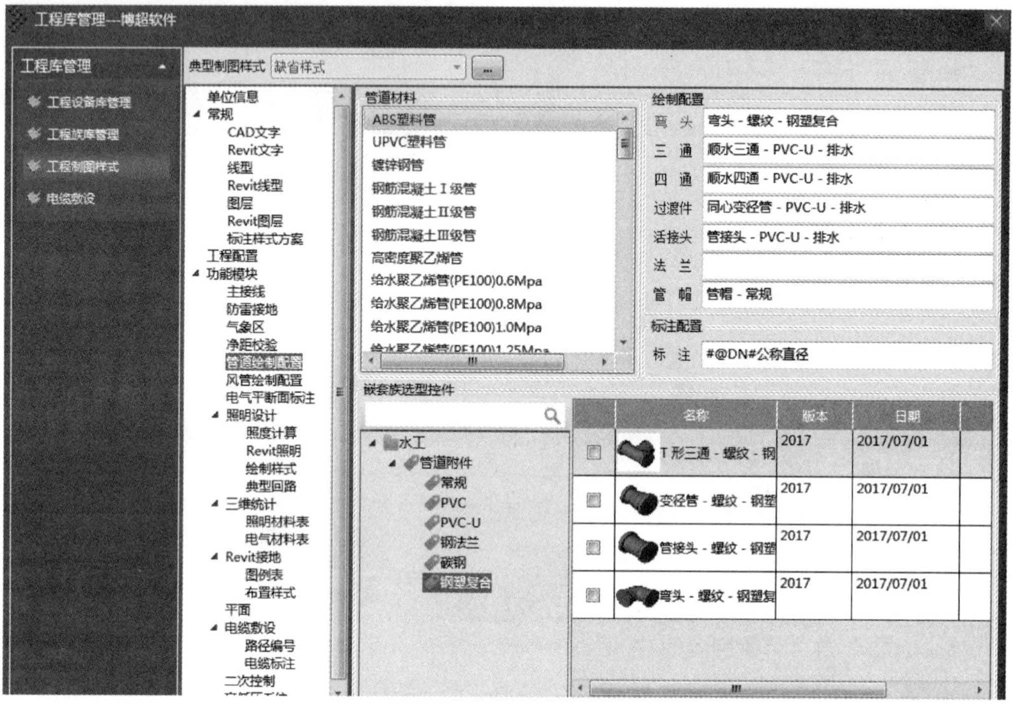

图 2-394　管道绘制配置

3. 管道数据信息配置

在进行管道系统布置时，将用到相关的数据信息，例如管道材质、管道尺寸等，用户需要将项目所需要的数据信息从公共库导入到工程库当中。

步骤 1：点击菜单栏工程管理→数据模型库，如图 2-395 所示。

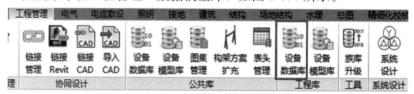

图 2-395　找到设备数据库

步骤 2：点击选型，如图 2-396 所示。

图 2-396　工程元件选型

步骤 3：点击所需要的管道数据，从公共库导入工程库中，如图 2-397 所示。

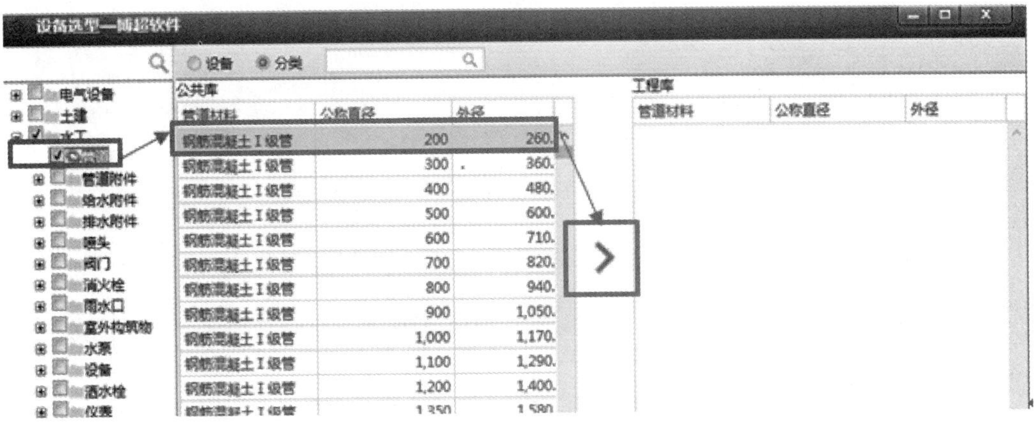

图 2-397　导入管道数据

步骤 4：相关数据导入成功后，点击菜单栏中水暖→管道，进行管道材料、尺寸选型，如图 2-398 所示。

4. 管道系统类型的建立

步骤 1：点击项目浏览器→族→管道系统，如图 2-399 所示。

图 2-398　管道选型

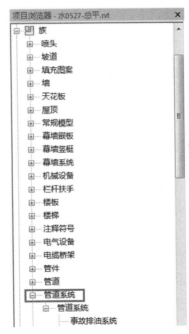

图 2-399　找到管道系统

步骤 2：选择一个管道系统名字，点击右键复制，在选中复制出来的系统上点击右键重命名，生成新的系统类型。

5. 管道系统颜色

管道系统颜色的设定，主要为了区分不同管道的颜色，比如排水，给水，喷淋等颜色区分由系统颜色来定义。

步骤 1：在项目浏览器点击中族→管道系统，双击一个系统。

步骤 2：在类型参数栏里点击材质按类别，如图 2-400 所示。

图 2-400　配置材质

步骤 3：进行选择材质颜色，选好后按确定，如图 2-401 所示。

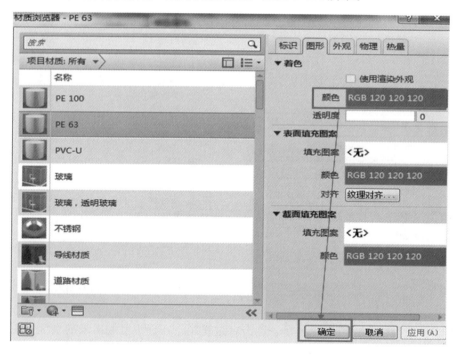

图 2-401　配置合适的材质

步骤 4：材质颜色配置好点击确认完成。

6. 进行给排水管道和主变消防系统的管道布置设计

管道布置设计操作方法与 Revit 一致，在此不再详细介绍。

7. 水暖设备模型布置

步骤1：点击菜单栏电气→手动布置，如图2-402所示。

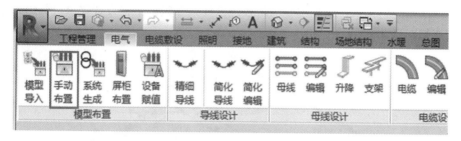

图 2-402　选择手动布置

步骤2：选择公共库→水工→井，选择模型，点击布置，如图2-403、图2-404所示。

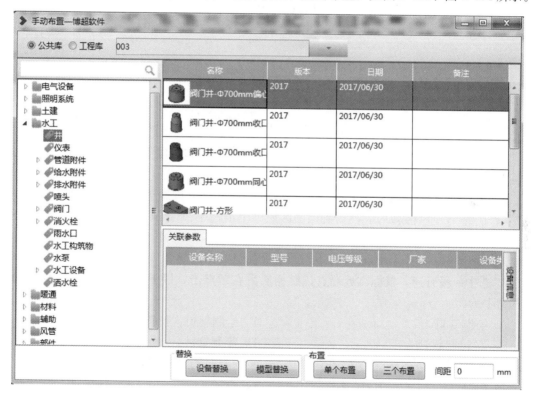

图 2-403　手动布置界面

图 2-404　布置的设备效果

将设备布置到工程中合适的位置,并与管道联通,完成整个给排水系统。其操作方法与 Revit 操作一致,在此不再详细介绍。

完成全站站区给排水系统和主变消防系统设计,并根据工程设计要求进行出图,其设计成果示意如图 2-405 所示。

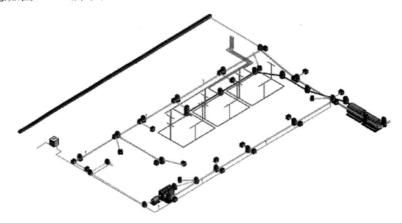

图 2-405 场地给排水系统及主变消防系统示意

※ **本节知识点练习**

1. 在管道"类型属性"对话框下的"布管系统配置"包含以下哪些构建设置( )。
   A. 三通　　　　B. 管段　　　　C. 连接　　　　D. 活接头

2. 在 Revit 中单击【系统】→【卫浴和通道】→【平行通道】,将平行管道中设置"水平数"为 5,垂直数为 2,然后到绘图区域中单击选中 A 管道,那么除开 A 管道会生成多少个管道( )。
   A. 9　　　　　B. 10　　　　　C. 17　　　　　D. 18

3. 选中一段管道,鼠标靠近端点控制柄然后右键点击,以下不包含在弹出的对话框中的命令为( )。
   A. 绘制管道　　　　　　　　　B. 绘制管道占位符
   C. 17 绘制软管　　　　　　　　D. 绘制管件

4. 在 Revit 中创建椭圆形风管时,风管选型栏可以设置以下哪些参数( )。
   A. 标高　　　　B. 偏移　　　　C. 直径　　　　D. 高度

5. 在风管设备族中设置连接件系统分类,可以选择以下哪些类型( )。
   A. 送风　　　　B. 回风　　　　C. 新风　　　　D. 管件

6. 使用 STD-R 软件,自行完成一个建筑物的给排水设计。

7. 使用 STD-R 软件,自行完成一个建筑物的暖通设计。

答案:
1. BCD　　2. A　　3. D　　4. BD　　5. D

2.4.12 协同设计

三维协同设计是 BIM 设计的核心,是设计技术发展的方向和趋势,是提升设计管理

2.4 STD-R 变电设计软件应用案例

水平、设计效率和质量的主要手段和方法。协同设计可以将不同专业的设计信息和成果通过交互和整合形成有机整体。各专业通过相互提资和交互提升设计精度合法质量，所有设计专业及人员在一个统一的平台上进行设计，实现碰撞检查和空间距离校核，从而减少现行各专业之间（以及专业内部）由于沟通不畅或沟通不及时导致的错、漏、碰、缺。

基于三维设计平台进行实际工程协同设计应用，一般需要对工程参与人员的角色和权限进行划分，明确不同专业间的专业分工和权限。各专业按照设计流程和任务各自开展设计工作，在设计的过程中通过协同设计平台进行成果发布和提资交互，通过协同设计平台进行各专业设计成果的整合，并对设计成果进行电气安全净距校验、碰撞检查、防火间距校核、安装通道和吊装空间检查等，校核设计中问题并进行相应的修改和完善，直至完全满足设计要求和深度。

基于 Revit 软件的协同设计一般方法是将不同专业的设计文件上传到服务器中，然后通过链接的方式将不同专业的设计文件在同一个文件中展示出来，发现不同专业设计时的不足，并改正这些不足。同时，协同设计过程是一个反复参照其他专业模型对本专业模型进行修改的过程，在实际的设计中会出现多次根据其他专业修改好的模型对本专业的模型进行修改的情况。

设计时在项目中会按照不同层次对设计参与人员进行分层，主要分为各专业总负责人、设计师、系统管理员几层。设计师对自己负责的部分进行设计，设计完成后由专业总负责人对设计结果进行汇总，查看自己专业的设计结果是否存在问题。各专业都没有问题后对专业间的设计进行汇总，寻找专业间存在的问题并进行修改。系统管理员则主要对系统数据库、参与人等进行管理。

以下将依托 STD-R 平台对一个案例的协同设计应用进行简单介绍。

1. 工程人员分工和权限划分

步骤1：打开平台，点击"工程编辑"→"参与人"对工程参与人进行添加。

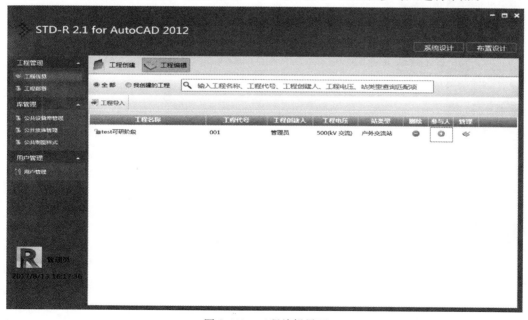

图 2-406 工程编辑界面

第2章 电力工程 BIM 设计

步骤2：通过勾选添加工程参与人。

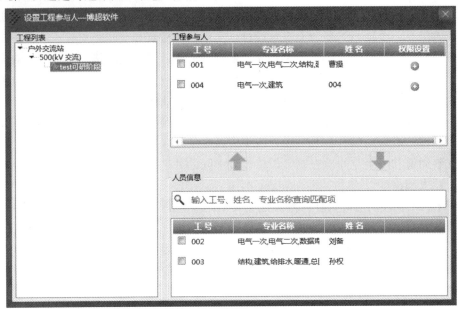

图 2-407 工程人员配置

2. 各专业设计空间建立

步骤1：点击"工程编辑"→"管理"，对工程中需要用到的设备模型进行添加，并对相应的工程样式进行设置。

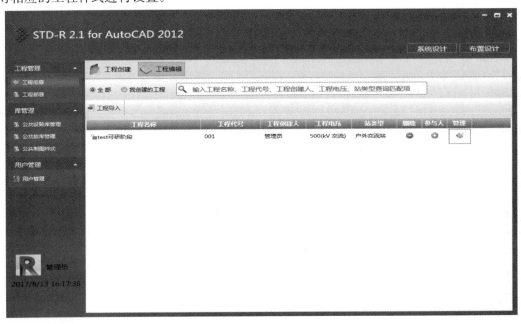

图 2-408 工程编辑界面

步骤2：启动"布置设计"打开布置设计界面。
步骤3：在布置设计中选择"工程管理"→"工程管理"打开协同设计界面。

2.4 STD-R 变电设计软件应用案例

图 2-409 工程管理功能区

步骤 4：根据对应专业将自己专业创建的文件添加到相应的文件夹中。以添加"电气"专业的文件为例。在电气专业的文件加上右键，选择"添加文件"将文件添加到此文件夹中。

图 2-410 添加文件

提示：每个专业需将自己专业的文件添加到对应专业的文件夹中。

3. 各专业设计成果链接

步骤 1：以电气链接土建的文件为例，首先打开电气的文件，选择"工程管理"→"链接管理"，打开链接管理界面。

图 2-411 工程管理功能区

步骤 2：勾选需要链接的文件，点击"链接"按钮，将土建文件链接到电气中。

图 2-412 设计文件链接

195

步骤3：将其他专业成果链接到本专业图纸中，作为参考引用。

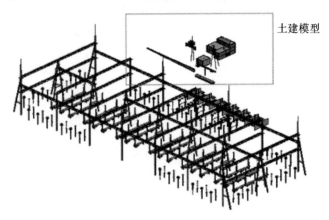

图 2-413　其他专业成果引用示意

提示：一个文件可链接多个文件，如在电气文件中可链接土建、暖通、给排水等多个文件。

4. 成果签入与签出

步骤1：链接后根据土建的模型对电气模型作出相应修改。修改完成后右键"签入"，将修改后的文件上传到服务器中。

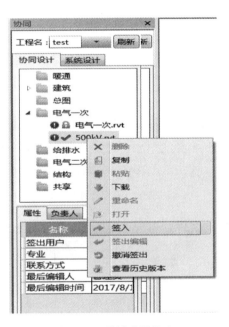

图 2-414　设计成果签入

步骤2：同样按照上述操作可将电气文件链接到土建文件中，根据电气模型对土建模型进行相应的修改，修改完成后将土建文件签入。

步骤3：对于链接文件有修改的文件，软件会自动给出提示。如图 2-415，当土建文件发生修改后，电气文件前的感叹号将变为红色。

2.4 STD-R变电设计软件应用案例

图 2-415 链接成果发生修改提升

步骤4：此时，右键电气文件，点击"签出编辑"命令，将电气文件再次签出。

图 2-416 成果签出

第 2 章 电力工程 BIM 设计

步骤 5：打开电气文件后，点击"工程管理"→"链接管理"，再次打开链接管理界面。

步骤 6：此时在链接管理界面下半部分可看到链接到电气的文件，点击"刷新"按钮，对土建模型进行刷新以获取最新的土建模型。

图 2-417　刷新重新加载链接文件

步骤 7：根据最新的土建模型可以再次对电气模型进行修改，修改完成后再次将电气文件通过签入上传到服务器中。

在实际的设计过程中，经常需要对设备的安全净距进行校验，同时会对不同专业及本专业进行硬碰撞检查，以避免设计过程中出现设备距离过密及碰撞情况的发生，以下将安全净距校验和碰撞检查应用。

5. 安全净距检查

步骤 1：选择"精细化校核"→"校验"，打开安全净距校验界面。

图 2-418　精细化校核功能区

步骤 2：打开安全净距校验页面，选择校验方案，选择完成后点击"模型提取"按钮选择需要进行校验的模型。

2.4 STD-R 变电设计软件应用案例

图 2-419 模型提取

步骤 3：选择需要进行校验的设备，选择完成后点击左上角"完成"按钮。

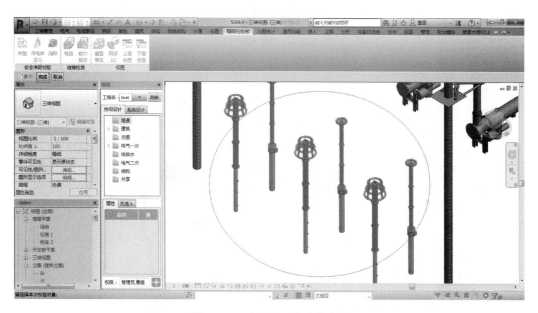

图 2-420 选择需要校验的范围

提示：选择需要进行校验的设备时，被选中的设备会变成图中蓝色。

步骤 4：选择完成设备点击完成后，软件会自动弹回净距校验界面，此时点击"开始校验"按钮，开始安全净距校验。

第2章 电力工程 BIM 设计

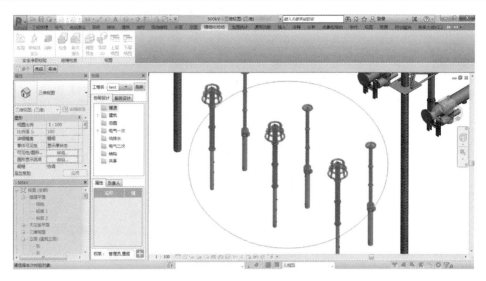

图 2-421　确认校验范围

步骤 5：当校验通过时，软件会自动弹出校验通过的界面。

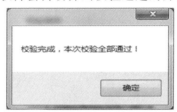

图 2-422　显示校验结果

步骤 6：当校验不通过时，软件会弹出如图 2-423 所示界面。右侧即为校验不通过的设备。

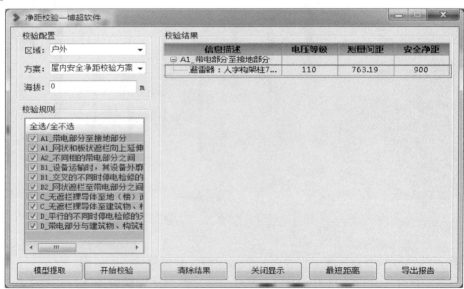

图 2-423　校验不通过记录示例

步骤 7：点击校验不通过的记录，软件会自动显示校验未通过的设备。

图 2-424　校验不通过对象示例

步骤 8：对于未通过净距校验的设备，调整后可再次进行安全净距校验，直至校验通过。

6. 碰撞检查检查

步骤 1：完成安全净距校验后可进行碰撞检测。点击"协作"→"碰撞检查"→"运行碰撞检查"打开碰撞检查界面。

图 2-425　碰撞检查功能区

步骤 2：选择需要进行碰撞检查的内容，选择完后点击"完成"按钮运行碰撞检查。

图 2-426　选择校验类别

第2章 电力工程BIM设计

步骤3：运行碰撞检查后软件会自动列出有碰撞存在的设备，同时可点击下方"显示"按钮查看存在碰撞检查的位置。

图 2-427　碰撞检查报告

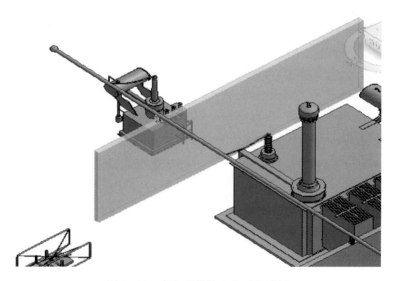

图 2-428　存在碰撞检查的对象示例

※ 本节知识点练习

1. 以下不属于协同设计范围内的工作的是(　　)。
   A. 碰撞检查　　　　　　　　　　　　B. 安全净距检查

C. 专业间提资 D. 数字化移交

2. 以下关于碰撞检查的说法正确的是（ ）。

A. 碰撞检查只针对专业间设备间碰撞问题的检查

B. 碰撞检查仅针对管道与设备设施之间的硬碰撞问题检查

C. 碰撞检查分为软碰撞和硬碰撞

D. 软碰撞不属于碰撞检查要检查的内容

3. 以下属于安全净距检查的内的是（ ）。

A. 带电体与非带电体之间 B. 不同相带电体之间

C. 带电体与接地体之间 D. 电缆沟与道路之间

4. 基于 Revit 软件的文件协同方式有哪几种（ ）？

A. 中心文件系统 B. 链接文件协同

C. 本地文件协同 D. 数据文件协同

5. 以下属于协同管理范围内的是（ ）。

A. 工程人员管理 B. 人员权限管理

C. 碰撞检查 D. 协同提资管理

6. 简述协同设计的一般思路？

7. 简述协同设计的优点？

答案：

1. D   2. C   3. ABC   4. AB   5. ABD

6.（本题提供的答案仅供参考）基于三维设计平台进行实际工程协同设计应用，一般需要对工程参与人员的角色和权限进行划分，明确不同专业间的专业分工和权限。各专业按照设计流程和任务各自开展设计工作，在设计的过程中通过协同设计平台进行成果发布和提资交互，通过协同设计平台进行各专业设计成果的整合，并对设计成果进行电气安全净距校验、碰撞检查、防火间距校核、安装通道和吊装空间检查等，校核设计中问题并进行相应的修改和完善，直至完全满足设计要求和深度。

7.（本题提供的答案仅供参考）协同设计是提升设计管理水平、设计效率和质量的主要手段和方法。协同设计可以将不同专业的设计信息和成果通过交互和整合形成有机整体。各专业通过相互提资和交互提升设计精度合法质量，所有设计专业及人员在一个统一的平台上进行设计，实现碰撞检查和空间距离校核等，从而减少现行各专业之间（以及专业内部）由于沟通不畅或沟通不及时导致的错、漏、碰、缺。

2.4.13 成果展示

通过以上步骤的设计，完成 500kV 变电站通用设计方案初步设计阶段的 BIM 设计。工程 BIM 设计完成后可以输出的初步设计成果主要包括以下内容：

（1）全站 BIM 设计模型；

（2）场地平整图和土方量计算结果表；

（3）主接线设计图纸；

（4）平面图和断面图，包括三维总平图、电气总平图、各配电装置平面布置图、各电压等级间隔断面图、土建总平图、构架布置轴侧图、支架布置轴侧图、建筑平面图、建筑剖面图等；

（5）材料统计表，包括全站主要设备材料表和电气材料表、各配电装置主要设备材料表和电气材料表、电缆清册、工程量统计表等；

（6）计算结果表和计算书，包括短路电流计算表和计算书、高压设备选型表、防雷保护表、接地计算书、导体力学计算书、土建各专业计算书等；

（7）安全净距校核、碰撞检查等；

（8）全站三维渲染和漫游成果；

（9）初设阶段数字化移交成果。

由于本工程案例初设阶段设计成果较多，鉴于本章篇幅和工程设计成果版权等问题，在此只对其全站三维成果、局部设计成果展示等进行展示。

1. 全站场地成果图

由于本工程为典设工程，没有真实地形，此处地形仅仅是用于示意，并且存在一些设计上不合理的地方，请勿作为实际设计工程考虑。

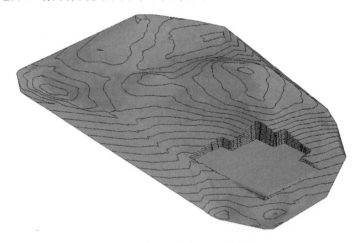

图 2-429　本工程案例场地效果图一

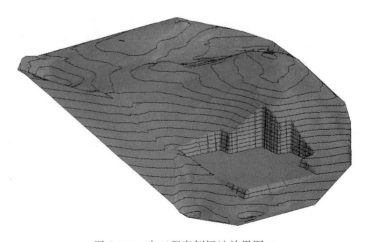

图 2-430　本工程案例场地效果图二

2. 500kV 区域三维成果

图 2-431　500kV 区域成果示意

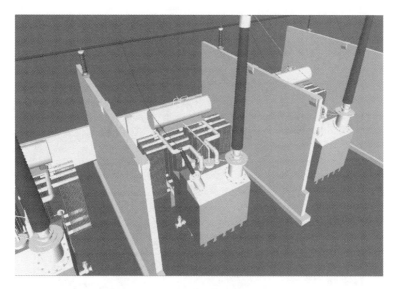

图 2-432　500kV 高抗成果示意

3. 主变区

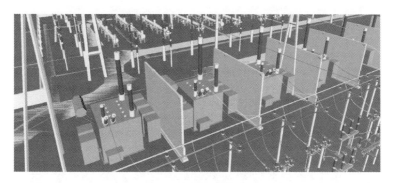

图 2-433　主变区域成果

4. 35kV 区域成果

图 2-434　35kV 区域成果

5. 全站三维成果

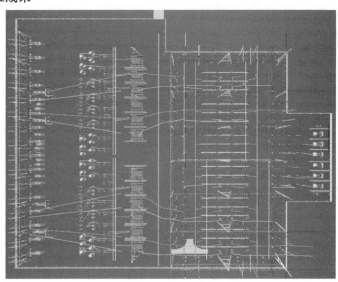

图 2-435　全站成果图一

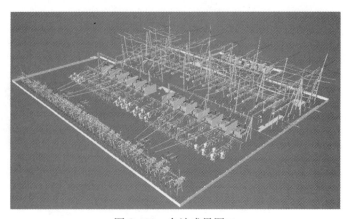

图 2-436　全站成果图二

2.4 STD-R 变电设计软件应用案例

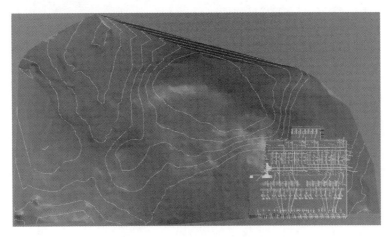

图 2-437 全站成果图带地形一

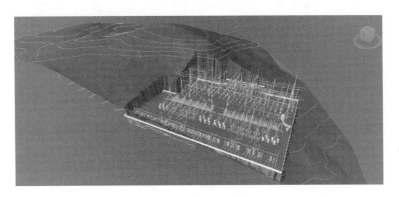

图 2-438 全站成果图带地形二

图 2-439 全站成果图带地形三

图 2-440 全站成果图带地形四

图 2-441 全站成果图带地形五

第 3 章　电力工程 BIM 造价

目前，国内 BIM 造价软件相对成熟的广联达的产品。广联达电力造价系列软件包括广联达电力算量软件 GMS 2015 和电力计价软件 GDL 2012。这两款软件在工程造价过程中可以通过三维建模获取工程量数据，再将算量软件中的结果数据流转到计价软件中，过程中数据零损耗，无缝对接，保证结果准确的同时也提升了技经人员的工作效率。即应用流程为先使用算量软件计算工程量，再使用计价软件计算工程造价。

3.1 广联达 BIM 电力算量软件

电力算量软件（变电版 GMS2015）是解决电力变电工程建筑、安装专业工程量计算的信息化产品，其应用贯穿于初步设计、施工图设计、工程招投标、工程施工、竣工结算、工程审计等各个阶段的算量业务，为工程建设各阶段技经人员提供电算化、信息化的工程量计算整体解决方案。软件涵盖多个专业、含有电网工程特性构件、可统一输出报表。将技经人员从繁琐的手工计算中解放出来，实现工程量智能计算，同时可汇总并导入广联达电力计价软件。方便各环节技经人员之间的沟通、交流、协作，从根本上提高电力工程造价工作的效率及质量。手算的操作流程如下：分析图纸→按项目划分统计建筑物、构筑物工程量→统计输出报表。软件算量的流程如下：新建工程→新建项目划分、轴网→定义构件→绘制图元→汇总输出报表。接下来我们就针对每个步骤进行讲解和练习。

3.1.1 新建工程

1. 鼠标左键单击"新建向导"按钮，弹出新建工程向导窗口。

2. 输入"工程名称"，例如，工程名称输入"变电站"，选择建筑专业，选完专业之后选择"计算规则"，是清单项目划分还是预规项目划分，区别就是一个是清单计价，一个是定额计价。比如选择清单项目划分，然后选择土建、小安装、钢筋对应的计算规则，则需要选择土建清单规则、土建定额规则，比如土建清单规则选择：变电站工程工程量清单计价规范计算规则（2011）；土建定额规则选择：电力建设工程预算定额计算规则 2013—（13 变电）；小安装规则选择：工程量清单项目设置规则（2013）；

图 3-1 新建工程向导

钢筋规则选择 11 系新平法规则。选完之后选择清单库定额库，比如：清单库变电工程量清单计价规范（国网 2011），定额库电力建设工程预算定额（2013 年版）。

3. 连续点击"下一步"按钮，分别输入站区信息、编制信息，直到出现下图所示的"完成"窗口。

4. 点击"完成"按钮便可完成工程的建立。

5. 新建项目划分

（1）进入到项目管理界面，点击"新建项目划分"，变电工程是按项目划分进行列项计算工程量，此功能主要解决按清单或预规规定显示相应的项目划分内容。一般新建、扩建、改建的变电工程会含主控楼、配电装置室、继电保护室、主变压器基础等项目划分，通过新建项目划分功能可以选择上述内容。选择完项目划分之后点击"确定"。

（2）在项目管理界面便可以看到所勾选的项目划分。

3.1 广联达BIM电力算量软件

图3-2 项目名称及规则

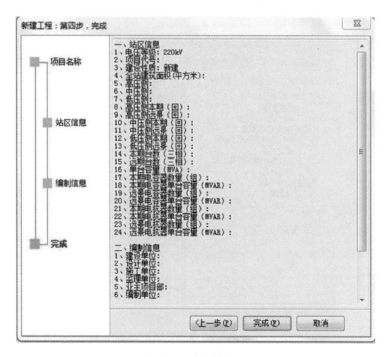

图3-3 完成窗口

6. 新建轴网

在实际的图纸中，站区总平面图会有整个站区的尺寸和某个楼的轴网，同时也会注明其他不同项目划分下的构件与总轴网的位置关系。

第3章 电力工程 BIM 造价

图 3-4 选择项目划分

图 3-5 查看项目划分

（1）新建轴网

先建总轴网，然后建不同项目划分下建筑物轴网，绘制站区总轴网方便其他构件的快速定位和准确绘制；新建轴网时，对项目划分里面的一些主要的楼新建轴网，选择相应的项目划分，比如变电站里面有 220kV 配电装置楼、110kV 配电装置楼、操作队楼，先建立总轴网 220kV 变电站，项目划分选择 220 变电站。

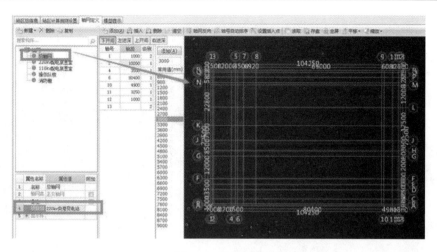

图 3-6 建总轴网

然后分别建立 220kV 配电装置室、110kV 配电装置室、操作队楼的轴网并选择相应的项目划分。

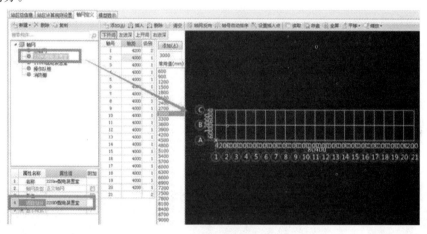

图 3-7 220kV 配电装置

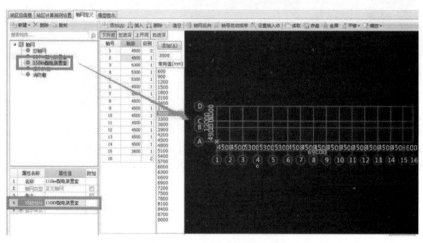

图 3-8 110kV 配电装置室

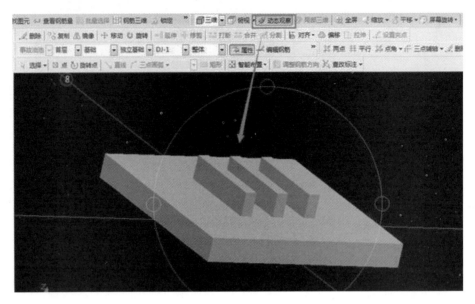

图 3-9 动态观察

注：在新建轴网时，建议把各个轴网的显示样式也就是颜色做一下设置，以免轴网过多后期绘制时分不清楚。

（2）绘制轴网

绘制轴网时，只需确定各个项目的轴网的坐标点，在轴网定义中选择相应项目的轴网，然后切换至模型显示界面，点击"绘制轴网"，然后输入"坐标点"，轴网便自动绘制完成。在绘制轴网时首先绘制总轴网，然后绘制各个项目划分的轴网。

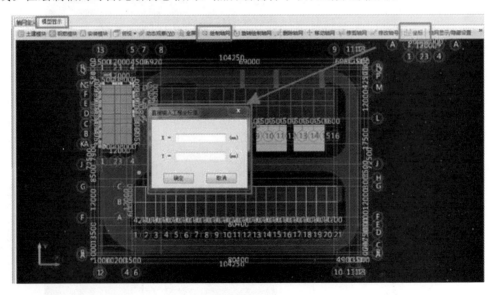

图 3-10 输入坐标点

绘制完之后，便会在模型显示中看到各个项目划分在总轴网中的位置。

3.1 广联达BIM电力算量软件

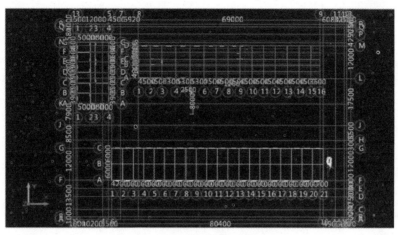

图 3-11 总轴网

3.1.2 土建专业

1. 钢筋模块

钢筋模块是电力算量软件中处理钢筋量的模块。主要利用三维建模、导入CAD图纸等方式计算工程的钢筋量并汇总结果，输出相关报表。

钢筋模块中所有构件根据画法可分为三类：点式构件、线式构件、面式构件。分别指在绘制时需要用点画法、线画法、面画法绘制的构件。在绘制时，有三步流程，分别是新建构件、定义构件、绘制构件。下面介绍钢筋模块中各类构件的绘制方法以及注意事项。

（1）柱构件

柱构件是点式构件中比较常用的一类构件，建筑工程中柱构件的使用非常广泛，接下来给大家介绍一下柱构件的绘制方法。

新建构件：模块导航栏切换至柱界面，然后点击定义按钮新建框架柱。

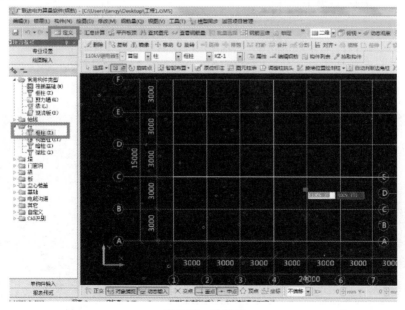

图 3-12 绘制柱

215

定义构件：将实际工程中相关的柱构件属性信息填入属性编辑界面，如柱构件的尺寸，配筋等信息。

图 3-13　柱属性

绘制构件：绘制柱构件时，可用"点"和"旋转点"等相关功能进行绘制。同时可用"shift+左键（偏移）"调整柱的位置。

练习：按图示绘制柱构件。

（2）梁构件

梁构件是线式构件中非常常用的一种构件，在钢筋模块中梁构件的编辑相对其他线式构件复杂一些，我们接下来就学习一下梁构件是如何绘制的。

新建构件：在模块导航栏中切换至梁构件然后点击"定义"按钮，新建梁构件。

图 3-14　调整位置

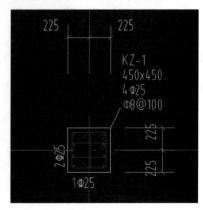

图 3-15　图示

定义构件：梁构件的标注信息分集中标注和原位标准两种，集中标注信息可直接输入到构件的属性编辑区域内。

图 3-16　标注信息

图 3-17　构件属性

原位标注信息需要在绘制完梁构件后在对应的位置输入原位标注信息。

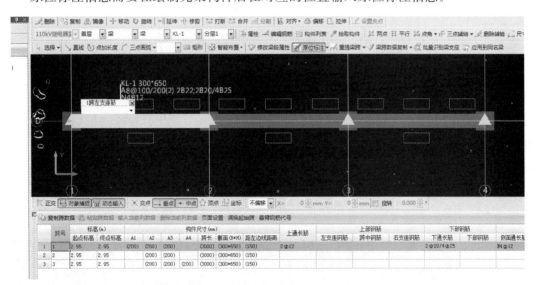

图 3-18　原位标注信息

绘制构件：用画直线、点加长度等功能绘制梁构件，绘制完成后梁构件颜色呈粉色，这时再对梁构件进行原位标注，标注完成后，梁构件呈绿色，此时梁构件绘制完成。

（3）板构件

板构件为面式构件中的一种，板的配筋在钢筋模块中也比较独特，其中主要的板受力筋、板负筋都是单独构件绘制在板构件之上的。接下来给大家介绍板构件的绘制方式。

新建构件：同柱、梁构件，模块导航栏切换到板构件界面，点击"定义"按钮新建板构件；

定义构件：根据图纸输入板厚度、马凳筋等信息；

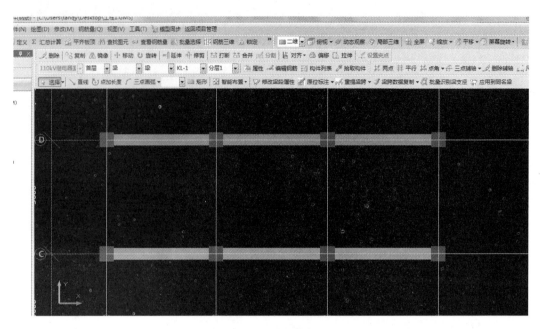

图 3-19　绘制构件

绘制构件：绘制板构件的方式比较有，有点画法，直线画法，画矩形等。点画法是利用其他构件围城的封闭区域进行快速绘制的方法。直线画法则是手动绘制封闭区域最终生成板。画矩形的原理也是一样，软件自动给出一个矩形的封闭区域，绘制时按照实际情况调整矩形封闭区域的大小即可。

板受力筋：板受力筋不能单独存在，需要依附在板构件之上。在绘制板受力筋时，单层钢筋可用单板、多板两种方式绘制。双层钢筋可用 XY 方向进行绘制。

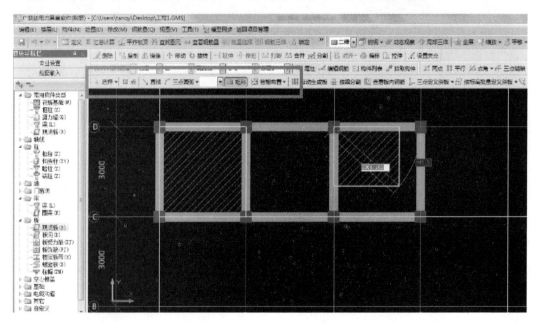

图 3-20　板构件

3.1 广联达 BIM 电力算量软件

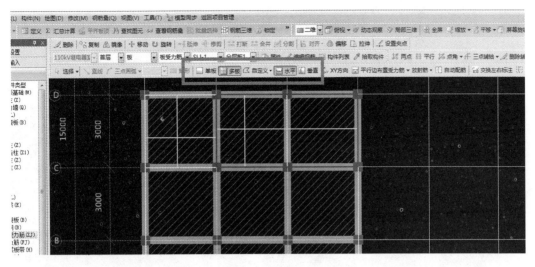

图 3-21 板受力筋

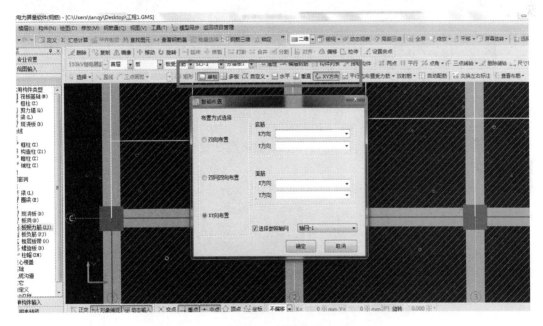

图 3-22 智能布置

板负筋：板负筋同板受力筋，也不能独立存在，需要依附在板构件之上。绘制板负筋时，在定义界面输入钢筋的级别、直径、间距等信息后，利用按梁、墙、板边、划线布置等功能绘制板负筋。

（4）基础构件

变电站工程中基础形式以独立基础较多，下面就重点介绍一下独立基础构件的绘制。独立基础也是点式构件，绘制方法与柱构件的绘制思路一致。区别在于独立基础形式较多，结构比较复杂，在定义独立基础后，还需定义独立基础单元。更复杂一些的基础形式可定义参数化独立基础单元。新建独立基础后，再次新建参数化独立基础单元，根据图纸

第 3 章 电力工程 BIM 造价

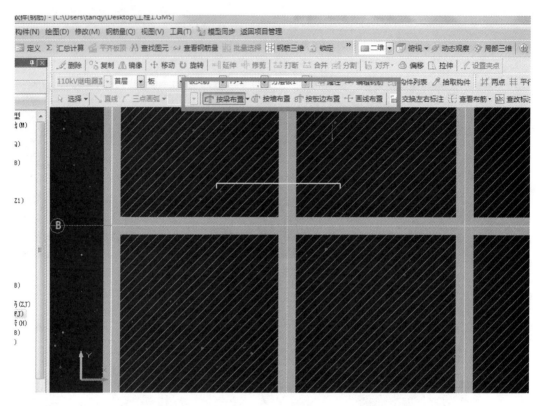

图 3-23 板负筋

给出的基础形式选择参数图,输入工程参数,最终点画绘制独立基础。

(5) 汇总计算输出报表

将所有工程中结构部分的构件绘制完成后可点击"汇总计算"按钮进行计算,点击

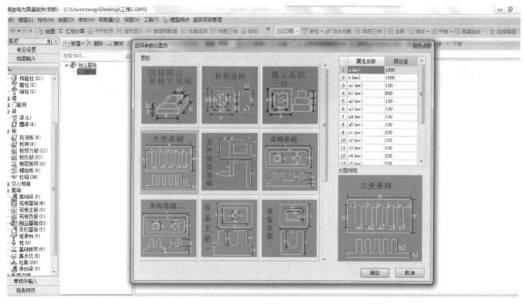

图 3-24 基础构件

"汇总计算"后可选择楼层和项目划分进行汇总。汇总后可用"编辑钢筋"的功能查看每个构件的工程量,同时也可直接切换到报表界面查看报表信息,返回项目管理界面也可看到整个项目的报表信息。最终将报表导出电子表格或打印即可完成最终计算书的编制。

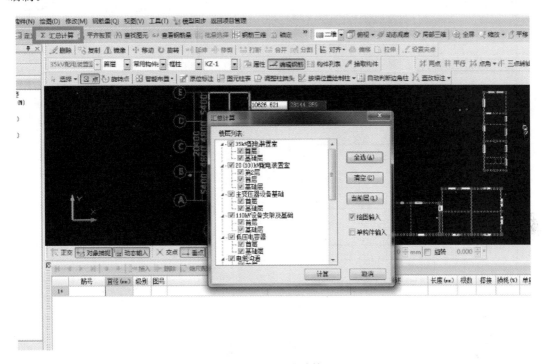

图 3-25 汇总计算

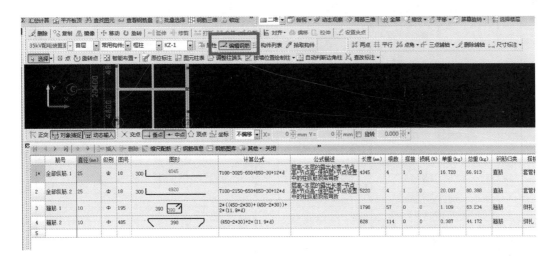

图 3-26 编辑钢筋

钢筋模块主要解决了站区建筑物、构筑物结构部分的钢筋量的计算,主要通过建立三维模型的方式计算钢筋量。

钢筋明细表

工程名称：沙湾城北110千伏变电站　　　　　　　　　　　　　　编制日期：

楼层名称：基础层（绘图输入）　　　　　　　　　　　　　钢筋总重：8492.229Kg

筋号	级别	直径	钢筋图形	计算公式	根数	总根数	单长m	总长m	总重kg
构件名称：DJ-2[1438]				构件数量：10		本构件钢筋重：57.257Kg			
构件位置：〈2+11350, A-625〉；〈2+11350, A-6625〉；〈2+15850, A-6625〉；〈2+21150, A-625〉；〈2+21150, A-6625〉；〈2+25850, A-625〉；〈2+25850, A-6625〉；〈2+31350, A-625〉；〈2+31350, A-6625〉；〈2+15850, A-625〉									
钢筋	Φ	14	1820	1900-40-40	26	260	1.82	473.2	572.572
构件名称：DJ-1a[1456]				构件数量：3		本构件钢筋重：93.388Kg			
构件位置：〈2+36950, A-725〉；〈2+7350, A-725〉；〈2+7350, A-6525〉									
钢筋	Φ	14	2420	2500-40-40	4	12	2.42	29.04	35.138
钢筋	Φ	14	2250	0.9*2500	30	90	2.25	202.5	245.025
构件名称：DJ-3[1462]				构件数量：1		本构件钢筋重：114.593Kg			
构件位置：〈2+37225, A-6525〉									
横向底筋.1	Φ	14	2970	3050-40-40	2	2	2.97	5.94	7.187
横向底筋.2	Φ	14	2745	0.9*3050	15	15	2.745	41.175	49.822
纵向底筋.1	Φ	14	2420	2500-40-40	2	2	2.42	4.84	5.856

图 3-27　钢筋明细表

分部分项工程量清单

工程名称：沙湾城北110千伏变电站　　　　　　　　　　　　　　填表人：

序号	项目编码	项目名称	项目特征	计量单位	工程量	工程内容	单位	数量	备注
		主要生产工程			500.25				
		主要生产建筑			500.25				
		配电装置室			500.25				
	BT1406	35kV配电装置室	建筑面积：	m2	500.25				
			建筑体积：	m3					
1	BT1406G22001	普通钢筋	1.钢筋种类、规格：Φ10以内	t	3.763				
2	BT1406G22002	普通钢筋	1.钢筋种类、规格：Φ10以外	t	8.273				
3	BT1406B12001	独立基础		m3	21.792				
4	BT1406C11001	地面整体面层		m2	155.813				
5	BT1406C15001	室外坡道、散水		m2	44.48				
6	BT1406D24001	天棚抹灰		m2	214.59				
7	BT1406E13001	砌体外墙		m3	54.366				
8	BT1406G13001	钢筋混凝土柱		m3	11.311				
9	BT1406G15001	钢筋混凝土梁		m3	15.165				
10	BT1406G19001	钢筋混凝土板		m3	14.297				

图 3-28　工程量清单

2. 土建模块

土建模块是电力算量软件中解决土建工程中混凝土、模板、土方等工程量计算专用的模块。我们可以在该模块中进行三维建模、CAD识别、做法套用等方式进行建模、算量、汇总等工作。

土建模块的构件绘制流程基本上和钢筋模块的绘制流程一致，有一点不同的地方在于，土建模块在定义构件时可在定义界面直接套用做法，将构件对应的清单项和定额项套取出来，汇总出量时，可按照清单量或定额量分别汇总，同时也可将电力算量工程导入到电力计价软件中，这样在计价软件中就可以不用再套取清单、定额项，直接调差、取费即可汇总工程总造价。

由于工程需要，我们在钢筋模块中绘制过一些构件，如结构构件（柱、梁、板等），如果在土建模块再绘制一次会很麻烦，并且会产生重复工作。在土建模块和钢筋模块中都有模型同步的工程，可将另一模块绘制的构件快速同步过来，无需再绘制一次，避免重复工作。

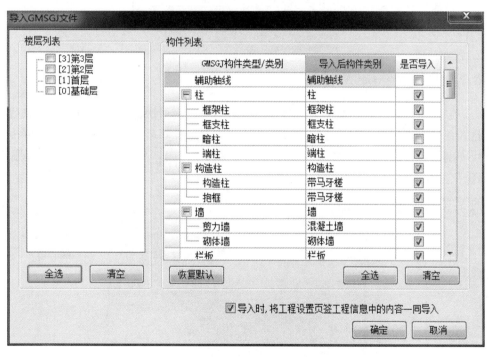

图 3-29 同步构件

装修系列构件不同于其他构件，其主要特点是装修构件不能独立存在，需要依附在墙、板等构件之上。装修分内装修和外装修两部分，外装修主要以外墙装修为主；内装修主要有楼地面、踢脚、墙裙、墙面、天棚、吊顶、独立柱装修、单梁装修等。下面依次来介绍一下装修的操作流程。

（1）外装修：绘制外墙装修之前必须要注意先绘制外墙构件，这样外墙装修才能绘制成功。

新建外墙装修：模块导航栏中切换至墙面构件，新建外墙装修。

第3章 电力工程 BIM 造价

图 3-30 新建外墙面

（2）定义构件：在定义界面给出装修厚度之后可在套做法界面查找相关的清单项和定额子目，并给出工程量代码。工程量代码的作用是汇总计算后清单或定额工程量可按照工程量代码出量，比如在清单项选择"墙面抹灰面积"代码，汇总计算后清单工程量即为"墙面抹灰面积"。

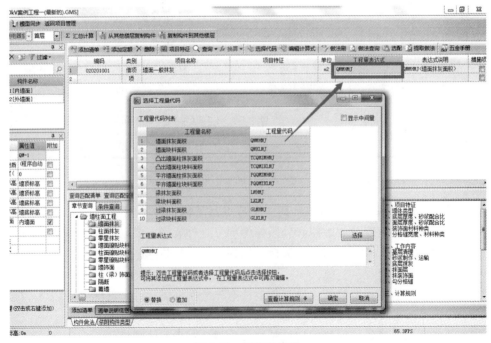

图 3-31 工程量代码

(3) 绘制构件：外墙面装修构件时点式构件，绘制时找到相对的墙体及方向点画至墙体即可。

(4) 内装修：绘制内装修时有两种方式，一种是分别定义楼地面、墙面、踢脚墙裙等构件依次绘制；另一种方式是定义一个房间构件，将楼地面、墙面装修等构件组合至房间构件中，然后将房间构件绘制到工程中即可。两种方式后者在绘制多个规格的房间装修时比较方便、实用。前者的绘制方式跟外墙装修类似，在这里就不给大家介绍了，重点给大家介绍一下房间装修的绘制方法。

1) 新建构件：切换至房间界面后新建房间构件；

2) 定义构件：在定义房间的界面的右侧可以新建或者添加楼地面、墙面构件，通过这种方式就可以将装修构件组合进房间构件中，这样一个完整的房间构件就定义完成了；

3) 绘制构件：房间构件为点式构件，点画即可。但是需要注意的是，房间构件需要依附在由墙围成的封闭区域中，只有这样才能绘制成功。

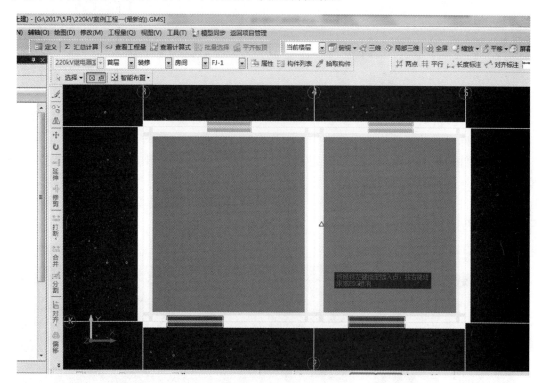

图 3-32　房间构件

(5) 电缆沟

电缆沟是变电站工程中比较常见的构筑物之一，在软件中我们把电缆沟分成室内电缆沟和室外电缆沟两类。

1) 室内电缆沟：室内电缆沟需要依附在自定义独立基础构件上才能绘制，因此需要注意绘制室内电缆沟时所在的基础构件应用自定义独立基础单元进行绘制。

新建构件：切换至室内电缆沟构件新建室内电缆沟。

定义构件：给出电缆沟的宽度和深度即可，然后套取相关做法。

绘制构件：室内电缆沟为线式构件，可用直线功能绘制。

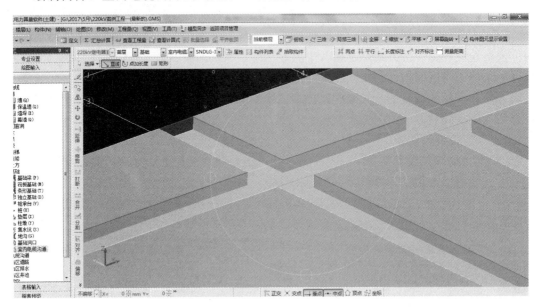

图 3-33 室内电缆沟

2) 室外电缆沟：相比室内电缆沟，室外电缆沟复杂许多，材质、结构形式多样，环境复杂，特殊形式及节点构造也比室内电缆沟多。

新建构件：切换至电缆沟界面新建参数化电缆沟，此时会弹出电缆沟参数图，选择与实际工程对应的电缆沟形式进行新建。

定义构件：选择与实际工程相符的参数化电缆沟构件，修改参数图中绿颜色字体的数字信息，按实际工程的尺寸调整。

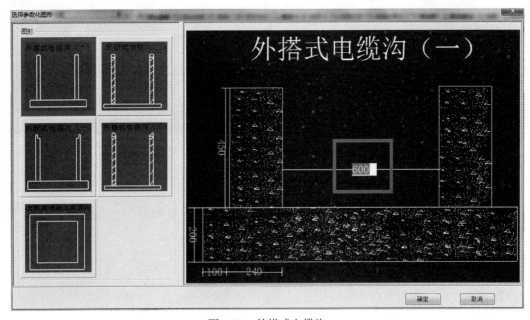

图 3-34 外搭式电缆沟

绘制构件：电缆沟构件是线式构件，可用画线的方法绘制。

电缆沟构件在实际工程会有很多特殊的节点构造，常见的有过路下沉和拐角的节点设置。接下来介绍这两种特殊节点在软件中是如何处理的。

首先电缆沟一般都比较长，沿途经过道路时，电缆沟要在经过道路的部分作下沉处理，避免与道路直接相交。在软件中，按照实际工程绘制三段电缆沟，然后点击"设置过路下沉"，选择两段标高不一致的电缆沟，此时会弹出节点图的对话框，按照实际工程给出节点的相关参数即可生成过路下沉的节点。

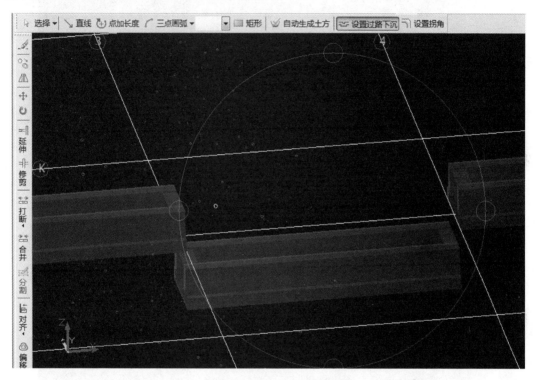

图 3-35　设置过路下沉一

为了保护电缆沟内的电缆不受损坏，在电缆沟拐角处也会有特殊的节点构造。在软件中电缆沟出现拐角后就可应用"设置拐角"的功能，根据实际工程的参数调整拐角处的节点尺寸。

（6）站区排水及站区井池

在变电站工程中，站区排水系统及站区井池的目的都是为了收集废物并集中排除站区的设施。接下来给大家介绍一下绘制站区排水及站区井池的操作流程。

站区排水：站区排水不是单独的某一个构件，而是一套系统，里面包括管道、检查井、进水口等构件构成的。检查井的结构一般都很复杂，软件内置了标准的检查井图集。根据实际工程的需要直接查询图集，修改内置图集的参数即可快速建立检查井构件。管道构件在定义时也可选择与实际工程相符的管基，同样的，管基图集我们也内置到软件中。将相应构件绘制完成后，再根据实际工程情况调整管的坡度、连接形式等，最终绘制完成站区排水系统的绘制。

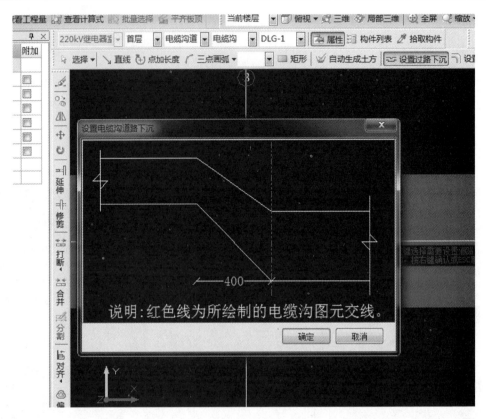

图 3-36 设置过路下沉二

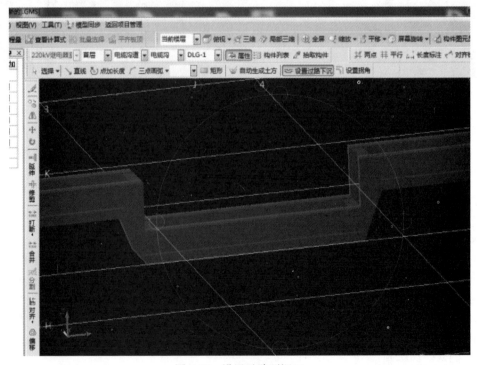

图 3-37 设置过路下沉三

3.1 广联达 BIM 电力算量软件

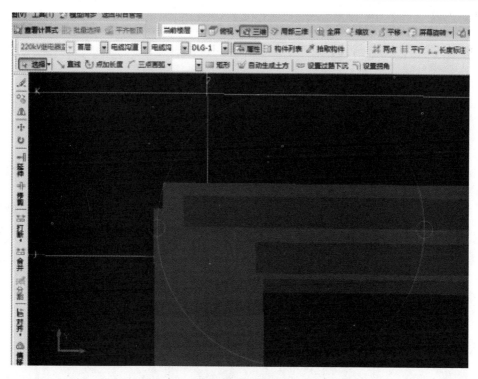

图 3-38 设置拐角一

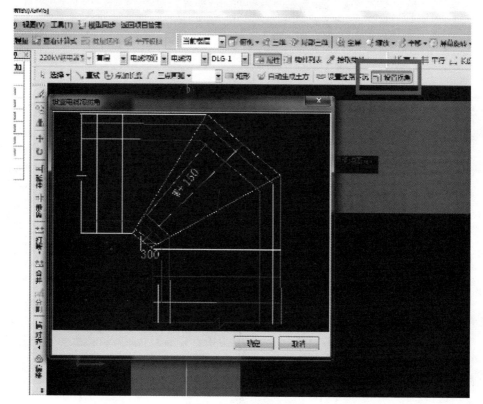

图 3-39 设置拐角二

第3章 电力工程 BIM 造价

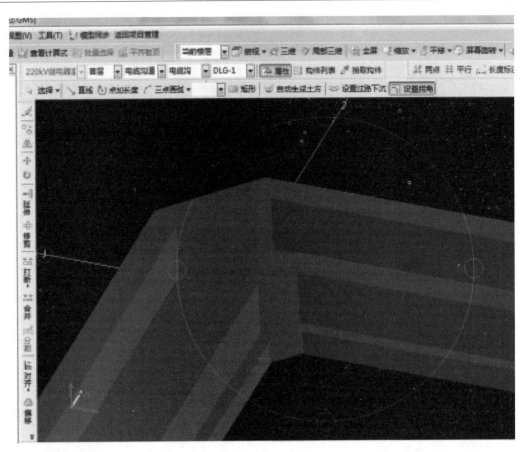

图 3-40　设置拐角三

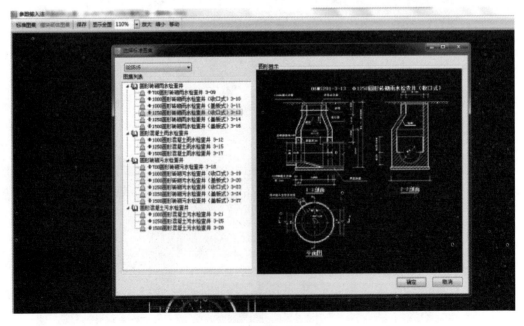

图 3-41　排水系统一

3.1 广联达 BIM 电力算量软件

图 3-42 排水系统二

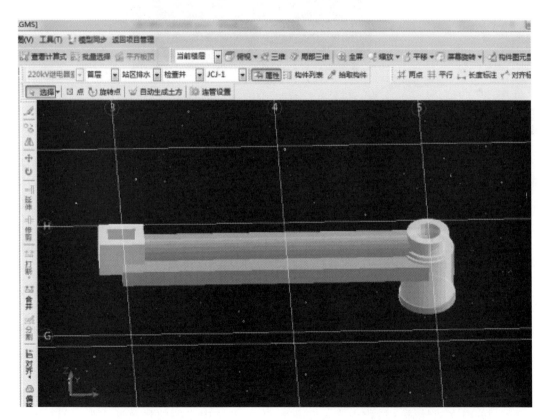

图 3-43 排水系统三

第3章 电力工程 BIM 造价

（7）站区道路

站区道路在软件中主要的处理方式是 CAD 图的识别。CAD 识别也是软件建模的一种重要的方式，接下来给大家介绍下 CAD 识别站区道路的操作流程以及注意事项。

操作流程：导入 CAD 图纸→新建路面构件→识别路面结构层→识别路面→绘制路缘石。

导入 CAD 图纸：切换到 CAD 草图界面，右侧图纸管理界面中点击添加图纸，将图纸导入到软件中。

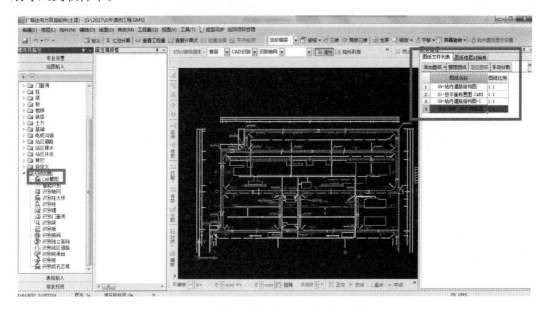

图 3-44　导入 CAD 图纸

1）新建路面构件：切换到站区道路界面新建路面。

2）识别路面结构层：找到显示图面结构层的图纸，切换到识别站区道路的界面，点击识别结构层，框选图纸中的结构层信息，右键确定，此时弹出定义结构层对话框，在对话框中确认导入的信息是否有误并将结构层厚度添加上去，点击确定，完成路面结构层的定义。

3）识别路面：识别路面是需要用到"内部点识别"的功能，将光标移动到需要识别的 CAD 线围城的封闭区域内，点击左键选择区域即可完成路面的识别。

4）绘制路缘石：识别完路面后即可新建路缘石构件，在新建路缘石构件时，软件会弹出路缘石的参数图，根据实际工程情况修改路缘石的参数即可完成路缘石的定义。绘制路缘石的方法比较简单，利用"自动生成路缘石"的工程点击路面边线，选中后路面边线会变成蓝颜色，然后右键确认，路缘石构件就绘制完成了。

3. 安装模块

安装模块是解决建筑工程中的给排水、采暖、通风空调、电气、消防、智控弱电等专业的模型的建立及计算（俗称小安装专业）。安装模块中主要的建模形式为 CAD 识别，即将 CAD 图纸导入到软件中进行识别，最终建模汇总计算的一种方式。

CAD 识别建模是电力算量软件中比较常用的一种建模方式，主要依托 CAD 图纸的导

3.1 广联达 BIM 电力算量软件

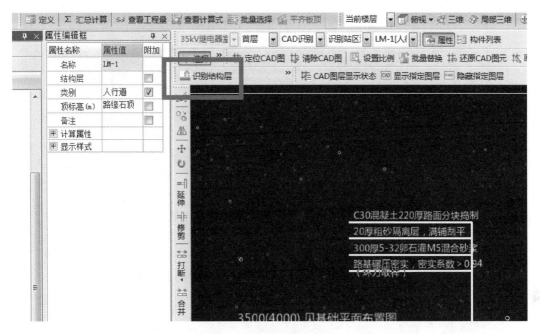

图 3-45 识别结构层

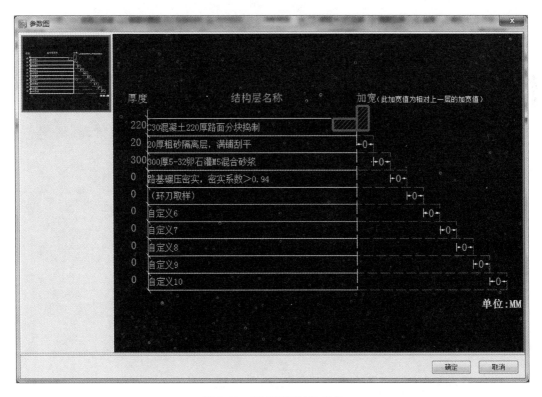

图 3-46 完成路面结构定义

第3章 电力工程 BIM 造价

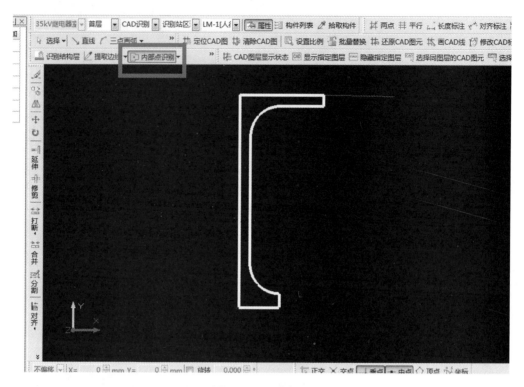

图 3-47 识别路面

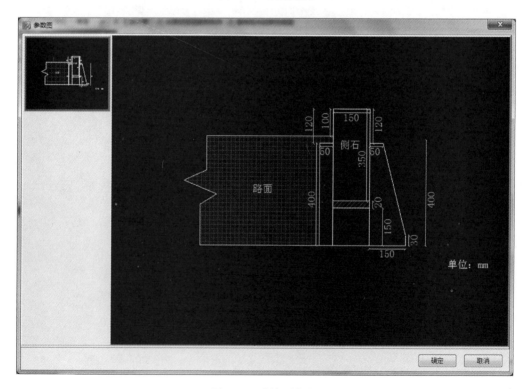

图 3-48 路缘石定义

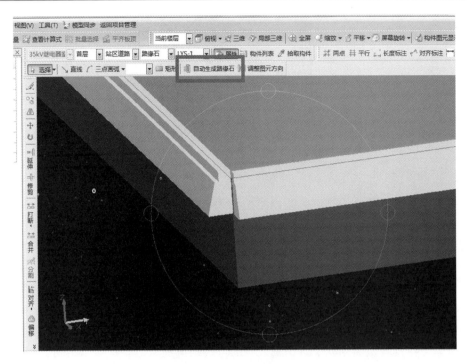

图 3-49 自动生成路缘石

入,将二维图纸进行一系列识别等操作后,形成三维模型最终算量、汇总。主要流程如下:导入 CAD 图→识别 CAD 图→生成构件→汇总报表。

导入 CAD 图时,切换到 CAD 草图界面点击【导入 CAD 图】按钮将 CAD 图纸导入软件中,也可利用插入 CAD 图的功能继续导入图纸并调整。有些图纸比例不一致时可在导入时弹出的比例设置中修改。也可以先将 CAD 图纸导入后,点击设置比例功能来调整图纸比例,最终使 CAD 图纸的比例达到要求。识别 CAD 图、生成构件、汇总报表这三部分内容由于不同的专业和构件有不同的操作,因此我们会在各专业介绍里详细讲解。

图 3-50 导入 CAD 图

图 3-51 原图比例

3.1.3 给排水专业

给排水专业主要解决的是站区室内给排水系统的工程量计算，主要构件为卫生器具、相关设备、管道、阀门法兰、管道附件等。其中卫生器具、设备、阀门法兰、管道附件等构件需计算个数，管道需要计算长度。在软件中，我们可将 CAD 图纸导入后按照软件构件列表上的顺序一次识别即可。

1. 卫生器具：识别卫生器具时比较重要的功能是图例识别，点击图例识别后点击需要识别的卫生器具构件，右键结束后弹出新建窗口，在窗口中新建卫生器具构件，根据实际工程信息定义卫生器具构件，定义完成后，软件会提示你识别出的同类卫生器具的个数，此时卫生器具就识别完成了。识别设备的方式跟识别卫生器具操作相同。

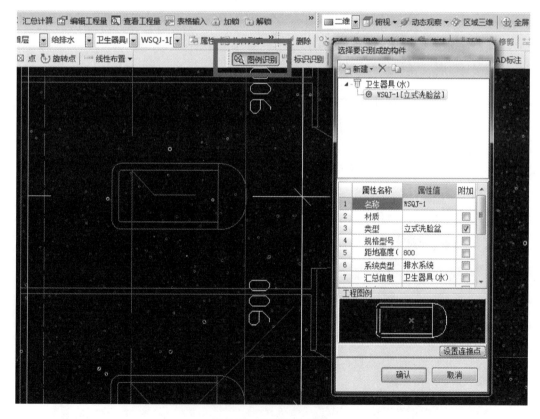

图 3-52 识别卫生器具

2. 管道：识别管道时常用的功能是选择识别和选择识别立管等功能，识别流程与识别卫生器具的流程一致，触发功能后选择要识别的 CAD 线条，右键确认弹出新建窗口，新建管道构件并根据实际工程信息定义构件，确定后，管道构件即可生成。识别立管操作与横管一致，需要主要立管的标高信息与实际工程对应即可。

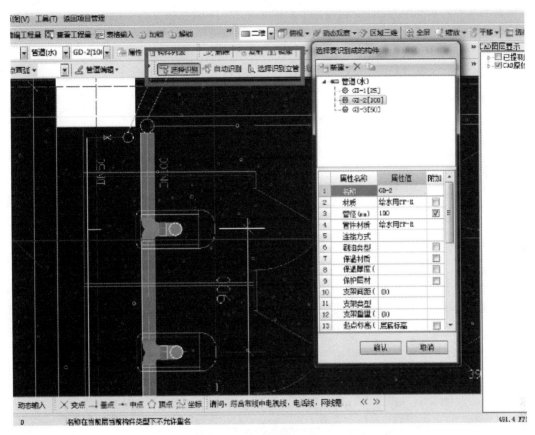

图 3-53　管道识别

3. 阀门法兰、管道附件：识别阀门法兰和管道附件的操作方式与识别卫生器具的操作流程一致，但是需要注意的是阀门法兰和管道附件是依附在管道上的，没有管道构件这些构件也无法存在。

图 3-54　阀门法兰管道附件识别

3.1.4 电气专业介绍

电气专业主要处理的是建筑工程中的照明系统、电气设备系统等设备、器具、线缆的工程量的计算。识别顺序可按照构件列表中的顺序依次识别即可。

1. 照明灯具：识别照明灯具时可用图例识别和标识识别两个功能来进行识别。带标识的灯具可用标识识别的功能，不带标识则可用图例识别。选中 CAD 图后新建灯具构件，根据实际工程的信息定义灯具构件，点击确定后生成灯具构件，并汇总同类构件数量。

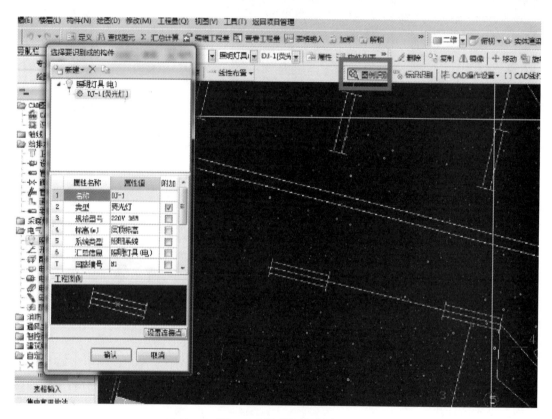

图 3-55 照明灯具识别

2. 开关插座：操作同照明灯具
3. 配电箱柜：操作同照明灯具
4. 电线导管、电缆导管：识别线缆时主要通过回路识别、回路标识识别、回路自动识别三种方式来进行识别。回路识别：根据从配电箱引出的线缆图软件可自动寻找回路，根据回路来进行快速识别。回路标识识别：有些 CAD 图中回路信息会标注在回路图旁边，我们可以用回路标识识别选中回路标识信息以及 CAD 线，便可快速将各个回路一次识出来。

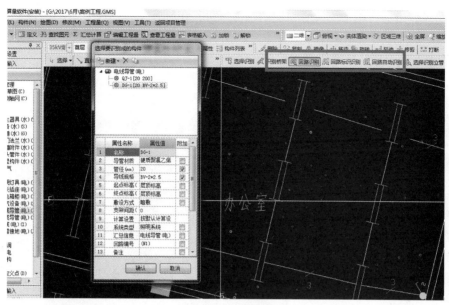

图 3-56　线缆识别

3.1.5　通风空调专业

通风空调专业中主要构件有通风设备、通风管道、风管部件、通头等。按照构件列表中的顺序依次识别即可。

1. 通风设备：主要通过图例识别和标识识别两种方式来识别，CAD 图中的设备如果带标识即可用标识识别，没有标识则可用图例识别。

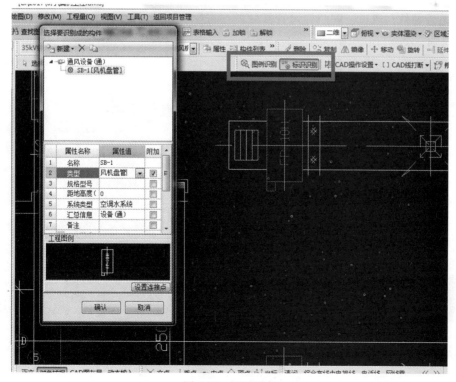

图 3-57　通风设备

2. 通风管道：可用系统编号识别的功能来进行识别，选择通风管道的两段 CAD 线再选择标识，软件即可快速识别通风管道。再用识别通头的功能，选中需要生成通头若干根链接的管道，右键确认，通头即可生成。

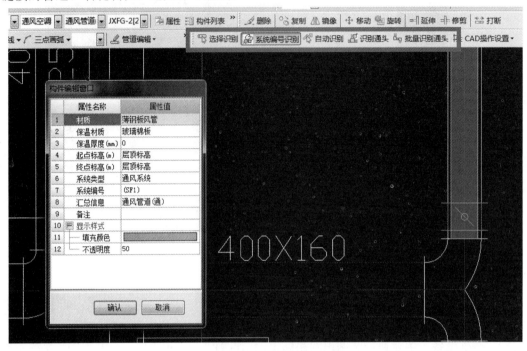

图 3-58　通风管道

3. 风管部件：风口、阀门等风管部件需要依附在通风管道上，必须要识别通风管道后才能识别此类构件，识别操作流程与识别通风设备一致。

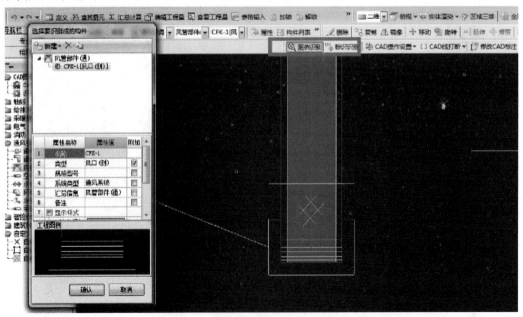

图 3-59　风管部件

3.1.6 消防专业

消防喷淋专业中主要构件有消防栓、喷头、管道、配电箱柜、线缆等。喷淋部分在软件中处理方式比较独特，在这里单独介绍一下喷淋部分的处理方式。

1. 喷头：可用图例识别快速识别并汇总个数。
2. 管道：喷淋系统中的管道根数很多，如果用选择识别的功能识别管道，根数较多，识别时间较长，此时我们可用标识识别的功能识别喷淋管道，点击标识识别，选择管道以及对应管道的标识，右键确定，弹出选择管道的窗口，在此窗口中可选对应的横管以及短立管构件信息，如果之前没有定义管道构件，可点击"小三点"按钮进入新建窗口依次新建管道构件，新建完成后点击确定，返回选择管道界面，再次点击确定，所有同类型的带相同标识的管道会一次全部生成。依次识别后即可快速将喷淋管道识别完成。

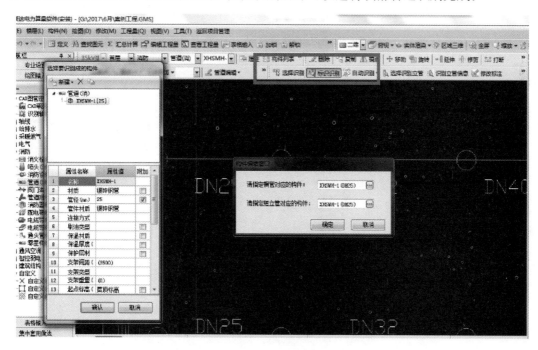

图 3-60 消防设施

3.1.7 安装专业

电力算量软件中的安装专业目前能解决安装工程（俗称大安装）中电气设备、线缆的工程量。主要的操作方式以 CAD 识别为主。新建工程和新建项目划分的操作流程同土建专业。

1. 导入图纸：点击"图纸管理"→"添加图纸"，将设备材料表导入软件中。
2. 识别材料表

点击"识别材料表"，框选材料表里的内容，右键确定后弹出选择对应列窗口，调整每列内容，将每列表头与导入内容依次对应。确认无误后将多余的行与列删除，最后点击确定，材料表识别完毕。

第 3 章 电力工程 BIM 造价

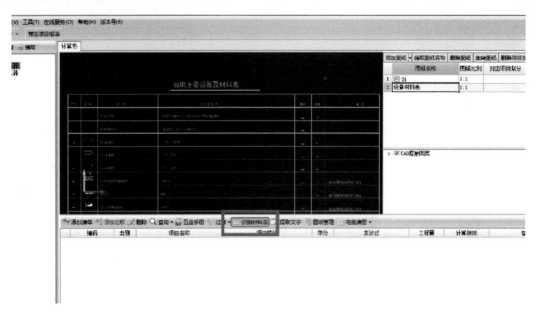

图 3-61 识别材料表

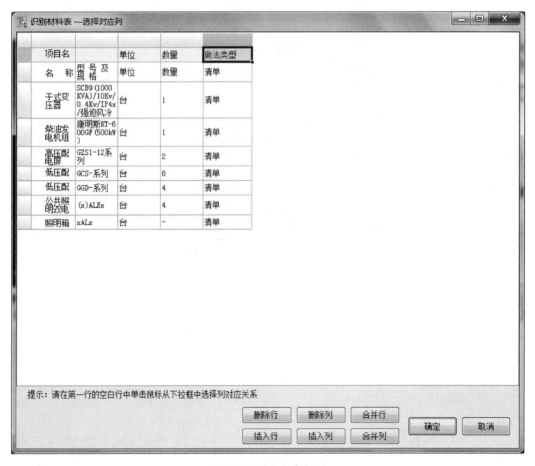

图 3-62 删除多余行列

3. 识别电缆清册

点击"导入电缆清册"按钮，选择电缆清册后可选择按电缆型号及界面汇总和按电缆头个数汇总两种方式，软件可根据这两种方式汇总电缆工程量。

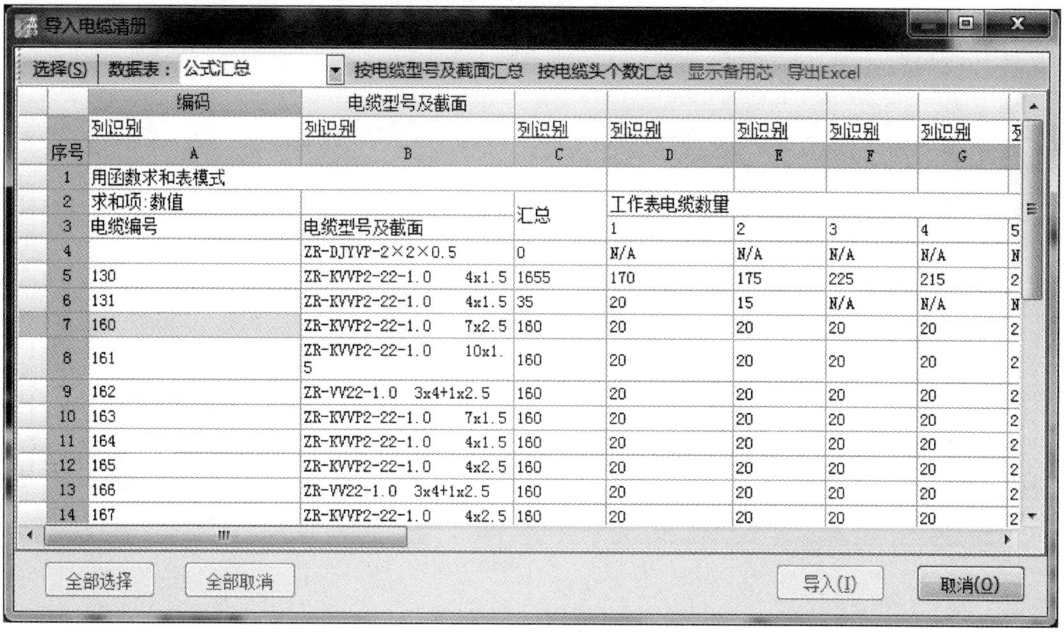

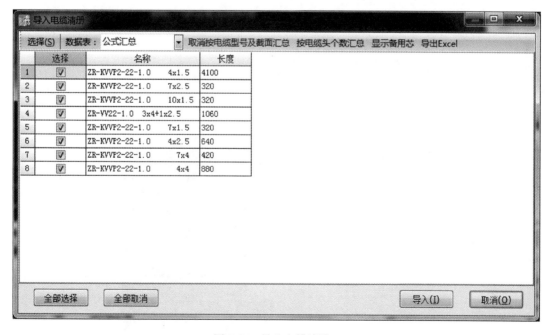

图 3-63　导入电缆清册一

图 3-64　导入电缆清册二

4. 导出算量

在实际工程中经常会遇到如下情况：招投标阶段时用的是概算定额的计算规则，而施

第 3 章 电力工程 BIM 造价

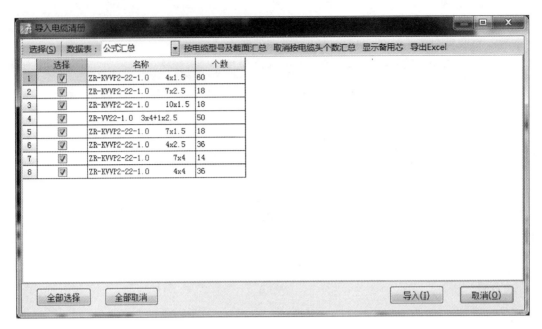

图 3-65 导入电缆清册三

工阶段时要用预算定额的计算规则。虽然是同一个工程，但是由于计算规则不同，就需要分别编制不同的计算书。在软件中可以用导出算量工程的功能来解决这个问题，只需要用该功能将工程导出，重新选择计算规则，就能达到一个模型多种计算结果。无需多次建模，大大提高工作效率。

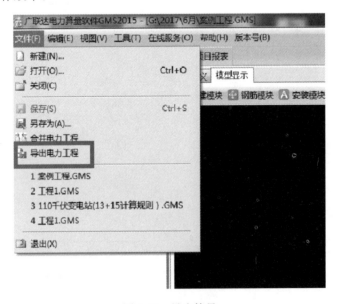

图 3-66 导出算量

3.2 广联达电力计价软件

广联达电力工程计价软件 GDL 2012 是为从事电力行业工程造价预算人员开发的工具软件,它以整个电力造价行业业务为核心,涵盖火电、变电、送电、电网改造、维修、风电等专业,支持电力行业清单计价和定额计价两种模式,内置各类调差文件、全国各地不同期装置性材料价格。产品专业性强、操作灵活,业务符合度高,可大幅度提高工作效率,可帮助造价人员快速完成设计概算、招投标、施工图预算、竣工结算等编制工作。计价软件的操作流程如下:新建工程→组价→调差→取费处理→报表。

3.2.1 新建工程

双击"广联达电力计价软件 GDL 2012"图标打开软件,弹出新建窗口后可选择计价模式,若是清单计价,可以选择招标或者投标。定额计价选择概算或者预算。左侧模块选择时可根据专业选择相关专业模块。最后可选择想要的清单库和定额库。选择完毕后点击下一步,接下来显示的界面是新建项目划分,按照实际工程需要勾选项目划分即可,点击确定,完成新建工程。

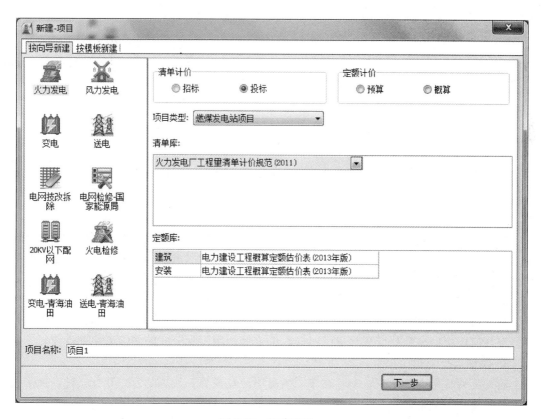

图 3-67 新建项目一

第3章 电力工程BIM造价

图 3-68　新建项目二

3.2.2　组价

在组价时需要做的流程如下：输入清单、定额→计算工程量→换算→填写装材、设备价格。

1. 输入清单、定额

在输入清单项或者定额子目时可在编码一栏输入，输入方式有三种，直接输入、查询输入和模糊查询三种方式。其中比较常用的是查询输入。双击编码栏弹出查询对话框，可在查询对话框中搜索想要的清单或定额。

2. 计算工程量

输入清单定额后再填写工程量，工程量可直接输入，也可输入工程表达式。另外，需要计算几何模型的体积、面积等量的时候，可直接利用图元公式的功能来快速计算。

3. 换算

输入工程量后有些清单、定额在不同情况下涉及换算，换算的方式共分三种，标准换算、配比换算、批量换算。标准换算是指某条定额子目，定额的编制水平为综合水平，对于某种施工的工序或者材料的规格是综合考虑，如果出现与定额不同时，有些允许换算的，一般都会在定额章节中有说明。上述情况可用标准换算处理。配比换算在组价过程中也是经常遇到的情况。软件在处理这类定额子目时，都内置了配合比材料供选择，按照实际工程选择相应的配合比材料即可。批量换算是指定额子目中的人工、材料、机械根据实际工程情况乘相关系数；材料、机械替换、修改等；同时，所有的换算信息也可以取消，保障数据准确。

4. 装材和设备价格

软件内置了装置性材料价格，可直接查询。设备费不仅需要考虑设备原价，还要计算设备运杂费。软件内置了设备费计算器，可快速计算设备费。

5. 调差

调差的方式主要有两种，一种是按文件调差，一种是按照市场价调差。电力定额站每年都会更新相关调差文件，文件中大多给出相关的调整系数。软件内置了调整文件，可直接载入文件中的调整系数，快速调差。另一种按市场价调差的方式则是通过查询市场价信息，将市场价填入进行调差。

6. 取费

取费部分内容比较简单，找到相关的取费模板直接对费用项调整系数即可。当修改费用项时要注意五个要点：①增加费用项：把需要添加的费用项增加到费用模板中，增加时，注意增加的位置，这5项费用都是社会保障费的明细费用项，所以要增加到社会保障费的下面；②填写费用代号：费用代号是费用计取时，取费基数编辑时需要用到，所以一定要填写，填写的时候，和社会保障费表示的最好是有联系的，比如F11~F15；③费用类别必须设置，它会影响到费用汇总的正确性；④费率及取费基数设置时，要注意是当地的规定的费率；⑤最后，输出标记要检查一下，打勾状态时，才能确保在报表中显示这些费用项。

7. 报表

取费完成后，可切换至报表界面将报表导出或打印。最后整个工程造价最终生成。

8. 其他

（1）导入工程：投标时一份完整的标书要由多个不同专业的预算员完成，这时就需要不同专业的人员将自己的工程合并成一个项目文件，可用导入工程的功能进行合并。

（2）导入工程造价：投标时间紧急，为了提高竞争力需要快速调整工程造价，可用软件中的调整工程造价的功能，可通过快速调差、调整管理费、利润的费率等方式，快速调整工程造价。

※ 本节知识点练习

一、填空题

1. GDL 2012 电力计价软件涵盖了_____个业务模块，分别为：_____、_____、_____、_____、_____、_____、_____、_____。

2. 电力计价软件中火电模块适用于单机容量_____的_____工程、_____工程。

3. 电力计价软件中变站模块适用于_____变电站工程，_____及以下换流站、串补站工程。

4. 电力计价软件中送电模块适用于_____输电工程。20kV及以下的电网基建工程使用_____模块。

5. 变电站和输电线路工程的技改检修工程应执行_____和_____模块。

6. GDL 2012电力计价软件定额计价模式下，软件的取费方式分为：_____和_____。电力概、预算常规工程编制时的取费方式为：_____（也就是软件默认的取费方式）；在火电概算模式投标或某个分项工程测算时，需要计算每个子目的综合单价时应采用_____方式。

7. 发电、变电建筑工程中，用户使用概算定额编制概算，该定额中混凝土是按现场集中制备考虑的，如混凝土施工采用现场制备（搅拌）时，每制备1m³混凝土减少9.8元施工费用，其中：机械费减少18.4元，人工费增加8.6元。请问软件中_____功能可快速计算，计算后软件提供的混凝土增加费的生成方式分为_____、_____、_____三种（该三种方式是根据各电力单位的不同操作方式设置）。

8. 发电、变电、送电、风电工程中的直接工程费由_____、_____、_____、_____组成。

9. 电力定额计价模式下，左侧界面导航栏由_____、_____、_____、_____组成；清单计价模式下，左侧界面导航栏由_____、_____、_____、_____、_____、_____组成。

10. 2013电力概算定额中的混凝土子目中均不包括钢筋费用，应按照钢筋定额子目单独计算，但混凝土子目中有相应钢筋的含量，该含量为参考用量，软件在预算书界面增加了"钢筋参考用量"列，统计了子目中的钢筋用量，软件自动套用钢筋制安定额子目应执行_____功能，钢筋子目计算统计范围由_____、_____两种可选择；定额计价中生成钢筋子目的生成方式由_____、_____。

11. 电力安装工程中人材机调差按系数的调整方式调差，在软件中应执行_____功能。

12. 风电模块的组价方式为_____。

13. 架空线路工程中，定额模式下软件提供的快速组价功能，该功能为_____。

二、选择题

1. 用户购买电力软件，所做工程为发电工程，那他最有可能有意向购买下列哪些模块？
   A. 火电 B. 变电
   C. 送电 D. 配网

2. 用户购买电力软件，所做工程电压等级最高为20kV，那他最有可能有意向购买下列哪些模块？
   A. 火电 B. 变电
   C. 送电 D. 配网

3. 客户是××电力建设公司的，那他最有可能购买下列哪些产品？
   A. 火电、风电 B. 送电、变电
   C. 技改、检修 D. 火电、配网

4. 客户是××能源公司，那他最有可能购买下列哪些产品？
   A. 风电 B. 送电、变电
   C. 技改、检修 D. 火电、配网

5. 用户做的工程为单机容量为 36MW 的燃气-蒸汽联合循环电厂,那么应该销售给用户哪个模块?
   A. 风电   B. 送电、变电
   C. 技改、检修   D. 火电

6. 用户做的工程为换流站工程,应该销售给用户哪个模块?
   A. 风电   B. 变电
   C. 送电   D. 火电

7. 下列哪些模块只有定额计价,没有清单计价?
   A. 火电   B. 配网
   C. 电网技改拆除   D. 风电

8. 一次性费用、成品构件费在 GDl2012 中如何实现?
   A. 【补充】功能下设置了对应按钮
   B. 通过分包费功能实现
   C. 通过修改取费方式及取费文件实现
   D. 在其他费用界面实现

9. 用户输入了主材价格,需要取价差,但是软件无法修改,是下列哪些原因?
   A. 预算书属性相关设置不正确
   B. 主材本身就不让记取价差
   C. 用户没有输入主材预算价
   D. 主材为子目下主材

10. 电力 2012 中,下列哪个模块只支持做概算?
    A. 送电   B. 风电
    C. 变电   D. 配网

三、选择题

1. GDL 2012 在导入 excel 功能上改进了哪些地方?
   A. 支持导入主材识别   B. 支持导入设备的识别
   C. 支持按单位工程(分部)导入   D. 支持项目上的导入

2. GDL 2012 对人材机按文件调差做了很大的优化,具体体现在?
   A. 人工、材机调整在一个界面执行
   B. 完善了各期文件,并可在功能界面进行喧杂
   C. 能实时看到调整的价差
   D. 没有分部不能进行调整

3. GDL2012 对【调整工程造价】功能做了改进,使之更贴近用户实际工作场景,下列哪些表述是正确的?
   A. 使用该功能可以统一调整人材机价格
   B. 使用该功能可以统一调整管理费、利润
   C. 该功能可以支持手动调整
   D. 该功能可以支持自动调整

4. GDL 2012 对【地形增加费】功能做了优化,具体体现在

A. 整合了功能位置，对地形比例和功能执行在一个界面操作
B. 修改了生成子目单位，由"元"更改为"‰"
C. 与工程算量功能相结合
D. 在工程概况界面增加了地形比例设置窗口

5. 电网材机系数调整系数与那些因素有关？
A. 地区　　　　　　　　　　B. 工程类别
C. 电压等级　　　　　　　　D. 工程规模

6. GDL 2012 在主窗口【政策文件】中提供了各种文件的查询窗口，下列哪些文档在这个界面可以查看？
A. 定额章节说明　　　　　　B. 定额勘误
C. 计价文件　　　　　　　　D. 帮助文档

7. GDL 2012 风电模块中，包含
A. 风电 2007 概算　　　　　B. 陆上风电
C. 海上风电　　　　　　　　D. 帮助文档

8. 电力曾经有过哪些产品？
A. GDL8.0　　　　　　　　　B. GBG 8.0
C. GDL2009　　　　　　　　 D. GDL2012

9. 对于概算其他费用的计算，下列那些费用软件设置了计算器？
A. 工程建设管理费　　　　　B. 工程建设监理费
C. 设计费　　　　　　　　　D. 生产准备费

10. 下列哪些方式可以设置软件的默认项目划分
A. 在新建向导窗口进行勾选
B. 通过载入标准项进行修改
C. 在软件左侧导航树窗口进行修改
D. 在软件预算书编辑窗口进行修改

答案：

一、填空题

1. 八　火电　变电　送电　电网技改拆除　电网检修　20kV 以下配电　风电　火电检修

2. 50～1000MW 级机组　火力发电　燃气—蒸汽联合（或单）循环发电

3. 35～1000kV　±800kV

4. 35～1000kV　20kV 配电网

5. 电网技改拆除　电网检修

6. 分部取费　子目取费　分部取费　子目取费

7. 混凝土增加费　原子目上换算　单独生成子目　取费文件中设置

8. 人工费　材料费　装置材料费　机械使用费

9. 项目信息　建筑工程　安装工程　其他费用　项目汇总　报表输出　项目信息　建筑工程　安装工程　措施项目　其他费用　项目汇总　报表输出

10. 生成钢筋子目　整个项目　当前分部　合并显示定额子目　逐条显示定额子目

11. 按文件调差
12. 市场价组价
13. 统计工程算量

二、选择题
1. A 2. D 3. A 4. A 5. D 6. B 7. C 8. A 9. A 10. B

三、选择题
1. ABC 2. ABC 3. ABCD 4. ABC 5. ABC 6. ABC 7. ABC 8. ACD 9. ABC
10. ACD

第 4 章 电力工程 BIM 施工

BIM 是一个信息创建和使用的过程。三维 BIM 模型是一个载体,在项目全生命周期当中不同的阶段这个载体承载了不同的信息,从而帮助用户实现在不同阶段从不同维度来使用这些信息并创造价值,为不同业务场景下提供应用支持。我们可以认为在整个项目周期中主要存在三个 BIM 信息模型:①设计模型:在设计阶段创建的模型,通过参数化建模和协同设计手段实现对设计效率和质量的提升;②施工模型:复用设计模型,整合施工作业和管理所需要的相关业务系统数据,创建施工模型,从施工管理的维度重组这些信息并应用到施工生产当中去;③数据模型:也就是是我们常说的运维模型。它是以工程编码为纽带,工艺系统、设备、装置性材料等为基本单元,有机关联各相关数据、信息、图纸、资料和三维模型等工程内容,伴随建设过程动态生长的工程内容数据库。数据模型应包含工程文档之间的关联,构建工程数据之间的关联,构建工程文档与工程数据之间的关联,建设全工程项目范围的工程数据仓库,支持工程数字化移交和运维管理。

本章主要讨论如何在施工阶段,复用设计模型,并在其基础上扩展施工相关数据为施工的作业和管理提供技术帮助。

(1) 设计模型的施工应用

目前很多用户希望能够发掘更多的 BIM 设计模型的价值,其中一点就是将其传递到施工阶段为施工服务,但设计和施工管理的维度不一样导致需求存在差异,设计模型的模型和信息并不能直接用于施工业务当中提供增值服务。施工应用中的需求主要包括:①施工场地前期规划的需求;②施工 4D 进度动态展示和施工状态静态展示。对于设计模型在施工阶段的应用,主要是将施工进度数据、材料采购数据等导入到设计三维模型,实现 4D 进度可视化动态展示以及施工状态的静态监控;③吊装模拟分析。可以利用模型进行吊装模拟的操作,并实现吊装过程的动态碰撞检查,以便对设计方案进行校核,保证设计方案的正确性;④施工多参与方一体化协同工作。

(2) 施工模型的应用和管理

目前施工管理技术手段日新月异,竞争激烈,业主的期望值也在不断提高,而企业利润却在减少。因此预算超支或未达到业务目标的项目所带来的负面影响比以往都要大。与施工相关的大部分风险产生主要原因是项目团队的协作效率较低,审批流程碎片化,手工操作冗长,且受制于现场数据的移动性差,施工资源数据无法有效获取、反馈,导致时间浪费,增加成本,增加安全隐患。Bentley 公司拥有针对项目全生命周期,涵盖施工管理需求的广泛软件产品解决方案。几乎可以应对各种类型的项目,无论项目体量大小、复杂度,都可以做到很好的支持。实现更好地利用设计模型数据,集成人机料法环施工资源数据是指转换为施工模型,在可视化环境下进行高效的施工组织计划创建,指导施工。

4.1 设计模型的施工应用

4.1.1 施工场地前期规划

施工场地规划,涉及多专业多阶段。在项目前期阶段,需要对场地进行勘测,了解地形地貌、景观、交通、水系、植被、建筑、生态、水文、地质、气象以及环境保护等方面的技术资料和参数,了解甲方对项目规划设计的初步设想和要求;在设计阶段,需要了解更为详尽的场地地貌、交通、水系、建筑、地质、水文等信息,根据勘测信息,进行工程对象的设计,并形成图纸资料;在施工阶段,场地规划的内容涉及临水临电临建以及临时道路的布置、场地平整、排水设计、材料与土渣堆放场地布置、现场材料加工厂、混凝土临时搅拌站、大型施工机具布置、施工围挡及场地周边交通导改等,对于分阶段进行的工程,还应考虑不同阶段场地的布置情况。

在进行场地规划的过程中,场地现况地形信息至关重要,关系到规划是否合理是否经济。目前,传统的方式是通过全站仪或者 GPS 获取场地的测量信息,然后借助 CAD 软件,得到场地地形图。鉴于传统方式的局限,在获取场地地形信息的时候,往往会出现如下问题:①测量与进场时间间隔太久,地形现况已发生改变,导致原始地形资料过时;②对于一些较为复杂,或者受限于经济条件,不方便展开测量的场地,地形数据需要较高的成本才可以获得;③限于合同或人为等原因,不能及时得到场地数据;④对于需要经常性定期获取场地地形信息的项目,传统的方式成本较高,耗费较大的人力和物力;⑤传统方式获取的数据,很难形象表示现场的实际景象。

在得到现况地形信息的前提下,传统的场地规划方法是在二维平面上对场地进行规划和布置,由于二维设计的局限性,也会存在以下问题:①传统的二维场地设计,很难快速准确的分析场地挖填数量,无法在经济性上提供充分可靠的依据;②传统的二维场地设计,无法考虑为高程,很难设计出经济合理的地表排水方案,可能会给现场造成经常性小面积给水现象,为工程带来不必要的阻碍;③对于较为复杂的挖填项目,传统二维场地设计方式表达放坡边界及相交位置较为困难,容易出现表达不清,设计意图不明确的情况;④传统的二维场地设计,很难从土方量、地表排水效果等维度对场地方案进行优化和比选;⑤二维场地设计不够形象与直观,不利于施工单位作业。

针对上述问题,需要引入三维建模工具,对传统施工场地规划工作进行调整和梳理,以实现三维信息化场地规划的目标,具体如下:①快速高效地获取场地现况三维模型,模型应包括场地的坐标信息、高程信息、必要的面积和体积信息等,且模型直观形象,便于设计施工人员理解;②利用快速获取的三维场地模型,实现场地三维设计,指导场地规划、场地布置、施工开挖、进度管理等工作;③方便快捷地对三维信息化场地模型进行管理,对上下环节的专业设计与施工人员,实现异地协同工作。

1. 施工场地前期规划关键技术

(1) 实景建模技术

实景建模是一项将现实景象转化为真实三维模型的技术,其实现手段是借助专业的软件工具将照片转化为三维模型。该技术的核心是 Bentley 的 Context Capture 软件,可以将对象的一组照片转化成三维模型,这个模型可以拥有精确的位置信息和尺寸信息,误差可以控制在几个厘米之内。施工场地规划可以利用实景建模技术,快速得到真实可靠的三维场地模型。从而帮助设计施工管理人员了解场地、施工进度等情况。

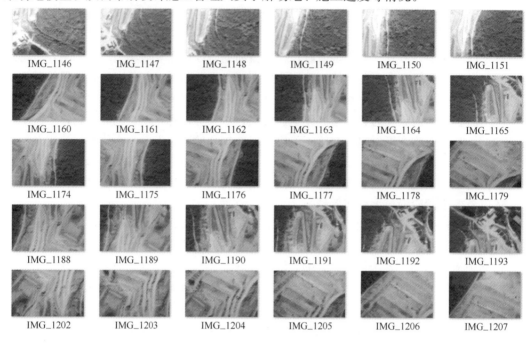

图 4-1 一组场地航拍照片

图 4-2 三维场地模型——视角 1

图 4-3 三维场地模型——视角 2

(2) 场地三维建模技术

场地三维建模技术,即利用现有的场地二维平面图,利用软件手段,将赋予二维平面图形以高程和坡度,从而将二维场地转化三维场地。借助这一技术,可以实现对现场的开挖回填分析、土方量分析、排水分析、场地优化与布置以及碰撞检查分析等。这一技术的核心软件是 Bentley 公司出品的 GeoPAK Site 软件,可以利用现有二维平面 CAD 资源数据,进行三维场地建模。

2. 施工场地前期规划解决方案

(1) 方案的框架

该方案的核心框架由三个层次组成,第一层次场地三维模型的获取,第二层次是场地三维模型的编辑,第三层次是数据的管理与工作协同。每一个层次都有实际应用的场景,

4.1 设计模型的施工应用

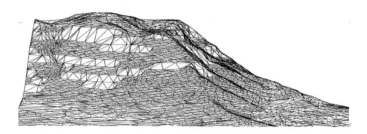

图 4-4 三维场地设计——原始地形

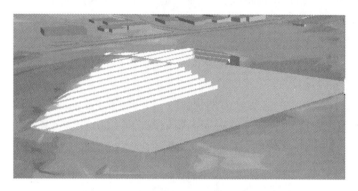

图 4-5 三维场地设计——开挖与放坡

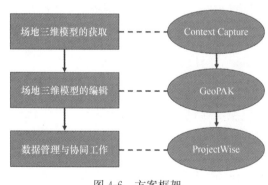

图 4-6 方案框架

三个层次组合起来，构成三维信息化场地规划整体方案。其中，场地三维模型的获取通过 Bentley 的实景建模软件完成，场地三维模型的编辑通过 Bentley 的三维场地设计软件 GeoPAK Site 来实现，数据的管理与工作协同通过 Project Wise 平台来实现。方案的整体框架如图 4-6 所示。

（2）工作流程

场地三维模型的获取

1）在施工现场布置醒目的测量控制点；

2）通过航拍、无人机或其他手段按照 Context Capture 对照片的要求，拍摄现场照片；

3）对照片进行筛选与处理；

4）将照片导入到 Context Capture 进行处理，得到三维实景模型。

场地三维模型的编辑：

1）利用 Context Capture 将照片转化为 STL 三维图形格式；

2）将 STL 格式的三维场地导入到 GeoPAK 当中，作为原始地形模型；

3）利用 GeoPAK Site 模块中的 Site Modeler 功能，对原始地形模型进行三维设计；

4）最终得到理想的三维场地模型；

5）进一步分析提升三维模型的价值。

(3) 方案的应用场景

1) 施工现场场地布置

可以利用 Context Capture 获取到三维场地模型或者利用既有二维场地 CAD 信息，在 GeoPAK 中生成最终的三维原始场地模型，然后在此基础上，通过 GeoPAK 的 Site Modeler 模块，对场地进行土地平整、施工区域划分、临建布置、场地排水分析等，得到更加合理的现场三维布置图。

2) 施工现场开挖与回填分析

可以利用 Context Capture 获取到三维场地模型或者利用既有二维场地 CAD 信息，在 GeoPAK 中生成最终的三维原始场地模型，然后在此基础上，通过 GeoPAK 的 Site Modeler 模块，进行基坑开挖、道路填挖设计，对现场土方量进行分析计算，从而得到更优化的土方运输计划、弃土方案等。

3) 施工进度可视化管理

利用 Context Capture 获取实景模型快捷方便的特点，可以定期获取施工现场的三维实景模型，作为施工进度计划管理的现场进展依据，可以让管理者和决策层更加形象直观地了解施工进度，更好地进行计划的调整，为整个项目的推进提供更好的依据。

4) 现场踏勘

在前期缺乏资料，或者现场暂不具备进场测量的条件下，可以利用 Context Capture 软件，通过无人机或者固定翼飞行器获取现场照片，然后在软件中生成场地实景模型，通过 ProjectWise 平台将模型共享给建设方、设计方以及施工方，从而让项目参与各方无需达到现场，在项目的策划阶段就可以对整个现场有一个形象直观的了解，为后期的工作提供充分可靠的依据。

5) 总图

利用 GeoPAK 生成的三维场地模型，可以将工程涉及的各专业模型参考进来，从而得到总装模型。该模型实质是三维数字化信息模型，通过 ProjectWise 平台，可将该模型延展到各专业、各参与方以及项目全寿命周期的各阶段。

6) 场地前期规划

在项目开始的初期，往往资料不足或缺失，现场不具备勘测条件，或者既有现场勘测资料长久未更新，与实际情况相差较远，这就需要通过技术手段快速获取现场现况情况。Context Capture 可以快速方便的获取现场实景模型，该模型拥有精确的位置信息和尺寸信息，为项目前期规划提供可靠依据。

4.1.2 施工模拟

施工模拟我们可以分为三块功能：①三维可视化漫游；②4D 进度动态模拟；③状态静态展示。在详细描述这些功能之前，我们首先需要了解我们需要什么要的模型来支持实现。

i-models 文件是 Bentley Navigator 所浏览的模型格式，是 Bentley 为支持项目团队联合工作的信息交互的通用方法。联合工作模式，即便项目信息位于多个位置，并由多个创作者使用不同格式进行处理，不同的项目利益干系人可以一种特定的方式进行访问、创建、引用或发布其所需的信息，i-model 是一个用户用于信息交换的载体，适用于所有产

4.1 设计模型的施工应用

图 4-7 i-model

品和解决方案；适用于项目的几何图形信息和数据信息；适用于 Bentley 的和非 Bentley 的产品。

Bentley 提供了访问 i-model 模型的通用 ODBC 接口，可以通过 ODBC 驱动直接把数据导出到 excel、access 及其他数据库工具，用户可以通过 ODBC 接口像操作数据库一样查询 i-model 里的数据，可以实现统计报表等，另外 Bentley 还提供功能强大的二次开发包，用户可以对 i-model 的几何模型和数据进行修改和扩充，生成新模型。

i-model 的特点：

（1）可以支持不同厂商、不同专业的设计工具和文件格式。在项目的三维设计中，没有哪家厂商能够提供完整的全专业设计工具，不同专业往往会采用不同厂家的设计工具来完成建模，软件之间很难直接兼容不同厂商文件格式和数据，i-model 能够支持市面上大部分厂商的三维文件格式，所以 Bentley 提供工业通用标准 i-model 格式能很好解决各个专业之间协同设计和数据交换。

（2）可以支持三维几何图形信息和结构化和非结构化的业务数据信息。一般厂商的三

图 4-8 一些免费的 i-model 工具

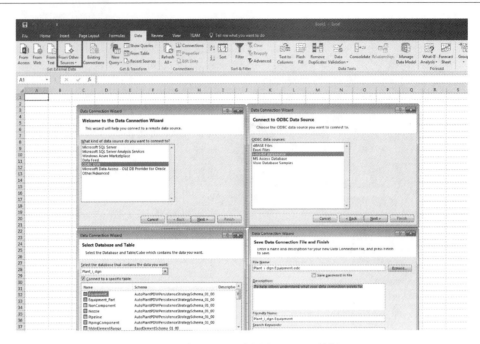

图 4-9　在 EXCEL 表导出 i-model 数据

维模型文件只包含三维构件的几何形状和参数信息,一般不带业务数据和附件,即使有一些带业务数据信息,也是存放在第三方数据库或者封闭的形式存放,只有自身软件才能访问这些数据,不能在不同专业之间很好的交流。i-model 格式不但支持三维构件的几何信息,还可以包含业务数据信息和附件,这些信息都打包发布在同一个文件里,提供通用开放的 ODBC 数据接口,不同专业之间很容易获取其他专业的数据,通常的数据管理工具和报表工具也可以直接使用这些数据。

(3) 对三维模型轻量化、优化处理。i-model 能对三维模型中的几何图形进行优化处理,特别对曲线曲面进行轻量化处理,可以达到原来模型的十分之一或百分之一的级别,大大提高项目各参与方的协同效率。

基于上述特性,我们可以利用含设计工程数据的只读 i-model 模型,通过扩展数据的方式,来支持在施工阶段的应用。

1. 三维可视化漫游

Bentley Navigator 的定位是一款设计检视工具,为管理者和项目组成员提供了协同工作的平台,他们可以在不修改原始设计模型的情况下,添加自己的注释和标注信息。通过让用户可视化地交互式的浏览那些大型的复杂的智能 3D 模型,快速看到设计人员提供的设备布置,维修通道和其他关键的设计数据。检查碰撞让项目施工人员在建造前做建造模拟,尽早发现施工过程中的不当之处,可以降低施工成本,避免重复劳动和优化施工进度。

(1) Navigator 基本操作

1) 文件打开,启动 Navigator,可以从多个位置打开 Bentley Navigator:

(a) 桌面,通过在 Windows 桌面,找到如图 4-10 所示图标,双击

图 4-10　Bentley 图标

4.1 设计模型的施工应用

打开。

(b) 找到开始→所有程序→Bentley→Bentley Navigator V8i（SELECTseries 6）→Bentley Navigator V8i（SELECTseries 6）

2）打开文件

启动 Navigator 后，进入到文件打开界面，通过 Windows 资源管理器，找到需要打开的模型，模型后缀名为 .i.dgn。如图 4-12 所示。

选择到此 .i.dgn 模型，点击 Open，打开模型，即可进入如图 4-13 所示软件界面。

3）文件保存

当第一次打开 *.i.dgn 文件时，Navigator 将自动生成一个红线批注文件，文件名自动命名为 *.overlay.dgn 文件，我们只需要在第一次直接打开 *.i.dgn 时，选择菜单→文件（File）→保存（Save），即可将此 *.overlay.dgn 进行保存，保存后文件列表如图 4-14、图 4-15。

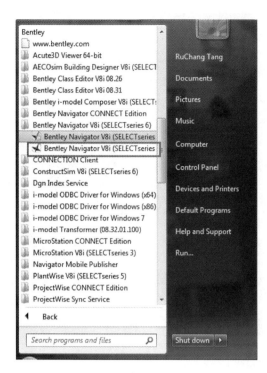

图 4-11　打开 Bentley

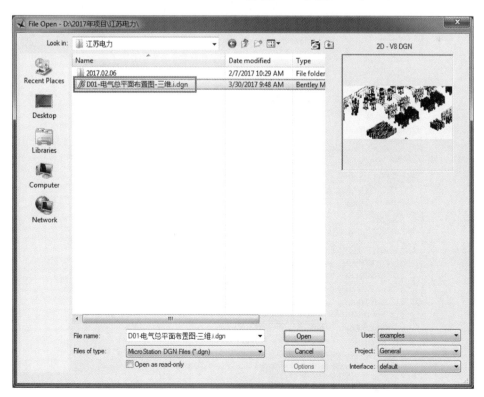

图 4-12　打开模型

第 4 章　电力工程 BIM 施工

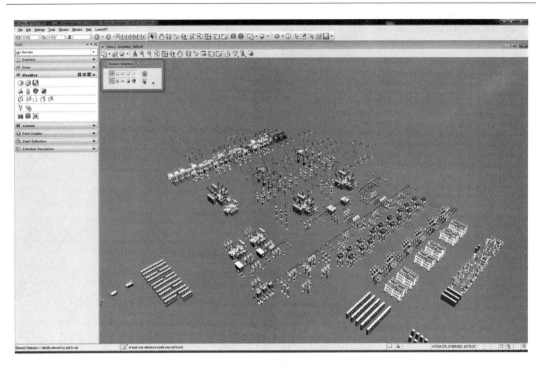

图 4-13　软件界面

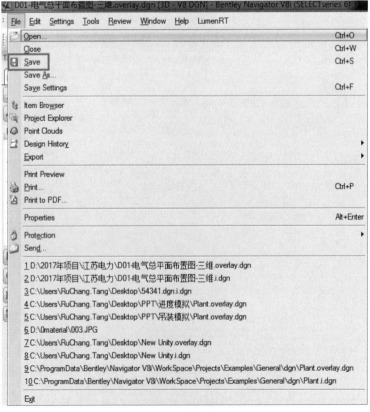

图 4-14　文件保存一

4.1 设计模型的施工应用

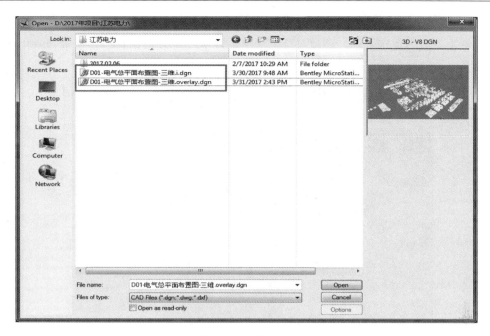

图 4-15 文件保存二

在以后的应用当中,用户只需要直接点击打开 *.overlay.dgn 文件即可,无需重复操作此步骤。由于 *.i.dgn 和 *.overlay.dgn 是相互参考关系,且实现的是相对路径参考,用户可以将这两个文档同时移动到任何目录下,其参考关系一直存在。

4) 自定义工具条

从软件界面菜单当中,选择到工具(Tools)→主工具(Main),打开主工具条,此工具条将默认放置在软件界面上方处,如图 4-16。

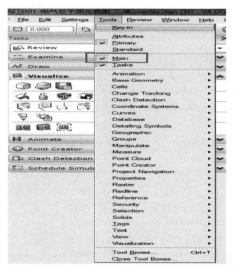

图 4-16 主工具条

261

Bentley Navigator 工具条具有可自定功能，用户只需要将鼠标移动到主工具条中任何一个图标上，点击鼠标右键，即弹出自定义菜单，用户可以根据自己需要选择常用工具，简化工具条。这里我们统一设置为图 4-17 所示常用工具。

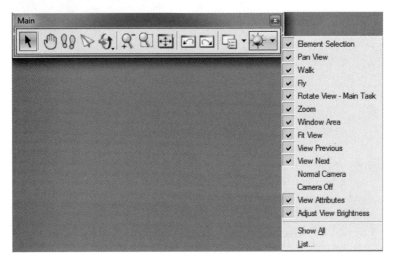

图 4-17　常用工具

5）打开相机

在主工具条上选择视图属性按钮，打开视图属性对话框。

图 4-18　视图属性

4.1 设计模型的施工应用

在视图属性对话框当中，确保相机（Camera）选项被打开，此按钮的作用是控制视图显示模式，选择正交显示模式或者相机显示模式，区别在于是否打开视图景深。相机显示模式打开，浏览视角更接近与人眼实际视角。如需要调整相机景深，可以从任务导航菜单选择到可视化工具条，如图4-19。

图4-19 调整相机

点击到定义相机工具条，打开相机定义菜单。

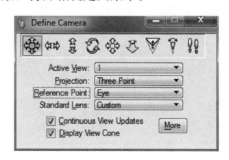

图4-20 定义相机

通过选择相机镜头（Standard Lens）预设值，即可以调整视图显示的景深。推荐选择为超广角镜头（Extra Wide）。

6）模型漫游

模型打开后，可以使用多个工具对模型进行漫游浏览，主要包括：

（a）缩放

通过使用缩放按钮，用户可以在视图当中进行缩小/放大操作，或者通过区域缩放按钮，框选视图的某一区域进行视图放大。

263

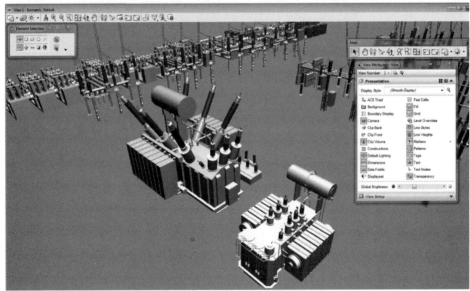

图 4-21 缩放效果

(b) 平移

鼠标左键点击平移按钮,然后鼠标左键点击视图,即可移动视图位置,平移到所需位置后,再次单击鼠标左键,挂起平移操作,循环此操作即可不断平移视图,直至点击鼠标右键即结束视图平移操作。

(c) 全景视图

鼠标左键点击全景视图按钮,然后鼠标左键点击视图,即可将所有模型显示到视图当中。

(d) 行走

鼠标左键点击行走按钮,弹出如图 4-22 所示行走控制菜单。

图 4-22 行走控制菜单

用户只需将鼠标左键点击视图,即进入行走模式,此时视图中间出现一个黑色参考点,而鼠标变成一个十字光标。

前进:如果鼠标十字光标移动到黑色参考点的上方,即开始前进。

后退:如果鼠标十字光标移动到黑色参考点的下方,即开始后退。

左转:如果鼠标十字光标移动到黑色参考点的左侧,即开始左转。

右转:如果鼠标十字光标移动到黑色参考点的右侧,即开始右转。

加速:鼠标十字光标距离黑色参考点越远,则移动速度越快。行走最高速度可通过行走控制菜单当中设置,如图 4-23 所示,滚动条向左侧拉动,则行走最高速度降低,滚动条向右侧拉动,则行走最高速度升高。

图 4-23 加速

或者,可以通过键盘上的"+"或者"-"号来进行移动最高速度的调整。

仰角:在行走的过程中,按住键盘"Ctrl"键,移动鼠标十字光标,如果往上移动鼠标十字光标,则视角上扬,如果往下移动鼠标十字光标,则视角下降。

高度:在行走的过程中,按住键盘"Shift"键,移动鼠标十字光标,如果往上移动鼠标十字光标,则提高行走的标高,如果往下移动鼠标十字光标,则下降行走的标高。

注意:在选择行走命令,并单击视图后,在上述所有操作过程中,均无需按住鼠标左键。一旦行走到所需要的位置,点击鼠标左键即挂起行走命令,停止行走,再次单击鼠标左键，则可继续行走。在上述过程如果单击鼠标右键，则行走命令结束。

(e) 飞行

鼠标左键点击飞行按钮，弹出如图 4-24 所示飞行控制菜单。

图 4-24　飞行控制菜单

用户只需将鼠标左键点击视图，即进入飞行模式，此时视图中间出现一个黑色参考点，而鼠标变成一个十字光标。

上升：如果鼠标十字光标移动到黑色参考点的上方，即开始上升。

下降：如果鼠标十字光标移动到黑色参考点的下方，即开始下降。

左转：如果鼠标十字光标移动到黑色参考点的左侧，即开始左转。

右转：如果鼠标十字光标移动到黑色参考点的右侧，即开始右转。

加速：鼠标十字光标距离黑色参考点越远，则转弯速度越快。飞行最高速度可通过飞行控制菜单当中设置，如图 4-25 所示，滚动条向左侧拉动，则飞行最高速度降低，滚动条向右侧拉动，则飞行最高速度升高。

图 4-25　飞行速度

或者，可以通过键盘上的"＋"或者"－"号来进行飞行最高速度的调整。

注意：在选择飞行命令，并单击视图后，在上述所有操作过程中，均无需按住鼠标左键。一旦飞行到所需要的位置，点击鼠标左键即挂起行走命令，停止飞行，再次单击鼠标左键,则可继续飞行。在上述过程如果单击鼠标右键,则飞行命令结束。

(f) 旋转

首先注意到旋转命令的右下角有一个下拉小三角,意味着此菜单为分级菜单,用户只需单击此菜单并按住不动,即可看到一个弹出的分级菜单,如图4-26。

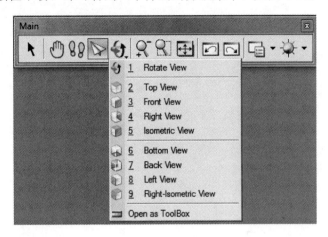

图 4-26　分级菜单

选择到作为工具条打开（Open as ToolBox）,即打开如图4-27所示子工具条。

图 4-27　工具条

通过此工具条,用户可以分别选择8个标准视角,分别为:

a）顶视图;

b）前视图;

c）右视图;

d）西南轴测视图;

e）底视图;

f）后视图;

g）左视图;

h）东南轴测视图。

使用方法相同,以顶视图为例,用户只需要使用鼠标左键点击顶视图按钮,再鼠标左键点击视图,即可将视图转动到顶视图方向。其余视图均使用同一方式转动。

同时,Navigator还提供视图旋转功能。用户只需要鼠标左键点击视图旋转按钮,即可启动旋转视图命令。

当点击命令以后,视图中间将出现一个大的可被拾取的十字光标,用户可以移动鼠标,放在此十字光标上点击鼠标左键,即可拾取并移动十字光标,然后将其移动并捕捉到某一个元素捕捉点上,那么此点即为旋转的基准点。

一旦选择好旋转基准点,用户此时可以通过在视图上点击鼠标左键,然后移动鼠标位置,开始旋转视图,当旋转到所需角度后,再次点击鼠标左键,即可停止旋转。依循上述步骤可以继续旋转视图,直至点击鼠标右键,停止旋转命令。

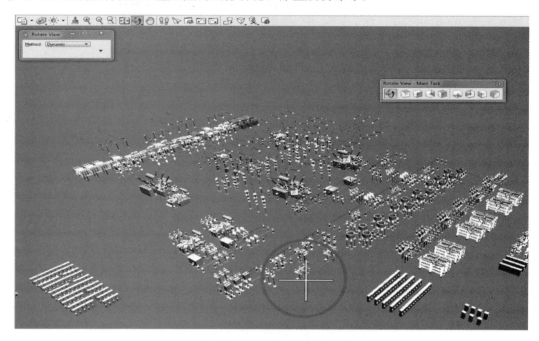

图 4-28　旋转视图

7)属性查看

点击模型里的构件,再点击 ⓘ ,可以查看当前选择的构件的相关属性。

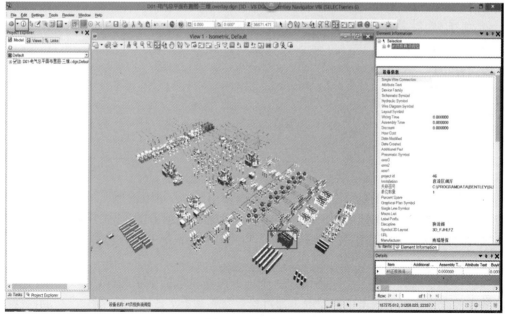

图 4-29　相关属性

也可以通过 Items 浏览查找的方式，找到对应的设备，进行信息查看。点击 ，如图 4-30。

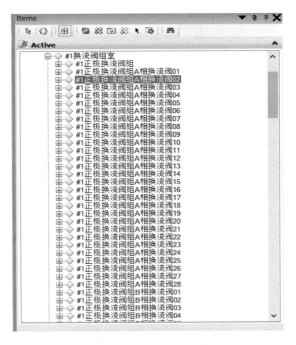

图 4-30 Items 浏览查找

点击 ，输入查询条件，找到对应的构件。

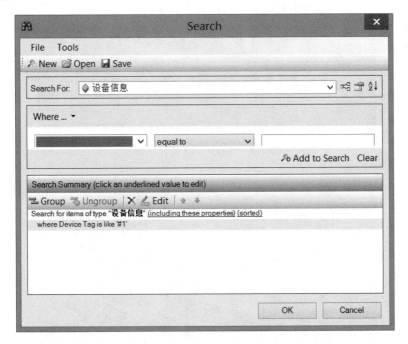

图 4-31 Search 界面

图 4-32 Items 界面

(2) 渲染动画

利用 Bentley 各专业设计软件建出来的模型,可以直接在 Microstation 或者直接导入到 LumenRT 进行图片渲染(LumenRT 或者 Microstation)。

图 4-33 LumenRT 图片渲染

图 4-34 Microstation 图片渲染

4.1 设计模型的施工应用

图 4-35 动画制作

LumenRT 功能操作：

1）模型文件导入。通过 Microstation CONNECTION Edition 打开总装模型，并且点击导入按钮，经过软件处理好后，会自动打开 LumenRT 并加载相关模型。

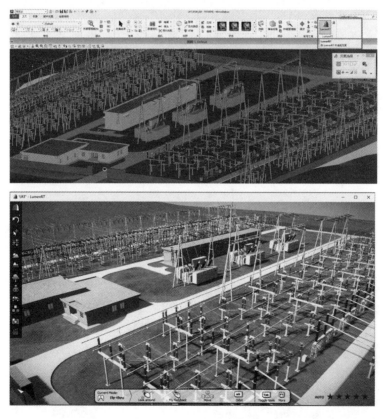

图 4-36 LumenRT 模型

2）点击图 4-37 所示图标，在该对话框中，可以对该渲染项目文件进行相关设置。包括显示质量，显示分辨率等。

271

图 4-37 渲染设置

3）在图 4-38 所示的对话框中，可以选择某元素以及模型，选择后可以进行移动、旋转、材质编辑等设置。

图 4-38 模型编辑

4）在图 4-39 所示的对话框中，可以对该项目的显示相机进行相关设置，并且还可以进行光源布置，声音布置，对模型进行剖切等操作。

图 4-39 相机相关设置

4.1 设计模型的施工应用

5）在图 4-40 所示的对话框中，可以通过分层的方式去控制模型的显示样式。

图 4-40　显示样式

6）在图 4-41 所示的对话框中，可以控制渲染项目的整体太阳光照射参数，天气因素，风的作用等自然环境。

图 4-41　天气因素

7）在图 4-42 所示的对话框中，可以增加海洋、湖泊，并且可以对地形进行编辑，以

图 4-42　地形因素

273

及可以变更自然环境等。

8）在图 4-43 所示的对话框中，可以在 LumenRT 自带库里面放置树的模型。

图 4-43　树模型

9）在图 4-44 所示的对话框中，可以在 LumenRT 自带库里面放置人的模型。

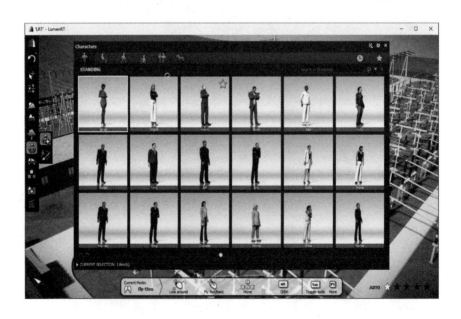

图 4-44　人模型

10）在图 4-45 所示的对话框中，可以在 LumenRT 自带库里面放置汽车、船、飞机等模型。

4.1 设计模型的施工应用

图 4-45　交通工具模型

11）在图 4-46 所示的对话框中，可以在 LumenRT 自带库里面放置大量与渲染细节相关的模型。

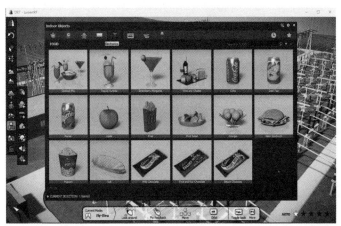

图 4-46　细节模型

12）在图 4-47 所示的对话框中，还可以加载第三方格式模型。

图 4-47　第三方格式模型

13）在图 4-48 所示的对话框中，可以进行渲染图片的相关大小质量设置，并且导出渲染图片。

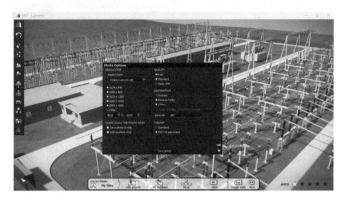

图 4-48　渲染图片

14）在图 4-49 所示的对话框中，可以进行漫游动画的编辑以及相关设置，并且最终导出视频格式。

图 4-49　视频格式

15）在图 4-50 所示的对话框中，可以把 LumenRT 软件的渲染模型导出为可执行文

图 4-50　模型导出

件，以方便交付给其他人去浏览查看项目。

2. 4D 进度动态模拟

4D 模拟以三维模型为基础，在 3D 模型的基础上关联时间轴，即进度计划实现施工建造过程的 4D 动态模拟。4D 模拟可以用于进度可视化展示、WBS 工作分解任务优化、分析潜在的冲突、资源分配计划，在施工组织计划创建时起到很好的展示分析和辅助决策作用。要实现 4D 进度动态模拟，三维模型当中的构件需要与进度计划当中任务对应细分，颗粒度保持一致才能实现精准的 4D 进度动态模拟。

4D 进度动态模拟实现

Bentley Schedule Simulation 能够直接（原始数据格式）或间接（XML 等开放数据格式）将进度计划数据导入到三维模型或 i-model，可以支持 Microsoft Project 以及 Primavera，用户可对施工计划进行模拟并为其制作动画，分析进度计划的合理性。

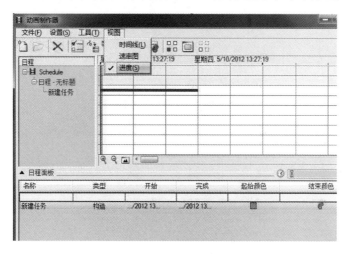

图 4-51　进度模拟

Bentley Schedule Simulation 进度模拟的实施过程大致为 3 个步骤：

1）模型分组

在 Bentley Navigator 中可以利用命名组或对象集功能来进行手动或自动元素组的创建。

（a）命名组

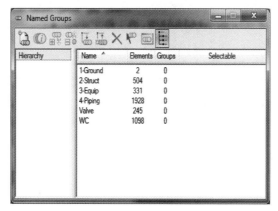

图 4-52　模型分组

（b）对象集

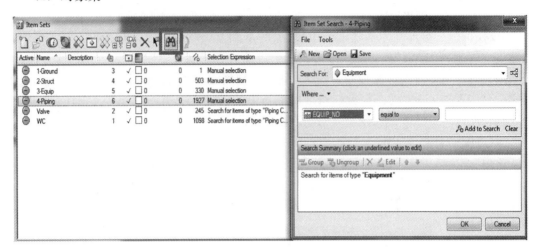

图 4-53　对象集

2）进度计划导入

可以直接将进度计划导入到 Bentley Navigator 当中。

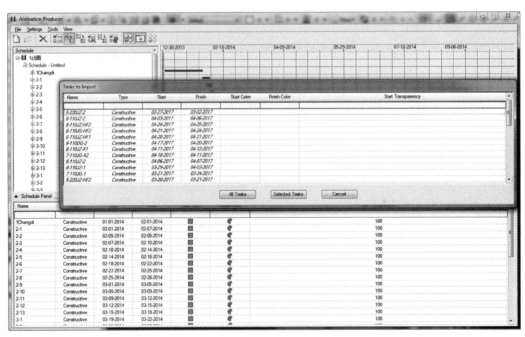

图 4-54　进度计划导入

3）三维模型与任务关联

Bentley Schedule Simulation 可实现手动或自动的三维模型组与进度计划任务匹配关联。

（a）手动方式：

分别选择进度计划任务和三维模型组，确认对应关系即可。

4.1 设计模型的施工应用

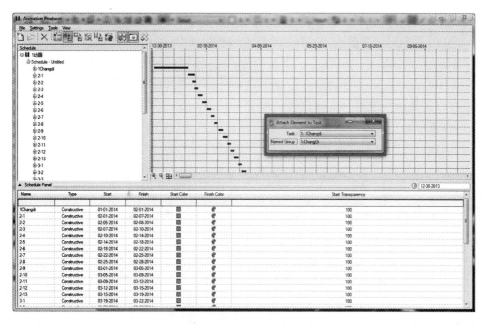

图 4-55 手动对应关系

(b) 自动方式：

用户可以自定义匹配规则，Bentley Schedule Simulation 依照规则自动将三维模型组与进度计划任务匹配关联。

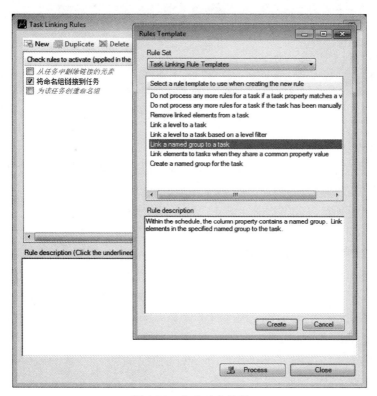

图 4-56 自动对应关系

279

第4章 电力工程 BIM 施工

Bentley Schedule Simulation 还可以实现：

1) 进度计划自动更新。当 Microsoft Project、P6/P3 的进度信息与三维模型或 i-model 关联以后，如果原进度发生了更新调整，也可以将更新后的进度直接更新到 Schedule Simulation 当中，无需重新建立连接关系，可以节省大量时间。

2) 可以实现计划进度与实际进度的双窗口比对。通过导入实际进度计划的数据，管理人员可以直观的在三维环境下当中比对实际进度和计划进度之间的差距，起到一个风险管控以及问题追溯的作用，帮助将问题及时处理掉。

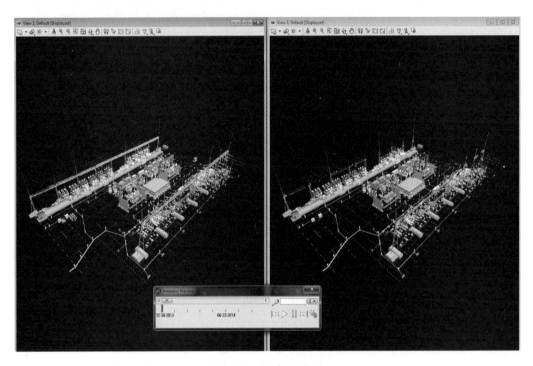

图 4-57 双窗口对比

3. 状态静态展示

BIM 信息模拟和进度计划通常都在施工之前完成，因此 4D 模型并不能满足施工过程的管理和控制的需求，因此，Bentley 解决方案也提供了状态静态展示监控的功能用来帮助施工管理人员更加精准的掌握施工状态，降低施工过程的风险。

设计阶段所创建的三维模型并不包含施工的状态数据，而施工状态数据传统上更多的是通过报表的形式来体现，我们如果可以将二者结合起来，利用可视化的环境来展示施工的状态，则能够起到更加直观的施工进度监控、决策分析的作用。利用 Bentley 解决方案，通过 i-model 可以实现在设计模型的基础上附加施工状态数据，实现三维施工状态展示，可以使用不同颜色来表示各个构件施工状态，还可以直接查看二维图纸等附件信息。Bentley i-model Transformer 可以实现此功能，再设计模型发布的 i-model 基础上，导入施工状态数据的表单，重构为一个施工 i-model 模型，即可利用 Bentley Navigator 的可视化功能分不同的颜色展示不同的施工状态。

（1）发布含有设计属性的三维模型

4.1 设计模型的施工应用

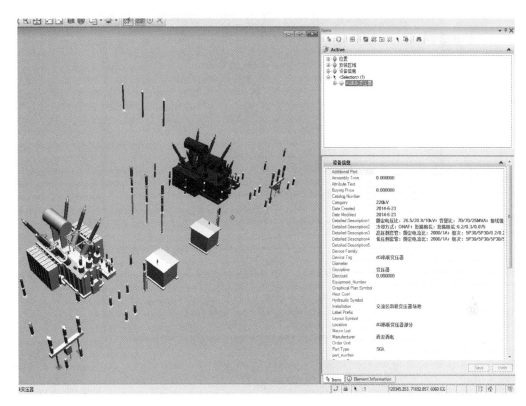

图 4-58 查看 i-model 数据项（变压器设计参数）

图 4-59 数据模型

（2）利用 Bentley i-model Transformer 导入施工状态数据

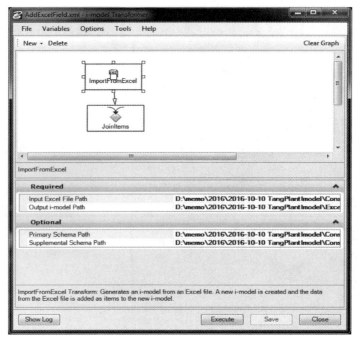

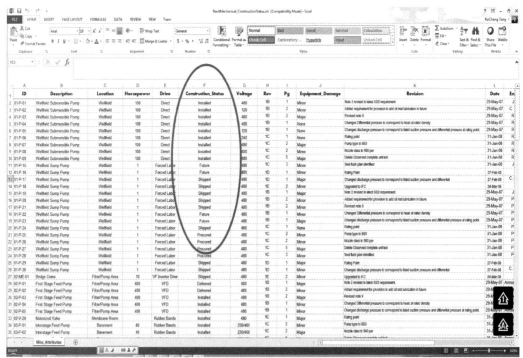

图 4-60 导入数据

模型和数据之间关联关系的创建是通过设备编码来实现，通过唯一的编码，Bentley i-model Transformer 可以将相关文档当中的数据甚至是文档，都批量快速连接到设计的 i-model 文件当中，创建新的施工 i-model 文件。这样施工管理人员在三维环境中查看设计数据、施工状态数据的同时，甚至可以查询到所对应的施工图纸、文档等内容。

4.1 设计模型的施工应用

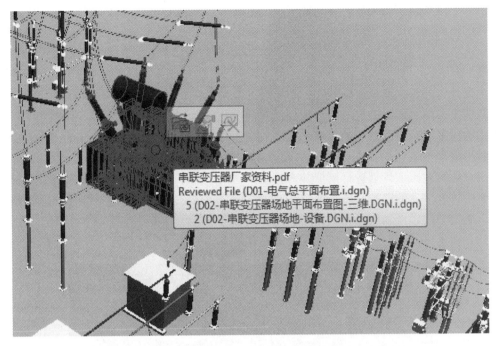

图 4-61 查看构件关联的附件（变压器二维图纸和厂家资料）

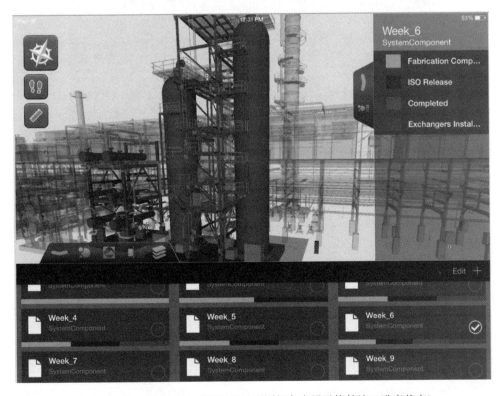

图 4-62 施工状态展示（可以通过不同颜色来展示构件施工进度状态）

当有了这些施工数据后，Bentley Navigator 可以直接打开 i-model 文件，实现不同状态构件的不同颜色可视化展示。

4.1.3 施工吊装模拟

当设计中的疏漏变成实际问题，从而进度被迫暂停时，项目成本通常也会随之增加。大多数施工团队所面临的挑战，在于如何提前分析设计，模拟吊装方案，评估施工能力，作出采购决策以减少所浪费的时间，消除成本超支。借助 Bentley Navigator，项目团队可以通过吊装模拟事先模拟大型设备吊装方案，在 3D 虚拟环境下检查项目设计和施工能力。用户还可对施工计划进行模拟并为其制作动画，并通过动态碰撞分析模块检测物体运动过程中可能潜在的碰撞。Bentley Interference Manager（Bentley 碰撞检测管理器）提供了对三维模型硬碰撞和软碰撞的检测、查看和管理功能。以实时查看碰撞的情况。用户可以找到并锁定碰撞点，可以方便地在区域内移动来检测任何设计修改所带来的变化。

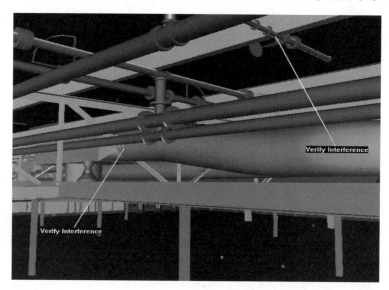

图 4-63 模型中表现的碰撞

Bentley Interference Manager 提供了对所有冲突进行详细描述的报表功能。这些报表可以完全进行配置，包括以下信息：①对碰撞元素用图形隐藏线的方式表示；②碰撞类型描述；③每个碰撞包含的元素；④碰撞的坐标位置；⑤包含碰撞元素的文件名称；⑥碰撞的状态。吊装模拟的实施步骤可以分为吊装模拟脚本的制作和吊装过程动态碰撞检查。

1. 吊装模拟脚本的制作

吊装模拟脚本的创建可以分为三种类型：①关键帧动画模拟；②脚本动画模拟；③路径动画模拟。

（1）关键帧动画模拟

吊装模拟动画要表现运动或变化，至少前后要给出两个不同的关键状态，而中间状态的变化和衔接电脑则根据预定义的运动规则自动完成。跟拍电影一样，要有演员以及演员的脚本，那么在三维模型当中，三维模型就是演员，在 Navigator 当中我们称之为角色，首先要做的就是对三维模型赋予运动规则。

BentleyNavigator可以支持的运动类型包括：①沿X/Y/Z轴移动；②沿X/Y/Z轴旋转；③沿X/Y/Z轴缩放。其操作顺序为：
1) 框选上创建角色的对象，点击创建角色按钮。

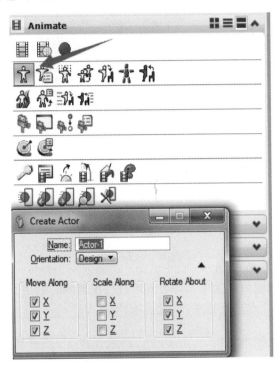

图4-64 创建角色

2) 在创建角色对话框当中勾选对应的运动规则。
3) 在模型上拾取角色运动的基准点，拾取后即可完成创建运动角色。

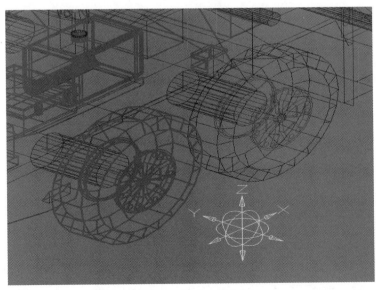

图4-65 创建运动角色

创建多个角色之后，角色之间各自独立运动，因此还需要创建角色之间的主动和从动关系。那么可以用关联角色功能来实现。

4）点击关联角色按钮，然后在弹出的对话框当中，依次选择从动角色，再选择主动角色，完成后显示应如图 4-66。

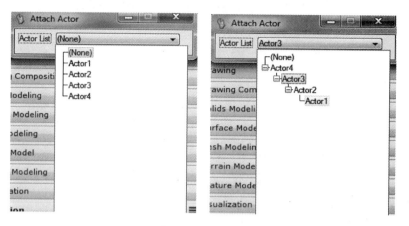

图 4-66　关联角色

5）完成主从关系创建后，接下来即可开始进行关键帧的创建。将所有角色全部选取，然后打开关键帧对话框，点击创建按钮进行关键帧保存。

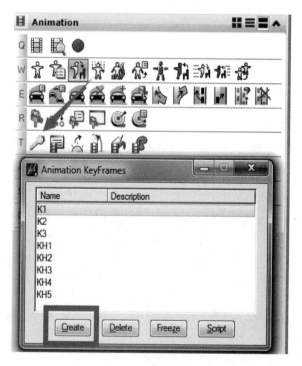

图 4-67　创建关键帧

6）通过使用操作角色按钮，基于既定运动规则操作角色运动，当运动到某一位置时，再使用同样的方式，框选上所有角色，然后点击创建按钮保存第二个关键帧。

4.1 设计模型的施工应用

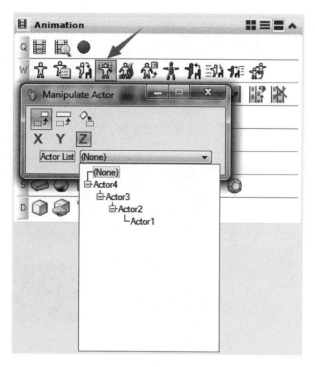

图 4-68　创建关键帧

7) 所有关键帧创建完毕后, 即可按照时间轴来编排所创建的关键帧, 模拟整个动画过程。

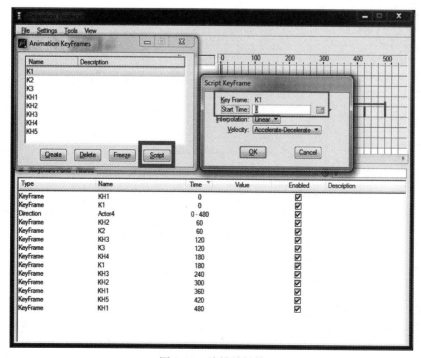

图 4-69　编排关键帧

287

8) 使用动画预览功能即可实现上述关键帧动画的预览查看。

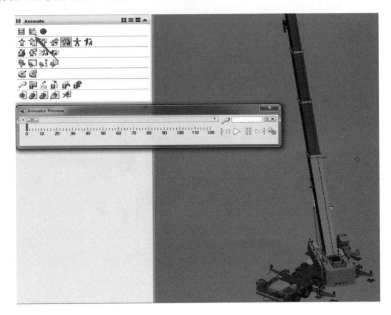

图 4-70 动画预览

(2) 脚本动画模拟

Bentley Navigator 可以支持脚本的方式实现动画模拟,在软件的帮助文档当中有专门的篇幅说明已有的脚本函数,用户可以利用这些脚本函数来实现特定运动规则的动画模拟。可以在帮助文档当中找到 Parametric Motion Control 章节。

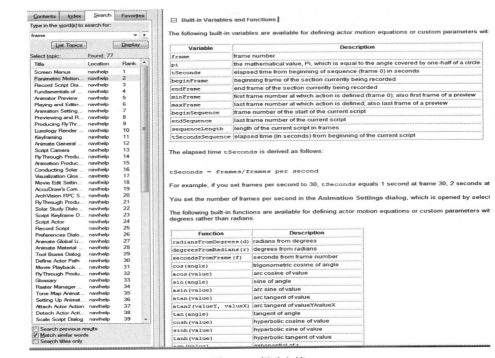

图 4-71 帮助文档

实现过程与关键帧动画类似，同样首先我们需要创建具有旋转规则的角色。然后通过编排角色的功能，将编排好的脚本添加到具体的角色当中去，即可实现动画模拟。

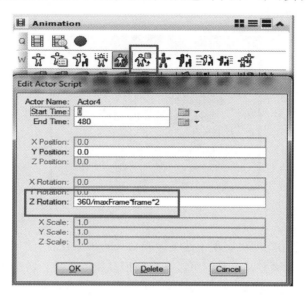

图 4-72　脚本动画模拟

（3）路径动画模拟

Bentley Navigator 也可以通过对某一角色制定运动路径来实现路径动画的模拟。实现过程与关键帧动画类似，同样首先我们需要创建具有旋转规则的角色。然后通过角色路径定义的功能，实现角色路径模拟，指定角色沿某一轨迹运动来模拟线性运动。

1）首先我们需要绘制一条连续的路径线。
2）点击角色路径定义按钮，弹出对话框。

图 4-73　路径定义

3）选择角色，然后选择路径线。
4）确定运动方向后，在视图空白的区域点击鼠标左键，确认完成路径线定义。
5）确定角色运动的时长。

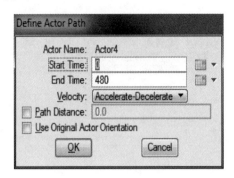

图 4-74 定义时长

6）使用动画预览功能即可实现上述关键帧动画的预览查看。

通过上述常用的三种方式，我们可以来模拟很多如汽车吊，塔吊等施工机具的吊装模拟，并可以结合设计三维模型、点云模型或者实景建模模型的场景，总装在一起完成一个模拟真实施工环境的吊装模拟动画。

2. 吊装模拟碰撞检查

在 Bentley Navigator 环境下完成吊装模拟动画脚本创建，我们所要做的只是点击动态碰撞检查按钮，即可自动依照定义的规则完成对整个吊装运动过程的动态碰撞检查。

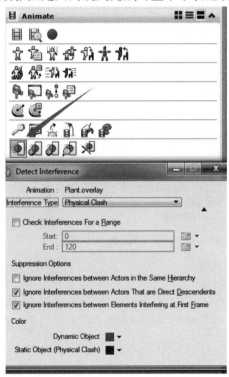

图 4-75 动态碰撞检查

完成动态碰撞检查后，系统将生成检测报告。在动画预览状态下，角色运动的过程中，Bentley Navigator 自动将碰撞点通过不同的颜色展示出来。通过吊装模拟功能即可以实现在真实环境下检查到运动过程当中的隐形碰撞点。早期发现这些碰撞帮助避免将来的实际施工操作的潜在风险。

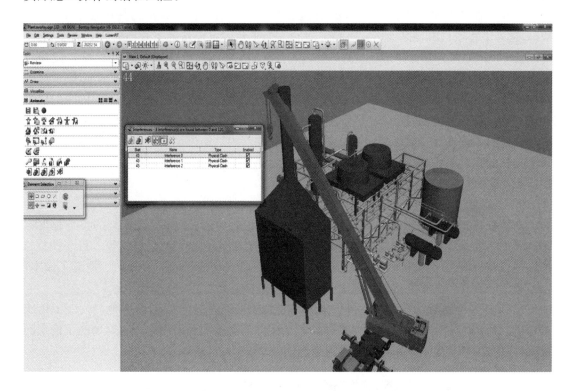

图 4-76　生成检测报告

4.1.4　施工多参与方一体化协同工作

在施工阶段，施工单位往往需要与项目其他参与方协作以及对施工相关的综合文档进行收集和管理，这会涉及业主、设计方、合作方和厂商（以下简称项目受控方）等，文档的范围和种类繁多，包括合同、图纸、设备清单、预算、计划、变更、报告等。因此需要一个信息化管理系统用于项目文档管理，为工程项目建立一个共享和协同的工作平台，保障项目受控方文档交换和交付的畅通。

项目多参与方协作及综合文档管理平台应该能够实现：①保证施工文件集中管理，实现对文件的状态管理和实时监控。②通过平台实现对各种施工文件的管理，控制文件的版次演变过程，同时对各类文件进行加密处理，构建基于权限共享的协同设计环境。③实现文档管理的工作流程，建立基于工作流驱动的协同平台。实现多参与方之间的文件交互，以及厂家设备资料的版次控制，同时为业主和设计方提供文件交换的平台。④实现项目文件的异地存储、实时共享的问题。保证项目组全员能够访问最新的信息，能够跨越地理界限的限制有效地工作，提高项目信息的共享和传输效率。⑤为项目建立一个统一的共享和协同的工作平台，统一的文件发布，使不同参与方获取到同一的版本文件，保证文件引用的一致性。⑥实现项目文件不同级别的安全访问控制，既保证不同的受控方之间的共享和协同，又保证不同的受控方之间相互独立，互不干扰。⑦发文管理，解决管理人员对项目的文档交付状态掌握不清晰的问题，集中追踪和管理所有的项目交付。

针对文控管理和协同工作业务功能模块的 ProjectWise 针对客户的具体技术 ProjectWise 是为工程项目内容提供集成协同管理的一个平台，可以精确有效地管理各种 A/E/C（Architecture/Engineer/Construction）文件内容，并通过良好的安全访问机制，使项目的参与方在一个统一的平台上协同工作。通过 ProjectWise 协同工作平台，能够把贯穿项目生命周期中所有的信息进行集中，有效的管理，让散布在不同区域甚至不同国家的项目团队，能够在一个集中统一的环境下工作，随时获取所需的项目信息，进而能够进一步明确项目成员的责任，提升项目团队的工作效率及生产力。通过这个平台，不仅可将项目中所创造和积累的知识加以分类，储存以及供项目团队分享，而且可以作为以后企业进行知识管理的基础。

1. 协同工作平台

对于任何工程项目而言，都会有很多部门和单位在不同的阶段，以不同的参与程度参与到其中，包括设计单位、施工承包单位、设计单位、监理公司和供应商等。目前各参与方在项目进行过程中往往采用传统的点对点的沟通方式，不仅增加了开销、提高了成本，而且也无法保证沟通信息内容的及时性和准确性。

ProjectWise 为项目生命周期中各个参与方提供了一个统一的工作平台，改变了传统分散的交流模式，实现了信息的集中存储和访问，缩短了项目的周期时间，增强了信息的准确性和及时性，提高了各参与方协同工作的效率。

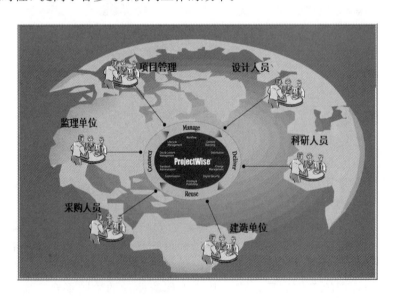

图 4-77 协同工作平台

2. 管理各种动态的 A/E/C 文件内容

目前工程领域内使用的软件众多，产生了各种格式的文件，这些文件之间还存在复杂的关联关系,这些关系也是动态发生变化的。ProjectWise 结合工程设计领域的特点,不仅改进了标准的文档管理功能,而且有效控制了 CAD 文件之间的关联关系,并自动维护这些关系的变化,减少了施工人员的工作量。

ProjectWise 主要管理的文件内容:①工程图纸文件:DGN/DWG/光栅影像;②工程管理文件:设计标准/项目规范/进度信息/各类报表和日志文件;③工程资源文件:各种模板/专业的单元库/字体库/计算书。

3. 项目异地分布式存储

大型工程项目参与方众多,而且分布在不同的城市或者国家。ProjectWise 可以将各参与方工作的内容进行分布式存储管理,并且提供本地缓存技术,这样既保证了对项目内容的统一控制,也提高了异地协同工作的效率。

4. 支持 C/S、B/S、移动设备的访问方式

ProjectWise 是典型的三层体系结构,既提供了标准的客户端/服务器(C/S)访问方式,以高性能的方式(稳定性和速度)满足设计人员的需求,同时也提供了浏览器/服务器(B/S)的访问方式,以简便、低成本的方式满足项目管理人员的需求,包括总工,项目经理,业主等。移动设备访问包含了 iPad 和 Android 设备的访问,为现场工程师提供了随时随地访问 ProjectWise 数据的功能。

5. 安全访问控制

ProjectWise 采用数据层和操作层分离的方式,加强了可控制性和安全性。对于用户访问,采用了用户级、对象级和功能级等三种方式进行控制。用户需要使用用户名称和密码登录系统,按照用户预先分配的访问权限。访问相应的目录和文件,这样保证了适当的人能够在适当的时间访问到适当的信息和版本。

6. 多版本的管理

ProjectWise 提供的版本的控制和管理,版本的数量没有限制,只有当前的版本可以编辑,历史版本可以回溯。整个版本创建和恢复都有完整的记录。

7. 完全自定义的属性设置

ProjectWise 提供了与 Windows 类似的文档属性,同时也支持用户按照项目的要求自定义属性,并且提供可定制的展示界面。

8. 强大的搜索工具

ProjectWise 可以根据文档的基本属性进行查询,包括文件名称,更新时间等。也可以对自定义的属性进行搜索,同时也支持全文本搜索和工程组件/构件索引。搜索的条件可以进行保存,保证了查询结果的实时更新。

9. 工作日志

ProjectWise 自动记录所有用户对文档进行的操作过程,包括用户名称、操作动作和时间以及用户附加的注释信息。

10. 内部消息沟通

ProjectWise 用户之间可以通过消息系统互相发送内部消息和邮件,通知对方设计变更、版本更新或者项目会议等事项,也可以将系统中的文件作为附件发送。同时 ProjectWise 还支持自动发送消息,当发生某个事件,如版本更新、文件修改、流程状态变化等,会自动发送一个消息给预先指定的接收人。

11. 发文管理

Bentley Transmittal 服务帮助施工单位及工程公司更好的履行合同义务，并且为每次文件传送的内容、时间及接受方的有效性和正确性提供了有力的凭据，同时，减少错误和疏漏的发生。它可以将所有项目的交付过程集中化的进行管理，并且可以追踪："什么内容，在什么时间被发给了什么人"，同时，还可以清晰掌握对方是否已经收到，接收的时间的及其反馈意见。

Bentley Transmittal 服务可以为授权的承包商和分包商提供及时和准确的版本信息，包括当前状态、截止日期以及完成流程需要采取的下一步行动。通过与 ProjectWise 的紧密集成，可以直接在 ProjectWise 浏览器中创建文件传送包，这样也确保了信息的正确性和访问的便利性。

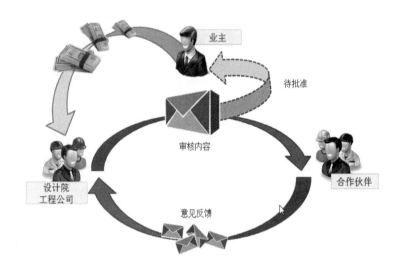

图 4-78 发文管理示意图

Bentley Transmittal 服务对外的网页门户可以让授权的收件人安全、高效地访问和审阅传送包的数据，直接在网页门户发送回执、下载文件以及提供审阅反馈。

Bentley Transmittal 服务可以确保文件传送的安全性，因为只有授权用户可以创建、查看、下载和回复一个文件传送包。它可以直接获取项目交付产品的信息以及状态，从而帮助项目经理更好地追踪问题和监控进度。

Bentley Transmittal 服务让用户不必在查找关键项目信息上浪费任何时间。它通过整合所需项目相关信息和确保发送内容的完整性来提高项目团队的效率。在文件传送汇总面板可以看到项目下各文件传送包的状态，并且高效地发现并且解决最紧急的问题，因此可以加速项目的进程。

整个文件传送流程的自动化提高了项目管理人员对文件传送过程的监控力度，同时，通过方便的发现和解决项目的紧要问题，也节约了时间。另外，Bentley Transmittal 服务可以减少因为提供了不准确信息而造成的返工和延误。

4.2 施工模型的应用和管理

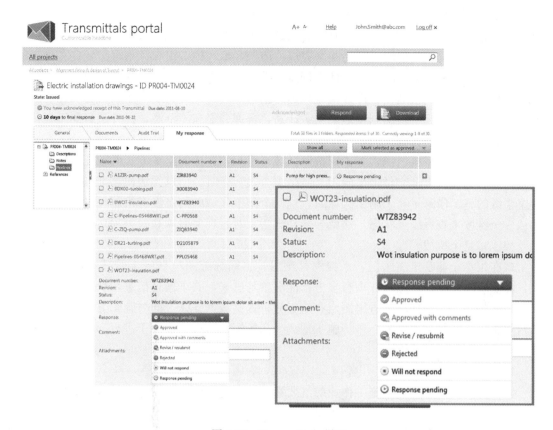

图 4-79　Transmittals 界面

4.2　施工模型的应用和管理

1. 电力工程 BIM 施工管理的现状和挑战

迫于工期压力和信息获取困难，在项目前期往往只能花费很少量的时间来创建施工组织计划，传统的方式更多的是基于以往的项目经验，基于二维施工图纸来制定，而每个项目的实际情况会有不同，因此计划的合理性和准确性会大打折扣。

当前项目施工，无论是对于 EPC 工程总承包，还是对于施工单位，基础的施工作业活动控制非常重要，但管理颗粒度目前没有到作业面的层次，作业面的信息获取不到，对于进度和成本控制影响很大，决策缺乏数据支撑。如果能够做到精细化的施工管理，这将帮助生产层、管理层、决策层能够看到各自关注的不同颗粒度的内容，提高决策的效率和准确性。

施工进度、成本控制和施工作业面管理是施工管理的重要内容，关系到项目的收益、质量和安全。目前大多数 EPC 和 EPCM 管理重点在于控制，主要是进行施工监督，而对于施工作业基本没有涉及，从而无法深入实现对施工的有效组织管理。

对于工程总承包来说，有时需要同时面对下游大量不同的施工单位，但产业链标准不统一，信息复用率低，导致成本和时间增加，现场实际状态也无法及时准确地反馈，信息不对称影响工作效率,从而会拖累工期并造成成本上升。

对于施工单位来说,往往无法有效利用设计阶段所产生的数据为施工组织计划的创建服务,传统模式仍然是借助项目经验来完成,前期详细的施工组织计划也需要花费大量的人工和时间手动来完成。施工组织计划创建通常只到三级计划深度,施工资源的分配相对比较粗犷,无法做到精细化管理并快速准确的创建详细的施工计划。所以需要有相应的技术手段能够帮助直观、精确创建施工组织计划,合理分配施工资源,提升项目的可视化性和可预见性,增加项目施工的透明度。

由于设计按照系统组织,施工则按照区域来组织,这样的组织方式的转变将会对施工安装完毕后的调试以及交付带来问题。当组织方式转变时,信息无法快速准确地重组。当一个系统的施工横跨了几个施工区域时,这几个施工区域的信息没有机制收集和共享,无法从多个维度来查看施工状态,这就会容易无法及时发现保留项和缺失项,其状态的追踪和监控也将是个挑战。

现在很多企业都走出国门,承接海外项目,也面临统一项目施工管理平台搭建的问题,需要实现在全球范围内让项目多方都能够参与进来,共享项目信息,从而实现施工数据模型的创建,为前期施工方案制定和施工分析提供数据支撑。同时施工方也可以使用此平台将施工现状信息的录入,进行施工现场生产数据的管理,也便于进行远程异地的施工状态可视化监控。

2. 关键技术问题

人、机、料、法、环是施工作业的五要素,施工过程当中要用到多种业务系统来分配这五个要素的资源,这些数据有些是来源于上游的设计院,有部分则来自于施工单位本身,如果是业主采购,则可能材料管理和预制管理系统数据会来自于业主。这种情况各业务系统之间存在数据壁垒,数据存储分散、无法关联,对于使用者来说,通常需要花费大量时间来收集、查找和验证数据,再来为作业面的施工人员服务,效率不高,而且往往由于信息同步不及时,错误率较高。

因此迫切需要打通上下游产业链的数据传递壁垒,制定项目或者行业规约,在一个平台上将各个业务系统数据进行关联,方便数据的查找,同时能将业务数据进行集成,创建数据模型,为施工作业和管理服务。需要解决的问题包括:

(1) 如何在设计模型的基础上,关联施工作业要素,创建施工模型;

(2) 设计、预制、施工和交付这几个过程中的数据如何有效传递和衔接;

(3) 施工资源管理系统庞大,信息分散在各个业务系统,关系复杂,难以统筹管理;

(4) 以上两点同时导致变更流程复杂,难以快速有效地找出与变更对象相关联的各个业务系统的信息,容易产生错误和延迟;

(5) 施工组织计划创建多使用经验值来判断,需要更加高效的方法来创建精准计划;

(6) 传统方式利用二维施工图来创建工作计划,如何利用三维模型,在可视化环境下创建更为详细的工作包,如何达到对于元件级的管理,以提高施工的可视化性和可预判性;

(7) 实际施工数据的收集和分析应用,需要其来进行进度和成本的控制,以及决策

4.2 施工模型的应用和管理

辅助;

(8) 各种状态的精确追踪,如材料状态、预制件状态、安装状态等,实现可视化显示。

3. 施工应用的思路和解决方案

(1) 理论依据

对于施工管理无论国内还是国外都面临着同样的问题,经过调研发现,由国际上多家知名工程公司、业主和厂商成立的建造工业协会CII,其研究的高级工作包理论(AWP)。

高级工作包(简称AWP)理论方法是由建造工业协会(Construction Industry Institute 简称CII)及阿尔伯塔建造协会(Construction Owners Association of Alberta 简称COAA)共同研究并于2013年发布的指导工程施工的理论方法。该理论主要阐述了如何在项目不同的阶段创建不同类型的工作包,来满足项目施工阶段的数据管理、集成、共享等工作以实现合理的计划创建与资源分配等施工相关工作的开展,从而达到提高施工效率和施工质量、安全的目的,提高企业和业主的项目利润率。通过在测试项目当中发现,基于此理论,提高了施工过程当中的可视性和可预判性,通过制定精细化的施工组织计划,能够增加约10%现场作业人员有效作业时间,从而实现25%施工作业工作效率的提升,降低10%的项目总安装费用,通过实际项目分析比对发现,高级工作包理论能够为项目带来诸多收益:

1) 高效制定更加合理的计划;
2) 增加项目整体的可预判性;
3) 节省总开支;
4) 设计与施工能够更加无缝的配合;
5) 提升作业面工人的工作效率;
6) 提升项目透明度,做到精准的状态控制;
7) 提升业主的满意度;
8) 降低项目超期和超支的风险,并提升施工过程当中安全性和质量,使得项目更加容易协调和管理。

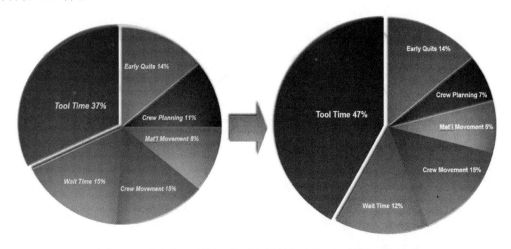

图4-80 多出的10%的工作时间能够提高接近25%的工作效率

AWP 理论核心内容是创建数字化施工模型。数字化施工模型是在三维模型的基础上关联与施工作业基本资源要素信息以后所形成的信息模型，可以利用施工模型从不同的视角为不同的用户提供有组织成体系的数据信息。这些不同体系的信息和数据，是相互间关联的数据，并形成一个整体。

基于数字化施工模型，快速创建工作包（对应国内为施工组织计划），以制定可执行施工作业计划，提高施工组织计划创建的效率和准确性，达到合理分配施工资源，减少浪费并提高工作效率的目的。AWP 有一个完整的体系，针对不同阶段的业务，有不同的应用说明，其定义了多种工作包类型以满足不同业务部门的需求，覆盖了对整个施工阶段的资源信息管理。

（2）Bentley 解决方案

Bentley 解决方案将结合 AWP 理论，能够实现数字化施工模型的创建，其构成核心是施工管理平台，通过统一的平台存储和管理项目工程建设过程中完整的信息，并为业务应用系统及项目参与人员提供支撑及信息服务。此平台可实现多人异地管理多参与方使用，连接项目各业务应用系统，以项目为对象，工程编码为纽带，工艺系统、设备、材料、人工为基本单位，有机关联各相关数据、信息、图纸、资料和三维模型等工程内容，用于创建和管理伴随建设过程动态生长的数字化施工模型。

图 4-81　数字化施工模型

数字化施工模型的创建过程，通过施工管理平台，可以分为数据创建、数据校验、数据集成以及数据发布和反馈收集这四个大的阶段。

Bentley 公司结合 AWP 理论，在原有的 ConstructSim 产品功能基础上，研发了新一代的施工管理平台。Bentley ConstructSim Work Package Server（简称 ConstructSim WPS）是用于施工过程管理 5D 三维可视化集成平台，用户使用它来计划，执行并解决施工过程当中的问题。ConstructSim WPS 支持创建各种类型的工作包，并提供统一的工作包框架从而实现针对项目全生命周期不同阶段的施工工作计划创建。依照 AWP 高级工作包理论的定义，在项目不同阶段，工作包的类型也不尽相同，工作包的应用可以贯穿整个项目周期，在不同的阶段定义不同类型的工作包，通过工作包明确信息传递的范围和内容，以工作包为单位进行上下游产业链之间的信息交互。工作包可以包括：

1）设计包（Engineering Work Packages），用于界定设计数据发布的内容和范围，是存储设计方传递施工方数据到的工作包，设计包发布的设计数据范围与各施工区域的定义相匹配；

2）预制包（Fabrication Work Packages），在施工模型上选择管件用于组合预制组件创建预制包，保存预制组件所需要的材料、人工、工法等信息，用于指导预制件加工；

3）施工包（Construction Work Packages），施工包用于定义施工区域的工作包，可以对应为一个单位工程，将在此单位工程中相关的施工资源都包含在其中，按照项目施工区域的定义分割施工模型后，可在其基础上进行安装包即四级计划的划分；

4）安装包（Installation Work Packages），用于针对施工班组施工分配施工资源的工作包，包含了定额、工法、材料等信息的工作包，同时还可包含施工所必须的相关文档，来支持施工作业的实施，确保施工能够安全、高效、可控的执行；

5）测试包（Test Work Packages），用于创建水压试验包，可以按照交付系统的方式组织施工模型，并获取水压试验的测试相关对象信息，保存水压试验的数据；

6）交付包（Hand over Work Packages），用于系统交付，交付包可按照系统维度来查看系统内跨施工区域的各工作包安装、测试状态，收集信息和文件，控制保留项、缺失项。

ConstructSim WPS 通过内建的设计、排列、执行、监督等虚拟模型来优化项目施工活动。其直观统一用户界面使其能够提供一系列具体的施工工程支持工具，从而提供一个视觉集成环境。其强大的特征和功能使其可以提高生产率、降低成本、缩短项目周期，降低项目风险并提高团队安全系数。

ConstructSim WPS 可以管理和集成项目信息，整合包括人、机、料、法、环等施工作业资源信息，基于三维模型基础上实现可视化工作包的创建。同时利用 ConstructSim WPS 可以实现工作包变更的影响范围的确认、跟踪和分析，同时也可以通过看板、报表以及模型可视化的方式将各种项目实施关键指标可视化的展示出来，用于决策辅助。

ConstructSim WPS 通过定制项目流程模版实现数据的自动化高效处理，创建数字化的施工模型，通过创建工作包实现施工计划的创建和排序。也可以用于预制包的创建，帮助创建合理的材料采购预制计划，提高整个上下游产业链的资源利用效率。

（3）工作流程

ConstructSim WPS 的应用，通常使用阶段递进模式，项目实施的难易程度和所需时间完全取决于功能需求和前期数据准备情况。在不同的阶段，ConstructSim WPS 可以实现：

1) 计划阶段

ConstructSim WPS 的用户自定义系统，用户可以在可视化的环境下快速重组三维模型，很方便地将模型进行自定义划分，划分施工区域以指导施工人员施工。

在 3D 可视化的环境下更早地制定施工计划，P3 或 Project 做的计划比较宏观，但通过 ConstructSim WPS 创建可以详细到元件级，直接面向施工人员。ConstructSim WPS 将简化制定计划的流程，节约时间，而且施工计划将更加准确，同时解决传统的项目计划与执行不匹配的问题（传统方式项目施工计划常按照区域制定，而最终却需要按照系统交付，管理的维度不一样造成时间和成本的浪费，增加管理难度）。

ConstructSim WPS 使得用户在三维可视化环境下能够更早创建工作包，同时工作包当中包含了施工图、MTO 材料信息、人员工作量以及相应的工作步骤，并以报表的方式发送到现场指导施工。

2) 执行阶段

对工作包进行排序。工作包创建完毕后，可以定义工作包的优先级，如某些关键系统需要优先施工，然后还需判断现场的场地、设备、材料配料、人力安排等因素，对工作包进行排序，合理分配资源，安排施工顺序。

通过工作包排序，施工管理人员能够制定未来 4~8 周的工作计划，同时将这些详细施工计划所包含的材料信息反馈回 MMS（Material Manage System）系统指导采购以及材料配料，优化材料计划，使之与施工同步。

只有在确定工作包满足施工条件后，才将工作包发送给现场施工人员，将施工所需的各种信息发送到施工现场，工人能够直接施工。

3) 跟踪报告阶段

现场施工信息反馈给 ConstructSim WPS，ConstructSim WPS 将这些信息在三维模型当中进行安装状态可视化管理。同理，也可以利用这些信息进行材料采购状态，测试状态等可视化管理，便于业主或者 EPCM 公司实时把握掌控现场的施工进度。

现场安装同时反馈的信息，反过来也将用于优化工作包施工顺序。

现场反馈的信息，ConstructSim WPS 将利用这些信息生成各式报表，可以按照工作包生成报表，按照交付系统生成报表等，用户能够自定义报表类型。通过这些报表，便于业主或者 EPCM 公司实时把握掌控现场的所出现的问题，减少保留项、缺失项的数目。

用户能够制定更详细施工计划，并可以实现对已有三级进度计划的进一步优化。

通过 Bentley 解决方案，对于施工管理用户最终可以解决和提高：

(a) 施工组织设计创建过程的可视性和施工过程可预判性；

(b) 确保数据唯一以及准确性，提高数据搜索和使用的效率；

(c) 实现对作业任务本身以及作业资源的管理；

(d) 提高施工质量和效率，同时确保施工安全；

(e) 统一项目的交付方式和交付标准；

(f) 降低造价和工期超标的风险。

4.3 电力工程 BIM 施工常用软件介绍

Bentley 提供的施工管理解决方案是基于 ConstructSim Work Package Server 来实现。ConstructSim WPS 核心功能是可以聚合设计信息、文档、图纸、模型以及必要的施工和安装所需要的信息。ConstructSim WPS 将这些信息集中存储并管理和使用，且可以集成各种类型的数据格式包括主流的设计软件厂商如 AVEVA、Intergraph、AutoDesk 等模型格式，以及材料管理、进度计划管理（P3/P6/MicroSoft Project）和项目管理系统。

基于网页端的门户实现可以从任何位置和任何设备的按需访问。使得现场、预制和材料等部门之间跨部门协作，这样项目参与方可以基于可信赖的数据作出更明智的决策。

· ConstructSim WPS 可实现的功能包括：

（1）工作包的创建

ConstructSim WPS 则是用来创建工作包并贯彻到施工执行的解决方案，是用于施工过程管理 5D 三维可视化集成平台，基于行业最优方式和标准流程，借助此平台来计划，执行施工计划并解决施工过程当中的问题。

ConstructSim WPS 可以管理和集成项目信息，整合包括人、机、料、法、环等施工作业资源信息，基于三维模型基础上创建和管理数字化的施工模型，实现可视化工作包的创建。也可用于预制包的创建，帮助创建合理的材料采购、配料预制计划，提高整个上下游产业链的资源利用效率。

同时可以实现工作包变更的影响范围的确认、跟踪和分析，同时也可以通过看板、报表以及模型可视化的方式将各种项目实施关键指标可视化的展示出来，用于决策辅助。

总之，用户可以通过 ConstructSim WPS 实现：

1）按任务类型/专业定义工作包内容；
2）预先制定的工作包计划方案包含工作人工时评估；
3）生成工作包报表；
4）包含施工图和规范等信息；
5）通过对设计模型的变更管理实现对工作包的数据更新；
6）可视化监控预制状态；
7）标识材料可用性状态；
8）基于现场工作的任务分配提供材料领料单报表；
9）跟踪设备安装状态；
10）创建未来计划/工作包进度计划；
11）对项目总体状况进行状态可视化监控。

除此以外，ConstructSim WPS 还可以实现：

1）标识系统、测试包、配料管理和里程碑管理；
2）身临其境式漫游，检视系统和测试包的范围；

3) 可视化监控 QA/QC；
4) 可视化监控测试包完成状态；
5) 加载交付系统数据内容；
6) 加载/创建测试包数据内容；
7) 保留项/缺失项报告；
8) 与交付系统集成数据用于监控交付状态。

上述功能使得项目团队可以在虚拟施工模型当中进行工作，通过不同的颜色表达项目的实时施工状态，实现直观的可视化和项目可见性。

最重要的是，ConstructSim WPS 帮助用户实现对于变更影响范围的分析，并通过已发布工作包控制变更过程。

(2) 状态可视化

Bentley 施工管理解决方案帮助用户基于状态数据实现对 3D 模型构件的颜色分配，通过构件不同颜色直观的展示项目状态的功能。例如预制件信息可以被导入到 Bentley ConstructSim WPS 系统实现针对构件、管段、设备等组件当前实际施工状态的模型着色展示。而按施工模型自定义组的方式则实现按区域、构件类型、专业等的分类组合，并对这些施工模型自定义组进行着色展示直观的标识其状态信息。

(3) 网页端门户

施工管理解决方案架构的基石是建立不同业务系统信息之间的联系，并管理在生命周期内的数据信息的变更。通过创建一个通用环境，使得项目参与方能够在统一的环境下协作，进行数据的共享，同时建立结构化和非结构化数据（文件、记录、资产、人员、流程和项目）之间的关联关系，确保数据在项目范围内的唯一性，保障其准确性。通过此通用环境，可以实现数据的统一收集、集成和管理，同时对敏感信息进行有效的控制，而访问此通用环境的入口之一就是中央网页端门户，可以让项目参与方轻松访问和查看。

当项目上多个 EPC 合作伙伴和分包商需要获取和共享信息时，保障所有信息完整一致，信息的准确和可信就尤为重要，否则数据无法被使用。ConstructSim WPS 解决方案在设计、施工管理、承包商、供应商和运营方之间架起沟通桥梁，通过统一的通用环境和入口，使得所有相关项目参与方，包括业主都可以在权限范围内通过网页端门户访问施工管理平台获取信息。这样的方式降低了数据的维护成本，减少数据不一致导致的违规风险。此外，通过确保所有项目参与方都可以及时获取可信赖的数据，从而提高了整体协作效率，降低管理成本和时间，最大限度地减少项目后期潜在的返工所造成的成本浪费情况。这种方式可以确保数据唯一，且可信，帮助管理者做到更加精确的决策，提升项目交付质量。

通过网页端门户访问统一收集项目数据，确保收集的业主、EPC 伙伴和分包商所有数据唯一、准确并可信，用户可通过 ConstructSim WPS 或者桌面 3D 可视化软件实现数据的展示，这在项目执行过程中直观重要，有调查显示通常情况下工程师需要花费超过 40% 的时间去收集、查找和校验数据，导致工作效率降低。Bentley 施工管理解决方案助力工程设计、施工管理、承包商、供应商和运营之间的信息共享，除了提到的可视化数据展示之外，还可以用户通过网页端门户查看自定义报表。

4.3 电力工程 BIM 施工常用软件介绍

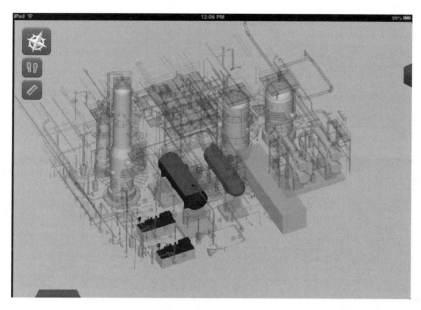

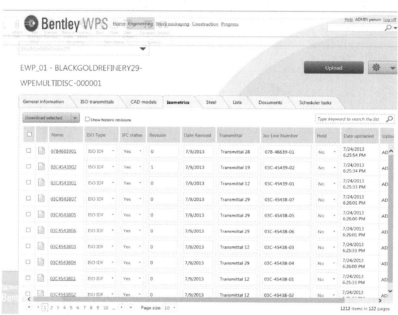

图 4-82 Bentley 可视化数据及报表

(4) 移动端应用

使用这种功能，用户可以通过 iPad 等智能终端设备访问由 Bentley 桌面应用程序所创建的 3D 施工模型，进行模型和信息的查看。通过 Bentley Navigator for the iPad 的 app，用户可以在触摸屏上使用不同的手势即可完成模型浏览的操作，同时查看模型对象信息，支持在模型漫游的同时添加红线批注，这些红线批注将可以被同步到使用桌面应用程序打开的 3D 施工模型当中，便于设计人员的查看。将项目状态同步到 Bentley Navigator 移动端，实现在移动端设备上进行施工模型的状态可视化的展示，帮助用户在现场查看到精准

303

的项目状态以便决策。

(5) 项目状态跟踪

当工作包完成创建并发布到作业班组,即可开展施工工作。追踪施工作业的工作进展是施工管理的一个重要工作内容。通过使用 ConstructSim WPS 创建施工工作包 IWPs,基于典型作业工法表可以为每一个构件分配作业任务,实现电子化作业任务进度获取,并同步回 ConstructSim WPS 数据中心,对现场实施作业数据的收集和分析,自动生成生产进度状态报表,如进度完成百分比、任务完成数量等报告。

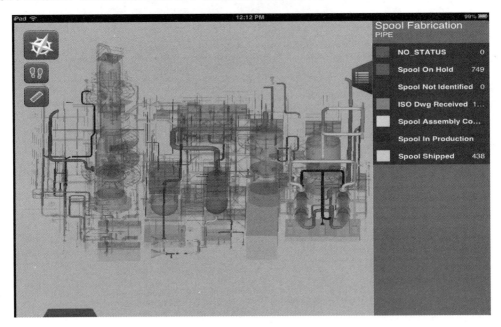

图 4-83 项目状态跟踪

针对现在的施工流程,ConstructSim WPS 并没有改变现有的模式,只是在这个基础上做了一些改进:

改进对比 表 4-1

项目	传统模式	改进模式
材料统计	手工统计	自动统计
工作包创建	按照施工图创建工作包,而相关信息数据分储于不同的系统	数据集成,可视化创建
工作包验证	几乎没有	在模型中将相关信息可视化
工作包优先级定义	很少	专门的工作包优先级排序界面

第 5 章　电力 BIM 运维

BIM 运维作为电力工程 BIM 应用中全寿命管理的最后环节，具有成本占比最高、时间持续最长的特点，是全寿命管理中的重要环节。本章从全寿命管理概念入手，对运维在全寿命管理中占据的地位进行分析，强调了 BIM 运维的重要性和必要性，介绍了 BIM 运维管理的主要功能模块：资产管理、设备设施运维管理、电力系统运行管理、人员管理、综合管理等，并介绍了运维阶段主要工作和步骤：运维管理方案策划、运维管理系统搭建、运维模型构建、运维数据自动化集成、运维系统维护。对电力行业运维领先的上海蓝色星球科技有限公司的运维平台 Blue Earth 平台进行插入式介绍，并对基于平台的二次开发进行介绍。

5.1 BIM 运维的概述

5.1.1 全寿命管理的成本理论

全寿命周期成本（Life Cycle Cost，LCC）管理是经济分析的一种方法，即从项目的长期效益出发，全面考虑设备或系统的规划、设计、建造、购置、运行、维护、更新、改造，直至报废的全过程，使 LCC 最小的一种管理理念和方法，从系统最优的角度考虑成本管理问题。LCC 概念起源于瑞典铁路系统，1965 年美国国防部在全军实施。1996 年国际电工委员会（IEC）发布了国际标准 IEC60300-3-3，并于 2004 年 7 月又发布了修订版。1999 年 6 月美国总统克林顿签署了政府命令，各州政府所需的装备及工程项目，要求必须有 LCC 报告，没有 LCC 估算、评价，一律不准签约。此外，国际大电网会议（CIGRE）也在 2004 年提出要用全寿命周期成本来进行设备管理，鼓励制造商提供产品的 LCC 报告。国际上各重要电力设备制造商，如 ABB、Siemens 等，开展其产品的 LCC 相关研究。国外电力公司也非常重视 LCC 管理，通过资产管理计划制定资产的全寿命周期管理策略，如英国 NG 公司、新西兰 Ashburton 电力公司等。

资产全寿命成本计算公式如下：

$$LCC=CI+CO+CM+CF+CD$$

CI：为资本性投入成本。资本性投入成本主要包括设备的购置费、安装调试费和其他费用。

CO：为资产运维成本。资产运维成本包括设备运维人工、材料、成本和设备损耗。设备日常运维费用包括日常巡视检查需要的巡视设备和材料费用以及巡视人工费。

CM：资产检修成本。主要包括周期性解体检修费用、周期性检修维护费用。每项检修和维护项目的费用包括了针对该项活动需要供货方提供的设备材料费用以及服务费；还包括业主方在该项活动中业主方设备、材料费用以及人工费用（含另请的第三方人工、材料费）。

CF：为资产故障处置成本，包括设备故障抢修人工、材料、台班成本及设备故障损失电量等成本。故障检修费用包括故障现场检修费用和如果故障需返厂修理引起的其他费用。故障损失费用包括停电损失费用、设备性能及寿命损失费用以及间接损失费（可能会发生的赔偿费用，造成的不良社会影响以及公司信誉受损等）。对于潜在发生的故障成本（风险成本）在风险模型中进行详述。

CD：为资产报废处置成本，包括资产提前退役成本、资产报废处置过程成本及报废资产处置收入等成本。

各阶段成本细分如图 5-1 所示，其成本占比如图 5-2 所示。由此可见在电力工程全寿命管理中，运检是费用占比最高、时间占比最长的一个阶段。

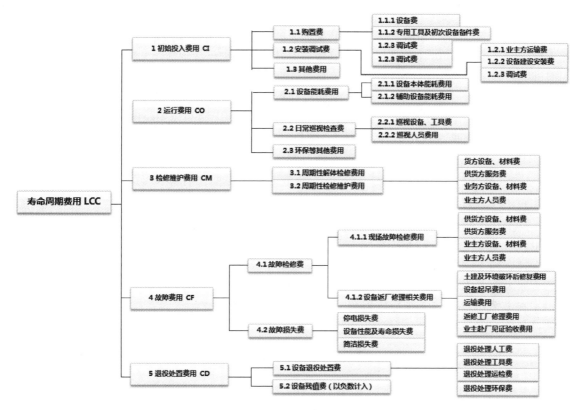

图 5-1 LCC 各阶段成本细分

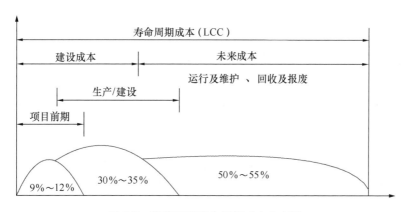

图 5-2 线路工程寿命周期成本分布图

5.1.2 运维的现状

当前电力行业，电力投入大量资金搞信息系统建设以后，发现信息系统总不能完全满足企业的需求。很多信息系统建成以后都在自己的领域内独立运转，形成了众多的"信息孤岛"。特别在工程项目的建设过程中，有许多规模小、专业化的参与者，但设计、施工和运营过程基本相互隔绝，缺少一种共同的交互平台，信息无法整合和共享，造成信息流失、信息传递失误，导致信息的无序流动，阻碍项目高效运转。

国内外建筑领域已广泛应用建筑信息技术（BIM），核心是一个由计算机三维模型所形成的数据库，以还原真实空间的三维复杂形态，引入虚拟现实技术，实现在虚拟建筑中的漫游，展示建筑成长的过程。这些数据库信息在建筑全过程中动态变化调整，并可以及时准确的调用系统数据库中包含的相关数据，加快决策进度、提高决策质量，使设计、施工、运维等进行信息的共享和管理，从而提高项目质量，降低项目成本。

目前，各种电厂工程设计中三维设计也得到了较为广泛的应用。国内外电厂项目中应用较广泛的有两大三维设计系统：一是美国 INTERGRAPH 公司研发的 IntergraphPDS（Plant Design System）系统，二是英国 AVEVA 公司研发 PDMS（Plant Design Management System）系统。这两大系统都是以三维空间坐标系 XYZ 为基础，三维可视化立体模型为表象，后台数据库为核心实现各专业间三维协同设计的工厂设计系统。但是数字化交付后需对运维平台进行单独的编写，并且仅仅能实现简单的功能。国内外电力行业 BIM 研发较早的北京博超公司、美国 Bentley 公司主要研发目标为电力 BIM 的设计、施工、数字化交付上，亦没有开发出合适的运维管理平台。上海蓝色星球科技有限公司开发的 BlueEarth 平台结合了 3D GIS＋BIM 技术，采用可扩展应用接口技术，在电力行业运维中获得电网公司认可，本章将以此平台作为基础结合数据采集及软件二次开发进行介绍。

5.1.3 BIM 运维的定位

从电力工程的生命过程看，按国内目前的管理体制可将此过程大致划分为 3 个阶段，规划设计阶段、工程建设阶段、运行维护阶段。目前，在国内这 3 个阶段的工作分别由 3 方面人员来负责完成。各大区或地方的电力设计院负责电力工程的规划和设计工作；各地方的电力建设公司负责施工、安装等工程建设工作；电力公司负责电力工程投产后的运行维护工作。

运维阶段是在电力工程全生命周期中时间最长、情况最复杂、管理成本最高的阶段，其涉及部门多、人员专业多、信息量大等特点，成为整个电力工程全寿命周期中最重要的环节。BIM 技术在运维阶段应用的目的是提高管理效率、规范信息资源、合理规划生产及降低管理成本，为设备设施的状态评价、工作人员的安全管理、周边环境友好协调提供可持续的解决方案。

运维阶段 BIM 应用是基于电力工程全寿命管理的核心需求，充分利用竣工交付模型，搭建智能运维管理平台，通过专业明确的模块化功能，实现不同运维需求的管理，并付诸具体实施。其主要工作和步骤是：运维管理方案策划、运维管理系统搭建、运维模型构建、运维数据自动化集成、运维系统维护六个步骤。其中基于 BIM 的运维管理的主要功能模块主要包括：资产管理、设备设施运维管理、电力系统运行管理、人员管理、综合管理。

5.1.4 BIM 运维的应用价值

1. 提高运维阶段的设备维护管理水平

借助 BIM 技术搭建的信息管理平台可以建立电力工程各专业的运营维护系统。以 BIM 技术的资料管理与应急管理功能为例，在发生突发性火灾时，消防人员利用 BIM 信息管理系统中的建筑和设备信息可以直接对火灾发生位置进行准确定位,并掌握火灾发生部位所使用的材料,有针对性地实施灭火工作。此外,运维管理人员在进行设备设施维修时,可以直接从 BIM 模型中调取设备的型号、参数和生产厂家等信息,提高维修工作效率。

2. 加强运维阶段的质量和能耗管理

BIM 技术可实现电力工程的全寿命信息化,运维管理人员利用设备编码,获取保存在系统中设备设施的生产厂商、安装人员、运输人员等的重要信息。一旦发生后期的质量问题,可以将问题从运维阶段追溯至生产阶段,明确责任的归属。BIM 技术可以实现电力工程建筑的绿色运维管理,借助 BIM 模型的信息,BIM 软件可以对建筑物使用过程中的能耗进行监测和分析,运维管理人员可以根据 BIM 软件的处理数据在 BIM 模型中准确定位高耗能所在的位置并设法解决。BIM 技术可以实现电力系统运行的安全管理,借助 BIM 运维的大数据平台,利用二次开发软件对运行状态进行评估,对过电流、过电压、谐波超标、绝缘老化、设备故障等进行报警,安排故障检修、计划检修,并做好完善的记录。此外,电力设施设备在拆除时可以利用 BIM 模型筛选出可回收利用的资源进行二次开发回收利用,节约资源、避免浪费。

3. 员工远程培训及企业知识的积累

可以不受地域、时间限制,通过可视化在线三维数字化模型对电力工程的结构、空间位置、工作原理进行学习,培训形式更加灵活,可提高学员的参与性,加速电网人才队伍的建设。摆脱电网知识传递对人员的依赖,三维数字化系统集成了全过程数据及数据变化过程,使得缺乏经验的新员工在做检修工作时,可以借助系统方便调取历史数据、快速掌握以往的经验和方法,从而使知识得到有效的传递。

5.2 BIM 运维的功能实现

5.2.1 资产管理

资产包括企业实物资产以及与实物资产相关的人力、信息、金融、无形资产。基于 BIM 运维的资产管理主要指实物资产。实物资产是指企业所辖的与资产管理活动相关的所有固定资产,包括电厂设备、电网一次设备、厂站自动化系统、调度自动化系统、继电保护及安全自动装置、电力通信设备、自动控制设备、电网(厂站)辅助及附属设施、安全技术劳动保护设施、电能计量装置、试验及监(检)测装备、专用工器具、生产服务车辆等。

在传统资产管理中,由于与资产相关的信息分散在规划、生产、物流、财务等各个独立的系统,必然造成信息孤岛,成为实现资产全生命周期管理的主要障碍。企业可在 BIM 模型的基础上实现资产信息化管理,从源头加强成本控制,通过工程管理精细化,降低工程造价,加强资产经济运行管理,降低运行维护成本,完善资产报废监督程序,规范处理过程,加强技术鉴定,强化资产退役和报废的管理,实现对企业单位资产的全生命周期管理。

资产管理的目的是利用建筑信息模型对资产进行信息化管理,辅助建设单位进行投资决策和制定短期、长期的管理计划。利用运维模型数据,评估、改造和更新建筑资产的费用,建立维护和模型关联的资产数据库。

资产管理的系统功能:①形成运维和财务部门需要的可直观理解的资产管理信息源,实时提供有关资产报表。②生成企业的资产财务报告,分析模拟特殊资产更新和替代的成本测算。③记录模型更新,动态显示建筑资产信息的更新、替换或维护过程,并跟踪各类变化。④基于建筑信息模型的资产管理,财务部门可提供不同类型的资产分析。

基于BIM模型的资产管理可将资产信息与具体模型相关联,可以查看具体的资产台账,也可以根据实际情况处置资产,以及针对资产、空间和状态等关系进行查询统计。

1. 资产台账

资产的设备层级分类可以根据用户实际情况定制,用户按多级列表的方式选择自己想要查看的资产类型。当用户展开某一资产分类,点击某一设备层级时,软件显示该设备层级下的资产台账清单。在批量导入资产清单时,平台根据每个资产设置的分类属性,自动将信息存放到每个层级。

图 5-3　资产台账

2. 资产维护

资产维护功能提供资产与模型联动、资产信息打印等功能。点击资产层级,可以显示每个层级下有多少资产,并且在三维窗口高亮显示相关模型。

选中具体资产可以对资产进行处置,如设置资产状态等,也可以将当前资产信息打印出来,打印内容中包含二维码,移动端通过扫描二维码查询设备的基础信息、资产信息和文档信息等,也可以在设备报修时将具体设备信息关联到工单中。

5.2 BIM 运维的功能实现

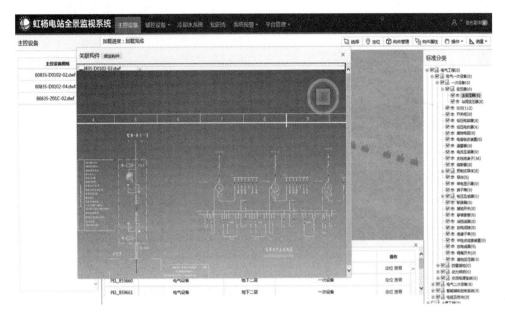

图 5-4 资产层级

图 5-5 资产打印

3. 资产保养

不同于上面的管道维护，用户也可以从资产层面对设备进行保养，设定保养资产对象和保养周期后，平台自动在后台运算，以保养周期为时间间隔，定期生成维护工单。

第 5 章 电力 BIM 运维

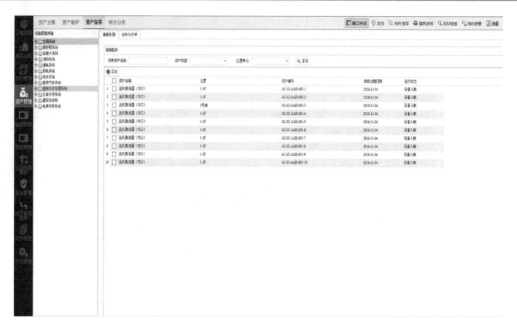

图 5-6　资产保养

4. 资产统计

平台同时提供资产统计功能，可以根据用户需求从资产运行状态、故障停机率、故障现象分布、保养覆盖率等角度对管廊内的各种设备进行统计分析。

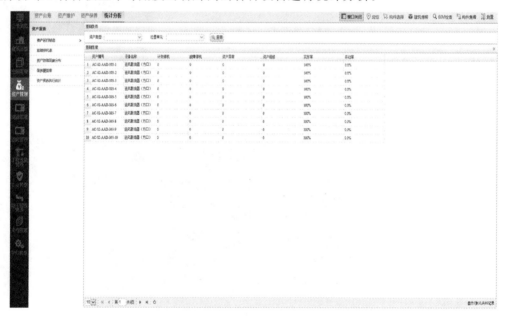

图 5-7　资产统计

5.2.2　设备设施维护管理

设施运维管理中的主要任务是：设施（备）管理、设施（备）运维和设施（备）的运

5.2 BIM 运维的功能实现

行状态监测等三个部分的应用。基于 BIM 的设施（备）运维管理平台，为设施（备）运维提供了真实的三维运维对象模拟，为各类设施（备）的运行维护提供了良好的平台基础，相比二维系统有着显著的优势。设施运维提供了：维护管理、维修管理、抢修预案等功能模块。

1. 维护管理

维护管理模块，包含了：计划制定、信息提示、工单生成、巡视管理、辅助维护、维护记录等。

（1）维护计划制定

支持日常维护计划的电子表格导入；同时，根据设备生产厂家的保养要求，制定维护计划。

（2）维护信息提示

支持用户根据维护计划，预设相关信息的提示时间，到达提示时间后，平台自动发出维护信息。

（3）维护工单生成

在设备维护信息提示的同时，生成工单（平台自动），并支持工单的编辑（管理员）和查询（工程师）等。

（4）设施巡检管理

设备维修人员按计划要求，定期进行设备巡检。在巡检的过程中，平台支持手持移动端（智能手机）的应用。在巡检中，智能手机有两个方面的应用：一是按要求对巡检对象（设备）拍照并上传（也可以回到维修工作室，集中导入平台），用以说明进行了本次设备巡检；二是发现问题后，拍照上传（也可以回到维修工作室，集中导入平台），并开展现场维护，如该设备需要修理，则进入报修程序。

（5）辅助维护

在设施（备）巡检中，需要对某设备进行维护，如果需要查询设备资料、历史维护记录等。用智能手机扫描该设施（备）的二维码，即可获得该设施（备）的相关信息，将设备信息发到服务器后，即可获得由服务器从数据库中调出更多的关于该设施（备）的各种资料。

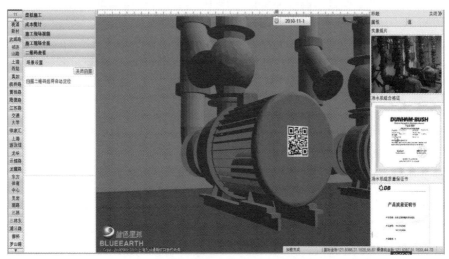

图 5-8 运维中二维码的应用

(6) 维护记录

每次设施（备）维护完成后，填写维护记录。

设 备 维 修 记 录 表

部门：

日期	故障机台	故障现象	故障原因	处理方案与结果	报修时间/报修人	完成时间/维修人	结果确认
					时间： 报修人：	时间： 维修人：	□好 □一般 □差 车间确认：
					时间： 报修人：	时间： 维修人：	□好 □一般 □差 车间确认：
					时间： 报修人：	时间： 维修人：	□好 □一般 □差 车间确认：
					时间： 报修人：	时间： 维修人：	□好 □一般 □差 车间确认：
					时间： 报修人：	时间： 维修人：	□好 □一般 □差 车间确认：

图 5-9 设备维护记录

2. 维修管理

设备维修模块包含：工单显示、故障定位、辅助维修（资料、备品）、维修记录等。

(1) 工单处理

工单来源于服务中心和维护计划信息提示生成。

工程部可以直接查询维护/维修工单信息，并由部门负责人将任务工单分配给相关的维修工程师实施该工单的运维。

(2) 故障定位

在设施（备）维修或抢修的故障定位过程中，将综合运用二维图纸和三维 BIM 模型。在引入 BIM 后，由平台提供了创建二/三维联动关系的窗口和工具，并建立二/三维联动的对应关系。通过二维图纸分析判断故障出现的环节或关键点，通过二/三维联动的对应关系，利用 BIM 模型快速地进行故障的空间位置定位，提高了设施（备）维修和抢修的效率。

(3) 辅助维修

在开展设施（备）维修过程中，平台可以提供辅助维修的方面：一是辅助高效获取设施（备）维修资料信息；二是提供在线远程专家协同维修平台。

(4) 维修记录

每次设施（备）维修完成后，填写维修记录。

3. 抢修预案

根据项目运维过程中可能出现的各种紧急情况进行应急预案管理。用户可以在本平台上规划各类应急预案，并且进行模拟演练。应急事件可以是设施设备的突发故障或公共安全等。

5.2 BIM 运维的功能实现

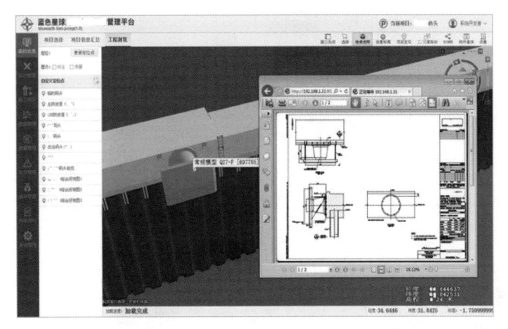

图 5-10　故障快速定位

设 备 维 修 记 录 表

部门：

日期	故障机台	故障现象	故障原因	处理方案与结果	报修时间/报修人	完成时间/维修人	结果确认
					时间： 报修人：	时间： 维修人：	□好 □一般 □差 车间确认：
					时间： 报修人：	时间： 维修人：	□好 □一般 □差 车间确认：
					时间： 报修人：	时间： 维修人：	□好 □一般 □差 车间确认：
					时间： 报修人：	时间： 维修人：	□好 □一般 □差 车间确认：
					时间： 报修人：	时间： 维修人：	□好 □一般 □差 车间确认：

图 5-11　设备维修记录

抢修管理的内容分为：预案管理、预案模拟演练和辅助决策，以及应急事件处置总结归档管理等应用。

（1）预案管理

平台预置了：水管爆管抢修预案、大面积停电抢修预案、天然气泄漏抢修预案和消防应急预案等四个方面的预案管理。

315

第5章 电力BIM运维

（2）预案演练

预案模拟演练以火灾应急管理预案简述：

根据实际情况设置消防分区和撤离区域，有利于火灾时撤离路线的规划。

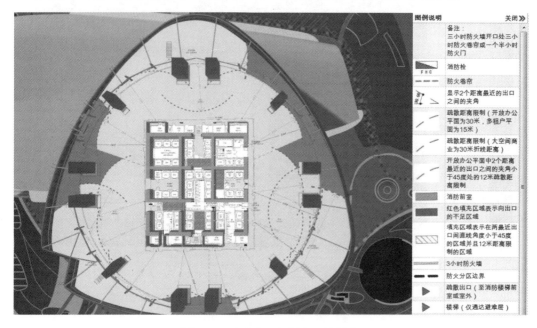

图 5-12　消防分区与撤离区域划分

当发生火灾等紧急情况时，系统会自动报警，并且自动规划疏散路径和抢救路径，指挥中心通过对讲系统指挥所有成员按照规划路径撤离到安全区域，指挥救护人员和消防人员按照规划路径进行救援。大大提高了撤离和救援效率。

图 5-13　火灾应急预案模拟演练

5.2 BIM 运维的功能实现

(3) 辅助抢修

在开展设施(备)维修过程中,平台在提供辅助维修方面:一是辅助高效获取设施(备)维修资料信息;二是提供在线远程专家协同维修平台。

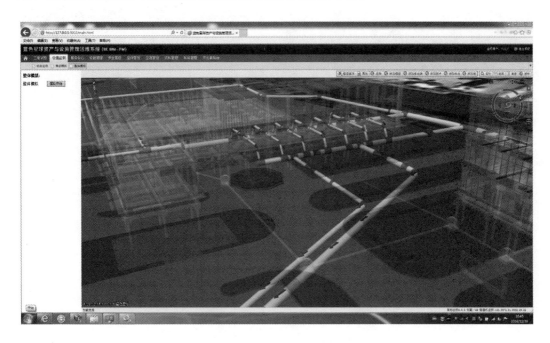

图 5-14 辅助抢修

在紧急抢修中,现场工程师可以通过移动设备(智能手机),拍摄故障部位照片并上传到服务器,服务器将相关的资料信息直接推送给现场工程师,节省了现场工程师查阅档案资料和相关信息的时间。同时,本平台支持互联网的运行,在授权许可的前提下,可以基于互联网环境开展疑难问题的异地专家会诊,直接提高了运维的时效和质量。

(4) 归档管理

将应急事件,从发生至结束全程产生的各类数据信息,导入数据库归档管理、提供日后的备查使用。

5.2.3 空间管理

空间管理解决方案可以帮助用户提升空间的利用率和评估空间使用相关费用。空间管理产生的分析报表可以显示各平方米的空间分配情况和精确的空间分摊明细。从而为相关部门生成精确可靠的空间分配和占用报表。通过空间管理,组织机构可以更好地分析和规划当前和将来的空间需求。

基于三维地理信息和三维数字模型无缝集成技术的电力工程空间管理系统,集成虚拟现实、物联网等多项技术,通过与沉降监测、积水监测、通风监测、电缆监测、设备运行监测、视频监控等辅助监测系统的对接,实现电力工程运营维护的全景全天候监视,并对监视数据进行预警分析和判断。

基于BIM技术的空间管理可实现变配电工程中设备布置、检修安排及扩建收资需求，电缆工程、架空线路工程中实现通道优化、综合管廊运维及扩建工程可行性分析。

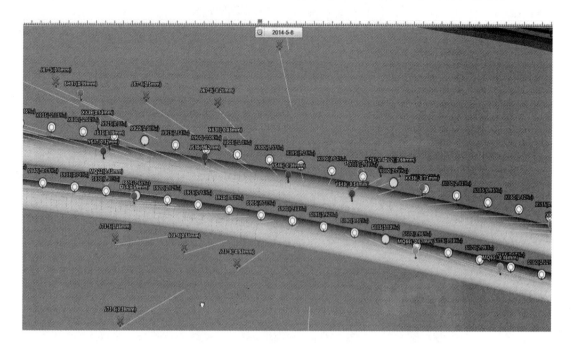

图 5-15　电缆隧道空间管理

5.2.4　环境、安全管理

1. 视频监控

"蓝色星球基于BIM的运维管理系统"将所有的安保视频监控系统整合到一个平台，在总控室可同时管理整个区域，实现无死角、无遮拦，实现目标追踪。

（1）实时摄像头监控

在系统中，视频监控系统可以使用双屏的方式进行显示：一个屏幕将摄像头、3D GIS 和 BIM 三者相结合，集成摄像头的三维空间属性，用户可以方便地找到需要查询的摄像头位置；另一个屏幕显示用户查询的摄像头实时监控画面和摄像头的属性（包括摄像头品牌、型号、生产厂商、维护记录、维修记录、厂商联系方式等）和状态信息（包括录像状态、设备状态、设备异常告警等）。

（2）实时轨迹监控

当特殊车辆或人员进入整个区域，用户在系统上设置车辆或人员行进路线和速度，该路线上所有的摄像头会根据设置依次打开对应的监控画面，实现无死角全程监控。

（3）紧急事件监控

当发生紧急情况时，用户在系统上设置紧急情况位置和监控距离，系统会以紧急位置为圆心，监控距离为半径画圆，并自动打开在这个监控圆形的所有摄像头的监控画面。

5.2 BIM运维的功能实现

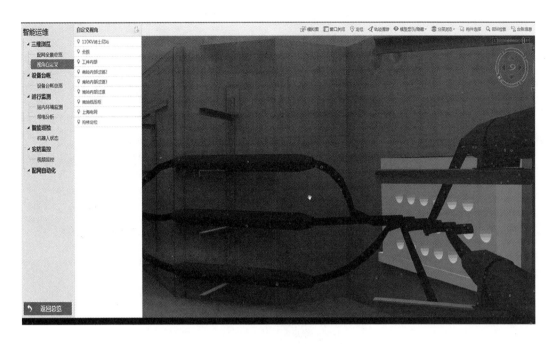

图 5-16 视频监控系统集成

2. 电子巡更

系统通过接入巡更系统服务器数据，对巡更地点进行三维定位或建模，达到对日常安全巡逻工作的可视化管理。

(1) 巡更管理

本系统能够根据巡更点三维位置，将其部署在三维可视化界面中，用户能够直观的观察巡更路线，管理巡更计划，通过接入巡更软件数据，能够读取到保安巡逻经过的巡更点，将事先设定的巡逻计划同实际的巡逻记录进行比较，就可得出巡逻漏检、误点等统计信息报表，通过这些报表可以真实的反映巡逻工作的实际完成情况。提供巡更信息管理、巡更路线管理、巡更班次管理等功能。

巡更信息管理：显示当前系统巡更信息；过滤条件：时间段、巡更员卡号、巡更员名、巡更点、巡更路线等条件；显示信息：巡更员卡号、巡更员名、刷卡日期、刷卡时间、应到时间、巡更点、巡更路线、事件、状态等信息。

巡更路线管理：编辑、查询、复位巡更路线；巡更路线属性：线路编号、线路名称、间隔时间、始末时间、地点数；复位巡更路线：将线路的各巡更地点由已巡逻状态设为未巡逻状态。当系统设置了线路复位时间，则线路在最后一个巡更点的应到时间＋复位时间，将被自动复位。如果线路中存在未巡逻点，复位时间延长一个小时。在地理地图上面可以显示巡更路线。

巡更班次管理：编辑、查询巡更班次；巡更班次属性包括：巡更人员、需巡更线路、巡更日期、巡更方式等因素。

巡更方式：按星期排班、按月份排班、按间隔排班（持续几天，间隔几天）。

(2) 电子巡更流程图

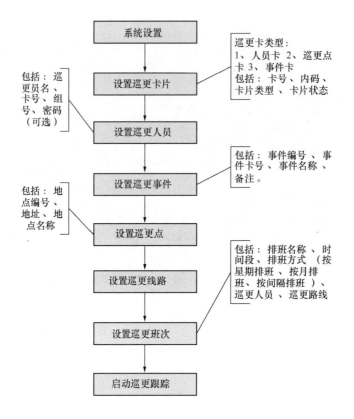

图 5-17 电子巡更流程图

5.2.5 电力系统运行管理

随着社会经济以及电力系统的发展,对发、输、供和用电的可靠性要求越来越高。同时,随着在线监测、模式识别、计算机信息处理技术等的发展,电气设备从现行的计划检修向状态检修转变已成为必然趋势。电力系统运行管理主要是基于BIM运维平台通过专业模块的二次开发进行,根据建设方的不同需求定制,在输变电运行工程中实现在线监测、系统分析、故障报警、故障预测、检修安排、数据储存等功能。通过详实的信息系统、直观的可视化模型及专业的评估系统等提高运维效率、提高项目质量。

1. 电力设备设施的在线监测

在线监测装置的现场配置应根据国家、行业及企业标准中的现场布点原则来配置,例如国网公司企标《输变电设备状态监测系统技术导则》Q/GDW 561—2010 等,结合运行情况和实际需求,遵循必要性和适用性的原则,统筹考虑,优化设计。

对于 Blue Earth 平台,为保障电站日常的生产安全,可接入在电站中部署的多种监测系统信息,实现对电站在生产过程中:设备的实时状态监测、电力系统的稳定性监测、电力资源的供应能力实时状态监测等。对监测对象进行可视化显示及快速定位到设备所在位置,并高亮显示相关设备。

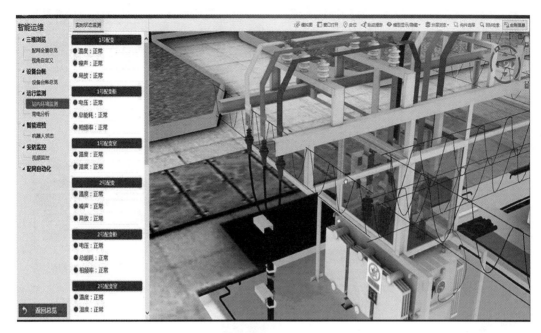

图 5-18 设施设备的在线实时监测

2. 运行系统的电气分析

电气分析是为了系统的安全稳定运行，利用实时监控的数据采集，通过专家系统对实时数据进行分析，例如过流、过电压、谐波超标、接地网阻值过大、避雷器泄漏电流偏大等。形成运维人员对电力系统运行的直观判断。亦可通过模拟系统对故障状态下电气分析指定预警方案。

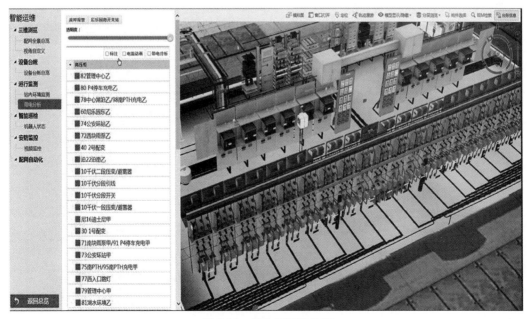

图 5-19 带电间隔的分析

第 5 章 电力 BIM 运维

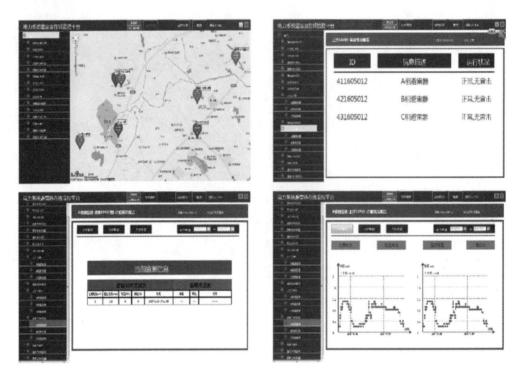

图 5-20　输电线路工程避雷器在线监测分析

3. 故障报警系统

对不同的监测设备，可接收其主动推送的报警信息，或可设定报警阈值，根据实时信息实现分级报警。在报警事件发生后，系统将自动定位到报警设备所在位置，相关设备高亮显示，单机后显示报警设备的基本信息，历史维护维修信息、处置预案信息等，方便工作人员高效的进行事故的处理。

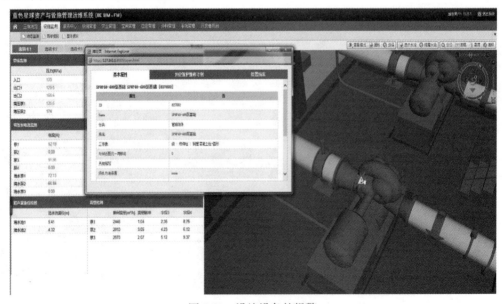

图 5-21　设施设备的报警

5.2 BIM 运维的功能实现

对电站生产运营中产生的报警数据可按照时间、监测种类等进行组合查询,以表格方式显示报警记录的详细信息。系统也会根据监测到的报警记录,安装年、月、周的间隔对报警记录进行添加。并且以饼图和柱状图的方式向用户展示。方便运维人员对整体工程的质量评价。

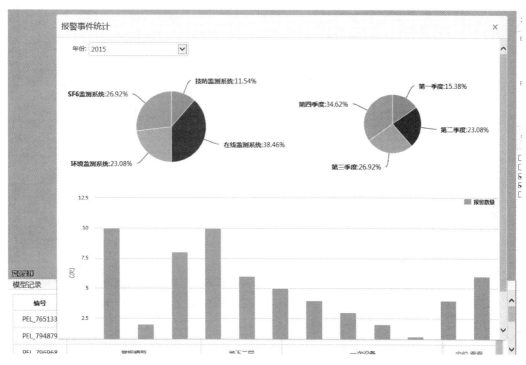

图 5-22 报警事件统计图

5.2.6 人员管理

1. 维护人员定位管理

对人员位置进行实时监控。以三维人物的形式显示各类人群的移动目标当前位置,在三维上显示任何时刻、任意区域内的人群分布情况。提供实时人员位置跟踪、人群分布情况、历史轨迹回放等功能,实现由事后的追溯变为事前的预警,监管人员能够及时发现各种安全隐患,为人员监控和高效指挥调度提供手段。

2. 系统权限管理

(1) 用户体系管理

用户管理提供统一的用户管理服务,包括用户的查询、添加、编辑、删除和详细信息查看及用户状态修改。

(2) 角色管理

角色管理是指根据项目参与者的工作职能划分不同的用户角色,并且以用户角色为单位,根据其相应的工作职能进行权限配置。

系统管理员可以设置不同的用户角色(系统管理员、专业维护人员、监控人员、检修人员、管理人员、第三方系统等),和每个角色的权限,系统管理员可以将用户角色赋予

第 5 章 电力 BIM 运维

普通用户，通过用户角色的分配来维护普通用户的系统功能使用权限。

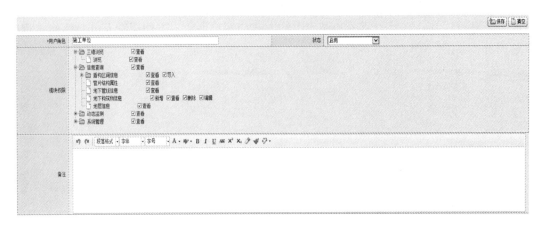

图 5-23 角色设置

（3）日志管理

日志管理提供用户管理、权限认证全过程包括系统登录、用户管理、WebSevice 登录、IP 地址、操作时间、数据 ID 等全部日志记录。

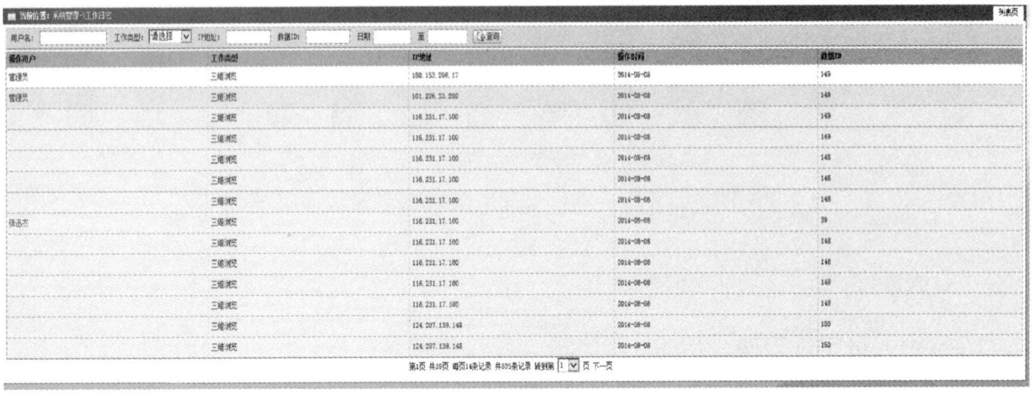

图 5-24 系统日志报表

5.2.7 综合管理

电力工程中除电气系统外的辅助系统应在 BIM 运维中进行体现，例如系统将暖通空调分为冷媒管、暖通、排风、送风、排烟等五大类，点击任何一类，系统将透明显示其他设备同时高亮显示该分类设备，鼠标点击高亮的设备，则会显示该设备运行状态。

辅助系统运维亦需考虑变电站的特殊要求，例如虹杨变电站不同于其他变电站，有一个冷却水系统独立于主控系统和辅控系统。系统根据提交的 BIM 模型在三维窗口中独立显示这套系统，并根据冷却水系统的监测数据在显示的时候采用不同颜色标识设备的运行状态。

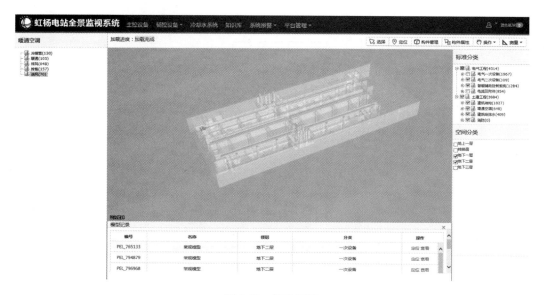

图 5-25 辅助系统

5.3 电力 BIM 运维的步骤

5.3.1 运维管理平台的方案策划

1. 目的和意义

运维管理方案是指导运维阶段 BIM 技术应用不可或缺的重要文件，宜根据电力工程项目的实际需求制定。基于 BIM 的运维方案应在项目规划阶段定制，以便规划、设计、数字化移交过程中采用方案中商定的数据模型、电网资产统一身份编码、接口方式等，以降低后期数字化交付与运维管理平台数据对接的成本。运维方案宜由业主运维管理部门牵头，专业咨询服务商（运维模块提供商）、运维管理平台软件供应商参与共同制订。

运维方案须经详尽的需求调研分析、功能分析与可行性分析。需求调研对象应覆盖到运维主管领导、运维管理人员及相关信息采集部门，如电力公司营销部、发展部等。在需求调研基础上，需进一步进行功能分析，梳理出不同针对应用对象的功能性模块，如电缆运维系统、电能质量监测系统、接地网在线监测系统、设备状态在线监测系统、输配电线路防雷在线监测系统、电力运行数据存储系统等，和支持运维应用的非功能性模块，如角色、管理权限等。运维方案还需要进行可行性分析，分析功能实现所具备的前提条件，如在线监测装置的稳定性、数据采集模块的可靠性以及通信路径等，尤其是需要集成进入运维系统的智能弱电系统或者嵌入式设备的接口开放性，在运维实施前应作详细调研。运维方案宜包括成本投入评估和风险评估。运维方案报告主要内容应包括运维应用的总体目标、运维实施的内容、运维模型标准、运维模型构建、运维系统搭建的技术路径、运维系统的维护规划等。操作流程图如图 5-26 所示。

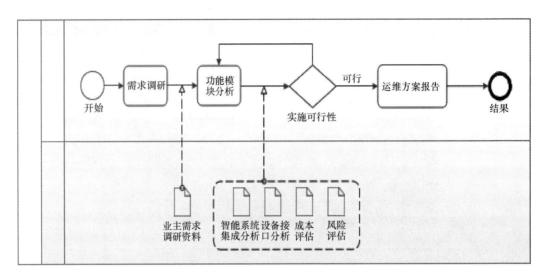

图 5-26　操作流程图

2. 运维管理平台的主要要求

以现实需要为基本出发点，确保适应未来发展的需要是建设运维管理平台的基本原则。该平台的设计将遵循如下具体的原则：

可靠性：系统可靠性是系统长期稳定运行的基石，只有可靠的系统，才能发挥有效的作用。系统中的硬、软件及信息资源要满足可靠性设计要求。具备较高的可靠性、较强的容错能力、良好的恢复能力。

兼容性：系统要涉及多类型数据库，需要提供开放的接口。系统在处理能力、数据存储容量、网络技术和数据接口等方面具有良好的互操作性和可扩展性，以保证未来的扩展和已有设备的升级。本方案需要充分考虑对原系统的利用，保护原有投资，最大限度地降低系统造价和安装成本。

标准性：系统采用的信息分类编码、网络通信协议和数据接口标准必须严格执行国家有关标准和行业标准。

先进性：根据建设资金情况，应保证在实用可靠的前提下，注重应用成熟技术，尽可能在最佳性/价比下选择国内外先进的计算机软硬件技术、信息技术和网络通信技术，使系统具有较高的性能指标。

易用性：系统采用 B/S 架构设计，同时采用通用、成熟的产品和中间件技术，同时考虑尽量减少系统的维护工作，尽量减少维护的难度。

成熟性：在注重先进性的同时，系统设计和开发平台应采用业界公认成熟，并具备在类似项目建设有过成功实施经验的技术和服务。

安全性：系统应具有切实可行的安全保护措施。对计算机犯罪和病毒具有强有力的防范能力。保证数据传输可靠，防止数据丢失和被破坏，确保数据安全。

容错性：系统应具有较高的容错能力，要有较高的抗干扰性。对各类用户的误操作要有提示和自动消除能力。

扩展性：系统的软硬件应具有扩充升级的余地，保护以往的投资，能够适应网络及计算机技术的迅猛发展和需求的不断变化,使系统中的信息资源具有长期维护使用能力。易扩展性同时保证二次开发,并且可以保证系统管理员或技术员能及时改善系统的功能。系统在设计过程尽量考虑今后的变化,编码、功能和数据库应易于扩充,以满足将来的发展需要,为以后的变化预留一定的接口。

实用性:充分考虑电站工作的现实需要,以及现行管理体制、管理模式、业务流程及人员结构的现状。从实际情况出发设计系统的结构和功能,紧密结合实际应用需要,保证系统最大限度的符合用户实际应用的要求,同时采用统一风格的界面和操作方式,使系统易学易用,操作简单。

5.3.2 运维管理系统的搭建

1. 运维管理平台的搭建

运维系统搭建是该阶段的核心工作。运维系统应在运维管理方案的总体框架下,结合短期、中期、远期规划,本着"数据安全、系统可靠、功能适用、支持拓展"的原则进行软件选型和搭建。搭建一套综合的电力工程建设及设施设备三维可视化管理系统,无论从系统涵盖的管理功能范围、应用的层次,到三维空间直观的管理模式,都会使电力工程管理登上一个新台阶。综合考虑客户需求和系统的稳定性、先进性和开放性,系统可采用的B/S架构,以面向服务的设计为理念,以先进的3D GIS+BIM、RDBMS为核心服务和数据平台、集成第三方异构应用系统,同时支持COM组件架构,对系统进行设计。以蓝色星球管理平台为例,介绍总体构架的搭建。蓝色星球管理系统的总体架构如图5-27所示。

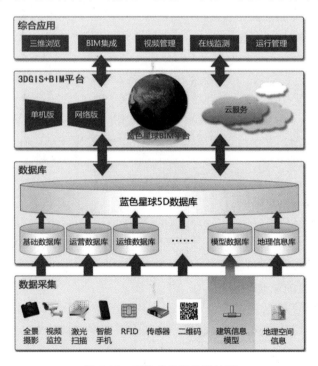

图5-27 系统总体架构设计图

蓝色星球BIM公共平台采用四层架构,由数据采集层、数据库层、3D GIS+BIM平台层、综合应用层等组成。

数据采集层：主要包括人工录入和数据采集系统集成。包含了地理空间信息、BIM模型与属性信息、各类传感器、二维码信息的采集获取等；其中"外部系统数据接口"支持动态监测系统通过网络接入本系统。

数据库层：采用5D（3D模型+1D时间+1D内容）数据库设计，包括时间和空间组合的方式实现项目全程所有数据信息按时间（包括了版本信息）管理。主要包括业务应用业务数据库、地理空间数据库、动态监测数据库等。其中应用业务数据库包含系统管理和业务应用产生的各类数据。地理空间数据库包含构建整个数字地球三维场景的各类基础数据：遥感影像数据，矢量地图数据，数字高程模型数据，BIM模型数据库，建筑三维数据库等。

3D GIS+BIM平台层：包含对整个系统的三维地理空间及综合业务信息支撑部分。包含空间数据构建引擎、空间数据服务引擎，和空间数据承载应用等。平台层通过各类地理空间数据的融合处理以及业务员数据的组织调用，为各类三维空间的应用提供支持。同时依托强大的二次开发接口，可以支持对已有信息化建设投资的保护和继承；支持异构系统的接入、功能子模块的增加，以及其他特殊应用的扩展。

综合应用层：是在数据采集、5D数据库、系统平台与二次开发接口的支持下，根据项目的需要，完成各种应用开发。

2. 专业插件的支持

为针对电力工程中多专业配合要求，需要针对用户需求委托各专业公司二次开发软件功能模块。因此，现今的软件平台开发中，一般都要求在产品中能够提供让用户自行定制功能模块的功能，以满足用户实际的需要，为用户提供方便、快捷、简单的二次开发的功能与形式。

5.3.3 运维模型的构建

运维模型构建是运维系统数据搭建的关键性工作。运维模型来源于竣工模型，如果竣工模型为竣工图纸模型，并未经过现场复核，则必须经过现场复核后进一步调整，形成实际竣工模型。

运维模型的构建一般可分为以下几个步骤：

（1）验收竣工模型，并确保竣工模型的可靠性。

（2）根据运维系统的功能需求和数据格式，将竣工模型转化为运维模型。

（3）根据运维模型标准，核查运维模型的数据完备性。验收合格资料、相关信息宜关联 或附加至运维模型，形成运维模型。

1. BIM建模环境的兼容性要求

BIM建模环境的兼容性要求决定了数字化移交的数据质量。数据互通性差、没有标准接口、不能兼容共享，将会形成信息孤岛，对运维的实时性、安全性、可靠性造成严重的影响。

兼容性主要包括：

（1）对异构数据库的兼容性。每项电力工程均由若干专业组成，例如电气、结构、暖通、给排水、建筑、技经等，其各自的专业软件具备不同的数据库，在BIM模型建立过程中数据的导入、导出应对其格式进行支持和兼容。

（2）软件升级的兼容性。软件升级和系统升级具有一定必然性，而不只是个概率。软件升级后特别是软件构架或是功能出现大的变动时，数据格式和文件格式可能重新定义，那么对原格式数据在新环境下要求依然可用，且不可造成数据的丢失。既能向下兼容，也能向上兼容。

2. 建模信息标准化要求

从项目信息、物料信息、设备信息、资产信息四个角度，定义模型全息信息视图关键内容。以互联的项目编号、WBS编号、物料编码、设备编码、资产编号为纽带，通过系统集成，实现模型信息准确全面及数据一致统一，形成业务数据集，为电力工程规划计划、采购建设、运维检修、退役处置全过程信息展示提供有力支持。

3. BIM模型的轻量化要求

模型轻量化工作包括：优化、合并、精简可视化模型；导出并转存与可视化模型无关的数据；充分利用图形平台性能和图形算法提升模型显示效率。

4. BIM模型的应用要求

BIM模型应具有跨平台WEB浏览功能、模型应用展示、运维平台接入等功能。

运维模型应准确表达构件的外表几何信息、运维信息等。对运维无指导意义的内容，应进行轻量化处理，不宜过度建模或过度集成数据。

5.3.4 运维数据自动化集成

完善的BIM模型数据、地理信息数据、基础影像数据、业务系统数据、动态监测数据是系统有效运行的重要基础，合理的设计和实现数据体系建设是项目开发的关键一环。电力工程中采集的数据一般包含地理信息数据（遥感影像、矢量地图及相关的地理信息）、电力设备运行数据（电流、电压、频率、温升、局放等）、管廊环境数据（温湿度、风速、水位、沉降、有害气体等）、三维模型数据（建筑结构数据、设备技术参数、厂家信息系统等）等。

1. 网络平台硬件的搭建

三维数字化电力工程的建设过程需要将设计过程中产生的设计数据（三维模型、二维设计资料和工程文档）、设备厂家数据、施工数据等资料封装发布，用户通过Internet进行访问，所以数据的安全性至关重要，为最大程度上保证数据的安全性，通过对网络结构安全的研究，最终确定三维数字化电力工程服务器网络配置采用三层体系结构。

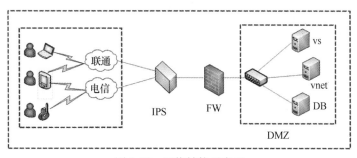

图5-28 网络结构示意图

Web 服务器、数据库服务器都需要放在硬件防火墙内，依靠企业的硬件防火墙可以提供 Internet 到 Web 服务器之间第一级安全保证。本系统由于涉及大量的遥感数据、时空构件数据，这些数据的传输，在环境初始化阶段，会占用大量带宽，等系统稳定后，占用的带宽处于稳定，需求会降低。必须保证网络带宽在 20M 以上，同时服务端的网卡在 100M 以上。主站服务器及客户端电脑的配置、移动终端的配置应根据实际工程模型的大小、数据的体量进行合理的配置。

硬件设备搭建过程中，计算机的中央处理单元（CPU）、存储设备（缓存、内存和硬盘）、主板等主机设备发生故障，必然造成系统瘫痪，可能导致严重的数据丢失的系统应提高硬件本身的可靠性、容错性、可恢复性，增强硬件系统的强壮性（Robustness）。

扫描仪、键盘、打印机、绘图仪、显示器计算机外部设备是比较容易发生故障的。这些设备虽然不是核心部件，对数据安全和保密的影响较轻，但若发生故障，对正常的使用也会造成严重影响。

计算机硬件系统的安全、稳定、可靠是整个信息系统安全可靠性的基础，采用以下措施会提高系统的整体可靠性：

（1）选用品牌厂商的硬件产品，尤其是后台数据库服务器和应用服务器，一定要选用经过严格测试，并承担过大量关键任务的主机系统，如 IBM 或 HP 的某些机型；

（2）双机热备份：一旦提供服务的主机出问题，则另一台可以马上接续，这就避免了数据丢失和业务中断情况的发生；

（3）不间断电源（UPS）：至少选择可以供 2kVA，断电保护 2 小时以上的 UPS；

（4）网络存储系统：建议使用专业公司的存储方案，如 IBM 或 EMC 的存储设备和存储方案；

（5）磁盘镜像和冗余磁盘阵列（RAID）：磁盘是廉价大容量的数据存储设备，也是容易损坏而造成大量数据丢失的设备，通过多个磁盘互相镜像，在把数据写入到其中一个磁盘时，在镜像的磁盘上作同样的写操作，便可达到随时备份，提高数据可靠性的目的。冗余磁盘阵列（RAID）是磁盘镜像的一种方式，利用廉价的磁盘，可以构成阵列，不仅增加了存储量，还可以通过冗余和镜像技术来提高可靠性；

（6）数据备份设备：当系统发生故障时，为保证数据的快速恢复，可采用安全可靠的数据备份系统，例如：磁带机、光盘机等；

（7）容错计算机：通过采用专门的体系结构、制造原材料和制作工艺，并且对计算机内部的电子元器件进行备份，可以形成稳定可靠性极强的容错计算机，这种计算机一般仅用于极为关键任务，成本很高，但是安全性最好。

2. 数据采集硬件的配置

数据采集硬件的配置根据不同专业进行分类，可分为建筑工程、电气工程、暖通工程等，根据现场的要求可配置沉降传感器、压力传感器、地下水位传感器、温湿度传感器、电力设备在线监测、电缆在线监测、接地阻抗在线监测、雷电流在线监测、SF_6 在线监测、GIS 局放在线监测等。以输电线路在线监测为例进行数据采集配置。项目采用微物联技术（深圳）有限公司传感器及方案。其单杆塔配置及系统配置图如图5-29、图 5-30 所示。

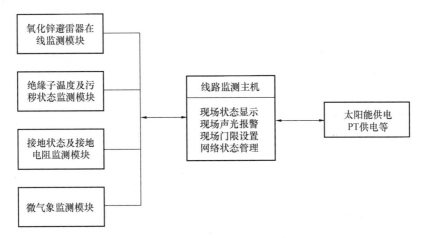

图 5-29　单杆塔在线监测配置

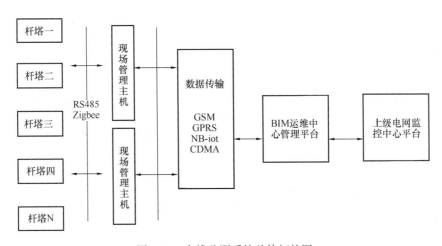

图 5-30　在线监测系统总体拓扑图

3. 运维软件平台的搭建

软件平台的搭建主要有操作系统、数据库 3D GIS＋BIM 平台。相关配置需根据现场需求确定，其典型参考配置如下：

操作系统：采用 Windows Server 2008 作为服务器的操作系统。Windows Server 2008 是专为强化下一代网络、应用程序和 Web 服务的功能而设计，是有史以来最先进的 Windows Server 操作系统。Windows Server 2008 在企业开发中，提供丰富的用户体验及管理应用程序，提供高度安全的网络基础架构，提高和增加技术效率与价值。

数据库：采用 SQL Server 2008 企业级数据库产品。它在企业级支持，商业智能应用，管理开发效率等诸多方面，较 SQL Server 2000、2005 均有质的飞跃，是集数据管理与商业智能分析于一体的，极具前瞻性的下一代数据管理与分析平台。

3D GIS＋BIM 平台：近年来，地理空间信息技术飞速发展，经历了纸质地图、电子地图、地理信息系统（GIS）、空间信息系统（SIS）等阶段，由上海蓝色星球科技股份有限公司开发成功的"蓝色星球 3D GIS＋BIM 三维空间信息系统"具有国内外先进水平，作为基础地理信息平台。

5.3.5 运维系统的维护

为确保运维管理系统的正常运行和发挥价值,系统维护必不可少。运维管理维护包括:硬件维护、软件维护、数据维护。运维管理系统的维护宜由供应商或者开发团队提供。运维管理维护计划宜在运维系统实施完毕交付之前由业主运维部门审核通过。

1. 硬件维护

输变电设备采集设备长期在雨水、日照、冰雪、高强度电磁辐射、噪声等环境里运行,服务器、网络设备的固有缺陷,将危害平台的可靠性和可用性。

硬件维护主要包含数据采集终端的维护、计算机网络维护及运维平台硬件的维护。维护的主要目的是为保护计算机网络设备、设施以及其他媒介免遭地震、水灾、火灾等自然环境事故;系统自然老化、设备缺陷、人为破坏等设备事故;数据采集系统受到电磁干扰、核辐射等特殊环境变化导致的破坏。

2. 软件维护

目前,大部分信息化系统选用的系统本身存在着安全弱点或隐患。操作平台的弱点和漏洞(如操作系统、数据库系统、通用软件系统等)可能构成系统隐患。应用软件系统的脆弱性、应用系统的 BUG、代码错误、不安全代码的执行模式或不安全设计可能构成安全风险。网络的脆弱性、网络协议的开放性(TCP/IP 协议栈)、系统的相互依赖性导致平台存在安全风险。初始设备及平台本身的不完备性可能构成平台新的安全风险。

软件维护应配备专业的运维人员,应考虑系统的安全配置、正常运行、安全操作、应急响应、安全审计等问题,必须在综合分析系统整体安全可靠的基础上,构筑一个完整的安全可靠服务体系。

第6章 电力BIM与GIS

6.1 BIM+GIS 概述

6.1.1 GIS 介绍

GIS（Geographic Information System 地理信息系统），起源于 20 世纪 60 年代，对其定义为："由计算机软硬件和不同方法组成的系统，该系统设计用来支撑空间数据的采集、管理、处理、分析、建模和显示，便于解决复杂的地理空间问题"。到 20 世纪 80 年代，GIS 软件开始逐渐商业化，涌出了大批优秀的传统 GIS 软件，比如 ArcInfo、MapInfo、Surpermap、MapGis 平台等。最近十年地理信息系统在中国市场无论是理论或应用都处于一个迅猛发展的阶段，大规模应用领域的推广，已经渗透到多个行业应用，如国土、测绘、农业、环保、交通、海洋、林业等，同时也成为各行业生产、学习的必要工具。

而今，我国 GIS 经过 30 多年的发展，传统的二维 GIS 虽然不断成熟完善，但逐渐突显出无法满足市场更高需求的瓶颈问题越来越严重，如：除无法直观、真实地展现现实三维场景外，在多行业的分析功能上也无法实现，如：日照分析、地质分析、通视分析、热力图分析等待，在这种情况下三维 GIS 应运而生，成为 GIS 发展重要方向之一。三维 GIS 利用 X、Y、Z 三个坐标轴对空间目标进行定义，与传统的二维 GIS（或 2.5 维）有本质不同，其布满了整个三维空间，在空间位置、拓扑关系描述及空间分析的扩展上有二维 GIS 无法逾越的优势，可为管理者和决策者提供更加真实的目标，及便捷的分析手段。目前三维 GIS 已经得到各行业的广泛应用，也诞生了许多非常优秀的三维 GIS 软件，除美国谷歌 Google Earth、美国 NASA 的 World Wind、美国的 SKYline 外，国内也产生了许多优秀的三维 GIS 软件，如伟景行 CityMaker、北京国遥 EV-Globe、超图 Surpermap 等。目前三维 GIS 已经在城市规划、电力水利、智能交通、智慧旅游、军事仿真、石油设施管理、综合应急、地下管线（综合管廊）、智能建筑等方面占据了大量市场。

在国外，20 世纪 90 年代，很多发达国家就开始在输电线路生产管理领域应用二维 GIS 技术，随着近二十年信息领域技术的进步和各种类型信息数据的不断积累，已形成的各类专题图能够越来越直观、方便地指导输电线路的运行维护。在三维 GIS 方面，由于近十年来中国电网建设高速发展的迫切需求，三维 GIS 技术在国内输电线路建设前期的勘探和选线阶段应用几乎与国际同步，并已经成为推动国际三维 GIS 市场的重要因素。

目前三维 GIS 技术主要应用于输电线路选线设计与工程基建方面，而在生产环节尚没有成熟的应用。与勘探设计阶段以地理信息为主不同，生产环节的三维 GIS 系统还涵盖设备本体状态信息、设备运维信息、气象环境信息、生产资源等各类动态信息，同时，必须以 EAM 系统为基础，充分融合已有相关生产系统。因此，在生产环节应用三维 GIS 技术，应在工程基建阶段获取的地理信息数据的基础上，研究多信息技术在生产系统中的综合优化应用。

6.1.2 BIM 与 GIS 的结合

目前 BIM 技术在电力工程中的应用正在如火如荼地开展。在全国范围内，BIM 技术的应用也同样呈现百舸争流的态势。大量的在建工程项目，除了传统的 CAD 图纸之外，都同时拥有自己的 BIM 模型，部分项目还同时拥有周边环境的 GIS 信息，并在 GIS 环境下，利用 BIM 技术进行的三维规划设计。相关数据在设计阶段完成之后都会交付给建设单位存档，或者流转到施工阶段，由施工单位进一步深化。如果有开发运维管理平台，模型则会继续流转到运维管理单位。但一般都没有结合 GIS 平台，是一个个独立的项目级管理平台。如果没有开发运维平台，则仅作归档处理，这一定程度上会造成资源的浪费。

GIS 具有处理海量数据的存储、进行复杂的逻辑运算和数据挖掘的功能，同时也是实现空间图形显示与空间信息查询、分析的有效工具。利用 GIS 的数据输入、存贮、检索、显示和综合分析应用等功能，电力行业在勘察设计、生产运营、资产管理以及公众服务和救援抢险等多方面，都有 GIS 需求，将 GIS 技术应用在电力行业，结合分散的业务信息与电力空间信息，实现海量数据的存储、复杂逻辑运算和数据挖掘，能够通过直观的表达方式进行线路规划、工程设计、设备管理、安全保障和指挥调度等，进一步提高我国电力运营管理的水平。但 GIS 数据一般由测绘部门掌握，可能涉及保密等需求，这些数据一般都不公开。传统的电力设计过程是跟测绘单位购买平面的地形图，依据二维地形图上进行设计。三维的 GIS 数据一般要求另外付费购买，或者重大工程会有政府主管部门进行协调。另外，随着倾斜摄影三维数据的获取越来越便利，其数据的优越性高于二维影像，因此，目前依此数据采用 BIM 手段直接进行三维规划设计的案例越来越多。

BIM 技术在设计阶段建立设计 BIM 模型，在建设过程中录入项目关键设备的相关信息，形成施工 BIM 模型乃至竣工 BIM 模型，打造一个融设计、建设、运营等阶段的全生命周期的数字化、可视化、一体化系统信息管理平台，提升项目建设水平，做到精细化建设管理，为后期运维与资产管理服务，应用 BIM 技术解决了在设计、施工、运维以及管理等方面的诸多问题。将 BIM 技术应用到电力工程领域成为必然。

建筑信息模型，是我们即将建设的建筑物的全过程信息模型，GIS 则是地理信息系统，理论上全球地理环境信息都可以纳入该体系中，但它却不包含建筑物本身和内部的信息，只是互相关系的环境信息。那么，要准确把握一项电力工程从宏观到微观的全面信息，BIM+GIS 就必不可少了，他们正好互补了两者之间的缺失。BIM 技术在地理位置精确、空间地理信息分析和构筑物周边环境整体展示上，都有极大的缺陷。而三维 GIS 可以完成构筑物的地理位置定位和其空间分析，更能完善大场景展示，确保信息的完整性，使得浏览信息更全面。三维 GIS 对构筑物本身的模型精度不够，无法实现建筑单体内部的碰撞和工程量分析。而 BIM 模型是电力设施构筑物三维空间信息和建筑性能的集成，有助于电力设施建设全寿命期内的信息传递、信息共享和协同工作等特点。有利于做电力工程构筑物内的各专业碰撞，进行工程量计算等。

BIM 将工程建筑的内部结构、外部结构以三维模型的形式进行表达，并将与建筑相关的设计信息、施工信息、运维信息都附着在模型上进行管理。在此基础上，通过碰撞检验、施工模拟、工程量计算、节能优化、物料管理等手段，减少设计中的错漏缺碰、提高设计精确度和效率，避免施工过程中的资源浪费。而电力工程是条带状工程，受到地理环境、地质条件、经济因素、城市规划等多方面的影响，目前的 BIM 模型设计软件支持的空间范围较小，无法承载海量大范围的地形数据，也不具备对地理信息进行分析的功能，无法满足电力工程设计应用的要求。GIS 正好从地理信息空间数据处理及分析的角度给予 BIM 应用支持。

因此，BIM 与 GIS 均存在优势与不足，将 BIM 和 GIS 的进行优势互补，融合 BIM 技术和 GIS 技术进行电力工程建设。BIM 主要用于构筑物内部信息的分析和管理，对后期运维和资产管理提供基本的模型和信息资料。GIS 主要用于管理区域空间，分析空间地理信息数据。通过 B/S 模式，满足管理者对工程的远程控制，利用先进的信息技术，实现电力基础设施智慧式建设、管理和运行，最大限度实现任何电力工程的规划设计、建造和管理各环节的信息流完整，在运行管理中价值最大化直至最后使命完成拆除结束。电力行业信息化也希望遵循电力基础设施全生命的信息流规律，因此，需要这样一个能够服务于电力全生命周期的信息管理平台。

从空间维度上来讲，BIM 关注的是建设项目对象，GIS 关注的是整个地理环境，其中也包括了建设对象。也就是说 GIS 研究的空间较之 BIM 更为广阔。GIS 研究的是大范围的空间对象及抽象化的对象；BIM 研究的是具体建设对象的详细构造。因此，在空间维度上 GIS 包含了 BIM 的内容。从价值维度上来讲，GIS 主要研究地理相关的信息处理及分析的功能，相对于 BIM，它只是一个工具。BIM 不但关心地理环境的问题，还关心项目规划、项目管理、参数化建模、协同化设计、工程造价估算、施工模拟、运营维护技术、资产管理技术等多方面的技术问题。GIS 只是 BIM 实施中的支撑工具，为 BIM 在项目整个生命周期的实施提供三维表现的基础、空间分析计算的能力及模型沟通的平台。从过程维度来讲，BIM 将整个项目从概念到设计、施工、运营、改建、拆除的全生命周期作为服务对象。对于电力项目而言，由于线路分布较长，地理信息有着重要的地位，从规划到设计、施工、运营都离不开地理信息。在电力规划和设计阶段，GIS 的地理信息是基础的设计资料，其空间分析功能对选线优化有着重要的意义。在运营阶段，GIS 能提供三维可视化的整体空间表达和信息的空间索引，其空间分析功能在电力相关的应急响应、灾害预警等方面有着突出的作用。总而言之，GIS 在各个阶段的 BIM 实施中，都是一个基础平台和重要的工具。

综上所述，BIM 在价值、过程维度上比 GIS 关注得更多。在应用实施过程中，应在总体上采用 BIM 的方法和思想把 GIS 的内容按 BIM 的技术框架融合进来。

1. 数据集成共享

数据集成共享过程，包括 BIM 模型的集成和 GIS 平台的集成，并将结合的模型进行协同管理。在电力工程设计施工整个过程中，参与方众多，专业活动大多各自开展。采用 BIM+GIS 的集成平台，在 IFC 数据存储标准和 ISO/TC211 接口规范的支撑下，通过 Web Service 接口将空间数据和地理信息数据进行结合。BIM 模型储存几何信息与非几何信息，为各专业在建筑内的集成提供服务。而 GIS 支持地理信息的数据管理、集成、共享服务和空间分析，为协同设计提供支持。

BIM 模型有三维模型，还有其附带的语义信息。在将 BIM 设计的模型结合到 GIS 系统平台的时候，不但要对三维模型进行可视化表达，还要能将模型附带的语义信息完全的继承。BIM 公开标准数据交换标准 IFC，也是工程建设行业数据互用的基于数据模型面向对象的文件格式，对 BIM 语义数据有完整的描述。但目前 GIS 系统并不支持从 IFC 文件中提取语义数据。另外 GIS 作为整体表现平台，只需要选择性地描述整体对象的语义信息，不需要完全理解 BIM 模型中复杂多维度的语义信息。因此如何转换 BIM 的语义信息，提取出需要在 GIS 系统中表达的语义信息，是 GIS 与 BIM 结合的要点之一。BIM 模型的编码与数据格式的标准化是 BIM 与 GIS 共生的基础。BIM 模型在 GIS 系统中三维可视化综合表达，要将模型的所有信息进行无缺失转换与传递。因此确定 BIM 模型编码与数据格式的标准，是将 BIM 模型信息与 GIS 互通的重点之一。

2. 模型的多分辨率处理及轻量化

由于 BIM 模型的信息数据量大，因此在离散化的过程占据内存极大，特别是在 GIS 平台上展现 BIM 模型。因此，为加速 BIM 模型的加载，缩短缓存时间，BIM 模型的轻量化是解决 BIM 与 GIS 在结合过程的关键问题之一。

电力工程建设的对象具有特殊性、复杂性、异面多等特点，所以，BIM 模型轻量化十分必要。电力 BIM 模型的特点是设计细节丰富、对象繁多、数据量大。在 GIS 中进行三维综合表达，对 GIS 模型数据的承载力提出了非常高的要求。研究 BIM 模型的多分辨率层次模型自动生成，利用轻量化模型的手段达到不同比例尺细节的按需表达，是解决两种模型在同一空间内进行结合的关键。为满足三维浏览速度的需要，将 BIM 模型进行处理，建立与 GIS 表达的多分辨率地面模型层级相适应多分辨率模型。

BIM 模型的具体建模过程，采用两种建模方式：分结构建模和延伸建模。整个过程要求确定模型的单位精度、统一建筑坐标，并设置唯一模型中心点。BIM 模型优化进行去除冗余面处理，提高导出效率并降低模型导出误差的概率。对模型表面进行贴图处理，并考虑贴图像素在建筑透空处理效果，提高建筑属性信息的可视化效果。此外，在建模过程出现的重叠面、漏空和交叉，需要进行模型修护处理，提高模型各面间的紧密程度和准确率。简化模型内容，并保证模型精度。

OGC 组织定义的 CityGML 语言，是虚拟三维城市模型数据交换与存储的格式标准，其整体框架上划分了 5 个细节层次（LOD）将 BIM 模型和 GIS 地形的三维表达整合到了一起。LOD0 是地形和正射影像，模型以矢量范围线表示；LOD1 将模型抽象为块体进行表达；LOD2 的模表达建筑的外表面；LOD3 以建筑的基本结构来表达，包括墙体、屋顶结构、门窗等；LOD4 在 LOD3 的基础上完成室内的结构，包括内部房间、门、家具等。

目前 BIM 设计工具设计的模型是 LOD3 和 LOD4 的层级的模型，LOD0～LOD2 的层级模型需要由 LOD3 来提取，即"轻量化"过程。在建筑领域已经有一些软件能通过墙体、门、窗的定义自动提取外表面，生成 LOD2 模型。电力工程设计的工点对象较为复杂，目前的软件尚不能自动提取其外表面，设计对象的轻量化问题还需做深入的研究，一种基于金字塔的多级分辨率 LOD 技术的研究可以为 BIM 数据的轻量化带来新的希望。

3. 地理环境的搭建

地理环境信息通过 GIS 技术实现，利用 GIS 的遥感影像数据，获得地理环境并转换成模型坐标，具体采用 WGS84 的坐标系。并利用 DEM 数据，获得高程节点。通过坐标系和高程结合的 GIS 三维定位，制作电力模型周围地形数据。电力工程设计，对地理环境有很强的依附性，施工管理必须了解地质环境信息。设计施工过程中，需要通过 GIS 分析建筑位置周围的地形，并要求利用 GIS 将采集的地理信息与 BIM 模型进行无缝拼接和集成。考虑地理环境对电力工程建设结构的影响，利用 GIS 分析周边地理环境是电力工程建设的基础。

BIM 数据与 GIS 数据的融合不光体现在数据本身相对位置上的融合，也要求 BIM 数据能够融入地理环境，也就是 BIM 数据也要在与 GIS 融合的环境下支持地理坐标系，实现真实地理位置下的精准定位。电力展示以 BIM 与 GIS 相结合为技术手段，采用 BIM 进行电力、临建的模型信息分析，运用 GIS 进行地理环境的信息分析，并实现工程位置的定位。

4. 面向服务的结合模式

目前的 BIM 系统相对独立，厂商的软件产品对 GIS 系统的对接非常有限。而 GIS 系统已经走向了服务化和规范化，国际标准的 WFS、WMS 地理信息服务接口已经广泛应用。BIM 软件需要完成对 GIS 软件服务标准的支持，才能达到与 GIS 系统的无缝对接。

BIM+GIS 的技术框架，指的是模型融合搭接完成后，将模型共享到服务器端，采用 B/S、与 C/S 相结合的系统架构，将模型及信息推送到管理者的桌面。基于 BIM+GIS 的 Web Service 服务，是将两技术结合的模型共同发布，免去了分别调用模型信息出现错漏、不匹配的缺点。通过 Web Service 接口将 BIM+GIS 的平台与现有工程管理平台进行集成，从而使各级管理者能够远程了解工程项目进展，满足工程信息化需要。

目前 BIM 在电力工程的应用尚不成熟，与地理信息的结合仅局限于对文件数据的读取，其在大范围地形及海量模型数据的表达还存在技术难点，BIM 的技术厂商也在寻求与 GIS 的结合点；另一方面，GIS 也在向 BIM 靠拢，将 BIM 模型对象引入到地理空间中。要达到 GIS 与 BIM 的深度结合，无缝衔接，尚需要解决地形局部修改套合、模型多分辨率与轻量化、语义信息传递、面向服务的结合模式等技术难点问题。通过关键技术的突破，完善接口标准体系，最终实现 GIS 系统在电力 BIM 解决方案中的价值体现，是未来地理信息领域和电力工程设计领域共同努力的方向。

6.2　BIM+GIS 在电力行业中的应用

6.2.1　BIM+GIS 数据管理

BIM 理念、技术和方法引入到电力行业中已经有一段时间，已经逐步在实践中形成了基础的方案措施，但还未上升到行业标准。这与电力行业本身多专业参与的业务性质有关，BIM 在各个专业领域有自己的特点，其应用方法和工具有很大差异，产生的数据结果也不尽相同，BIM 信息之间的传递也存在壁垒。另外 BIM 技术比较擅长在单体局部环境下发挥巨大作用，其在和地形起伏、地质条件等地理要素紧密相关的环境下，在场景比例尺度、模型预览和表达、信息冗余程度等方面表现出其特殊性，是 BIM 所未予关注和难以解决的。

然而，针对这些问题，GIS 领域中的空间分析、空间数据库和三维可视化技术提供了解决思路和方案。此外，依赖 GIS 手段将多工点施工坐标统一到地理坐标，实现对电力工程完整性、全局性地参考、展示、评估和分析，也进一步弥补了 BIM 在电力表达上的局限性。为此，需要在研究和制定电力 BIM 框架和标准及以后的实施应用过程中，充分考虑 GIS 所处的地位，探讨 BIM 和 GIS 在语义、数据等多方面融合的可行性和方案。

BIM 和 GIS 的数据管理标准包括 BIM 制图标准、配合标准、交付标准，还包括数据管理标准、技术标准、存储标准，以及 GIS 各种存储标准等，同时需建立技术及管理标准，技术标准的建立主要包含模型精度标准 LOD、模型信息标准、建模标准、软件标准等标准。电力行业需重点增加、扩展并融入 GIS 内容的思路和方法，形成电力 BIM 技术标准框架下 BIM 和 GIS 融合的方案，以推动电力工程全生命周期建设信息化的发展。

1. 主要参考依据

（1）全面考虑电力工程信息的完整性与相关专业的完备性，必须对工程中所涉及的地理要素与地质信息进行统一规范，纳入到电力 BIM 的分类与编码标准中。

（2）参考和引用现有标准的原则是，在同时存在国家标准和国际标准的情况下，优先采纳和参考国家标准。

（3）与 BIM 采用面分法的分类思想不同，GIS 通常采用线分法，此外 GIS 分类的实体对象通常表现在宏观尺度下，子类细分的详细程度低于 BIM。

（4）《地理信息分类与编码规则》GB/T 25529—2010 是测绘领域现行的推荐性国家标准，为电力工程的地理要素信息分类和编码提供了足够的扩展空间。

2. 数据存储标准体系

在广泛调研和学习 BIM 与 GIS 领域现有三维信息模型存储标准的基础上，面向电力行业涉及的几大专业，提出了满足电力工程实体信息存储需要的方案。存储标准体系中基于 CityGML 的语义扩展和数据存储方法其中从 GIS 角度制定的方案是：以 OGC（Open Geospatial Consortium）提出的 CityGML 三维模型存储标准为基础，借助其提供的 ADE（Application Domain Extension）扩展接口，遵照对象间的从属、层次等关联关系，增加电力工程实体语义及属性的定义。

CityMaker 支持 BIM＋GIS 数据集中存储，并具有完善的权限管理机制；同时 CityMaker 还支持海量数据的增量更新和维护，且客户端可以立即获得更新后的数据。Feature Data Base 地理特征数据库支持场景数据"文件方式"及"数据库方式"存储管理，具备高效的海量数据管理能力。支持电力行业相关三维模型数据的组织管理，支持大范围模型场景、三维地形起伏、高精度模型，同时结合具体应用确定提供便捷的数据集成管理、更新维护以及快速检索、调用、传输、分析和可视化。

3. CityMaker 数据存储结构

FDB 是一组表达地理特征概念及其关系，并按照这种概念及其关系来组织、存储地理特征数据的数据库模式。FDB 既包含了 CityMaker 对于空间数据的三级组织方式的定义，也包含了伟景行对于 3D GIS 空间数据的独特理解，同时引入了一些行业系统中常用的概念，比如值域、同步、分布式等概念，为高层系统建模提供了更多的便利性。

FDB 数据库中可以根据需要选择不同的 Geometry 类别，Geometry 类型包括：点、多点、多边形、闭合曲线、实体、表面、点云、集合、图像、模型等类型；可以为选择的类型创建属性字段，字段类型支持：Int16、Int32、Int64、Float、Double、String、Data 等类型。

在 CityMaker 中，数据统一在 FDB 中进行保存，FDB 分为大文件型（*.fdb）和数据库两种存储方式。FDB 为三层数据结构：

数据源、数据集、要素类。

（1）创建数据源

首先创建数据源，在右侧【资源目录】中选择【创建数据集】，选择创建类型和存储路径等。

第6章 电力 BIM 与 GIS

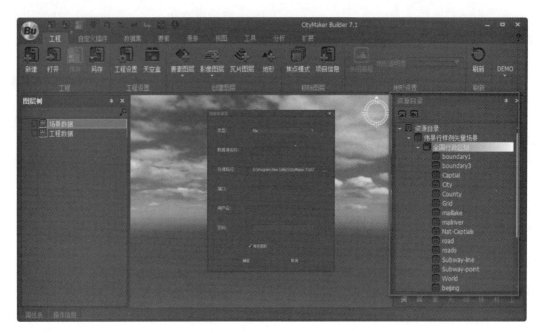

图 6-1 CityMaker Builder 创建数据源

（2）创建数据集

在资源目录中右键数据源名，选择【创建数据集】，输入数据集名称，选择数据集坐标系。

数据集具有唯一的坐标系，即数据集中的要素类均采用相同且唯一的坐标系。该坐标系可以修改，初始时可为 Unknown。

定义 FDB 坐标系需在数据集中右键属性，选择自定义坐标系完成。

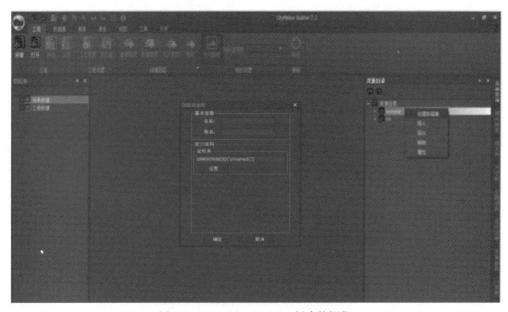

图 6-2 CityMaker Builder 创建数据集

(3) 创建要素类

数据集中的要素类，类似于图层，将模型按照规则进行分类，如模型分为：建筑、交通、绿化、水系、市政等类型，就可以创建以上类型的要素类。

1) 创建要素类前，请先将数据集在左侧图层树中移除。图层树中右键数据集名称，选择【移除】。

2) 在资源目录中，右键数据集名称，选择【创建要素类】，输入要素类名称，按需增加要素类属性字段。

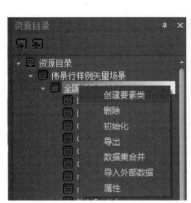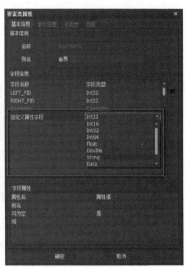

图 6-3 CityMaker Builder 创建要素类

3) 拖拽数据集名称，到三维窗口，就可将数据集加载到场景中。

4. BIM+GIS 数据存储和管理

CityMaker 参照 CityGML3.2.1、ArcObjects、OGC SFA、ISO/TC211 等相关标准，在存储标准体系中对地理实体及其联系的抽象，它通过空间、属性、时态及其变化来描述数字化的特征，特征也可以具体指地理特征（Geographic Feature）。特征数据库（Feature Data Base，简称 FDB）以特征为核心概念，通过一系列数据库模式，将特征的空间、属性、时态属性（Property）数据组织到主流商业数据中进行存储，便于地理特征数据的集中管理和共享。

CityMaker 提供开放的地理特征数据引擎 FDE（Feature Data Engine），可方便地进行地理空间数据的存储、查询分析与编辑操作。FDE 支持通过网络直连 FDB 数据库，通过 FDE 提供的数据操作 API，C/S、B/S 客户端可进行在线地理特征数据编辑操作，从而能够支撑基于网络的多人协同生产作业模式，可有效满足海量高精度 BIM+GIS 模型数据整合、更新、维护的需要。

(1) BIM+GIS 多源异构融合能力

FDB 具备完备的地理空间几何数据类型定义，可以管理常见的二、三维几何数据对象。几何数据类型定义必须符合 OGC 国际标准，几何数据类型涵盖 OGC 定义的零维点 Point、一维线 Curve、二维面 Surface、三维体 Solid，可实例化的几何数据类型至少包括点 Point、多段线 Polyline、圆 Circle、椭圆 Ellipse、线段 Line、环 Ring、多边形 Polyline、三角形 Triangle 以及描述城市三维模型的几何数据对象。

FDB 采用科学的数据组织方式、高效低损的数据压缩方法以及优化的索引架构等先进的技术手段实现 BIM+GIS 海量空间数据的管理。作为面向城市级地理信息数据管理的地理特征库，存储其"时间+空间+属性+符号"信息，支持常见关系型数据库，支持多源异构数据的导入，符合标准交换格式的数据导出。这种数据的转换方式，直接将大文件数据转入空间关系型数据库进行管理，通过多空间列技术，我们可创建多个空间属性字段，实现 Geometry 属性的聚合管理，同时，高度整合时间、空间、专题属性信息，实现高度聚焦业务需求的面向对象信息建模。将帮助用户大幅降低信息建模与信息系统架构的设计复杂性，降低信息系统建设、维护成本。

（2）BIM 到 3D GIS 的无缝对接

直接将 BIM 数据信息直接存储在特征数据库中，最大限度发挥 BIM 数据的作用及价值，FDB 支持 BIM 数据一种是通过标准格式文件 IFC 交换信息；另一种支持方式是通过标准格式的程序接口访问信息并转换进行存储，如 Revit，Microstation 等 BIM 软件接口。

这两种手段都不要再次通过其他图形软件进行数据转存，如 MAX 等，极大程度减少重复劳动，避免信息丢失。另一方面，BIM 数据的体系结构、族、对象参数、材质、颜色、属性信息等的近乎完整保留，便于 BIM 结合 GIS 增强数据地理特征性和应用扩展能力。

（3）数据资源的维护管理

BIM 数据作为宝贵的数据资源，可作为 GIS 对象对其进行简单的编辑，易于信息化管理。建筑、结构、机电设备等不同维度和尺度的 BIM 成果数据可以在 3D GIS 平台 CityMaker 下进行资源整合及管理维护。BIM 导入平台之后，与其他三维模型无异，支持统一的专题符号配置、平移旋转缩放操作、模型切割合并、复制粘贴删除、要素类结构改变及属性内容编辑等，同时支持直接进行材质编辑和模型交换，实现数据的局部更新。

（4）使 BIM 数据也具备地理特征

建筑本身也是具备地理特征的，只是在建筑本身设计阶段，地理特征不是重点关注的对象，上升到地理信息平台，建筑本身会和周围环境构成地理环境，参与宏观到微观的全局地理信息的表达来。GIS 以管理空间数据见长，其核心特征是对地形地貌和现有建筑物分布的描述。基于统一的地理空间参考创建 BIM+GIS 三维场景，三维场景支持平面和球体两种模式，支持加载不同坐标系的二三维矢量数据及数据服务，不同坐标系的数据通过坐标动态投影变换叠加在一起，三维模型数据要求支持顶点投影变换，以确保三维模型不会出现接边漏缝。

综上，在电力工程项目规划选址、施工管理、后期运营管理与维护等阶段，针对不同的属性数据，进行数字存储，建立有效的 BIM+GIS 数据管理系统，通过对多要素的综合分析，方便快速地获取信息，并以图形、数字和多媒体等方式来表示结果，使 BIM 可以在电力信息化管理中发挥更重要的作用。

5. BIM+GIS 异构服务共享

CityMaker 三维地理信息平台在统一数据存储标准和统一接口规范的支撑下，将空间数据和地理信息数据进行结合，CityMaker 自动化空间索引机制可支持高性能空间数据访间,并可直接通过 Server 进行网络数据发布。在 BIM+GIS 进行数据融合后,通过 Web Service 接口进行服务共享,再与电力相关专业业务结合,实现空间数据与专业业务同步一体化,满足电力工程建设信息化管理中的基础辅助功能;集成对接视频监控、在线监测等异构系统,实现信息同步共享,达成电力工程设计、施工的一体化协同管理。

在共享服务能力方面,CityMaker 将 BIM 以三维矢量服务(REST Web Service)形式进行共享,通过 CityMaker Server 高性能服务器缓存技术,可实现单服务器 100 人以上高并发访问。具备分布式部署能力,并能够灵活添加服务器节点,可通过 Web API 方便实现添加、删除服务器资源。支持增加服务器结群性能,满足海量用户的并发访问。

6. BIM 数据导入 CityMaker 操作流程

上述章节重点介绍了伟景行 CityMaker 三维平台对 BIM+GIS 数据的管理,下面将简要介绍 Revit、Microstation 等主流 BIM 软件导出 FDB 插件使用说明,以及 IFC 格式数据导入 FDB 操作流程。

(1) Revit 插件使用说明

1) BIM 数据准备

Revit 软件及对应"RevitPluginForFDB"插件安装完毕后,打开 *.rvt 数据,切换到三维视图,工具栏【Gvitech】下即可看到多种导出按钮,如图 6-4 所示。

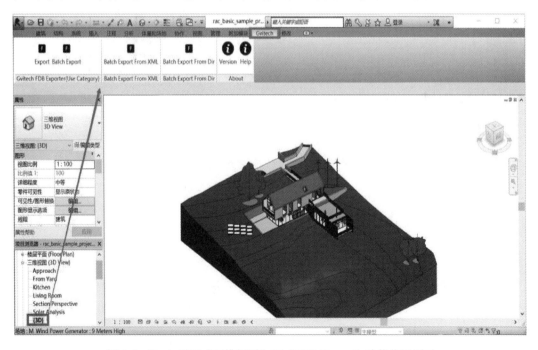

图 6-4 Revit 界面"三维视图"和"FDB Export"功能位置图示

在 Revit 三维视图下,不管"真实"还是"着色"状态,如图 6-5 Revit 软件"图形显示选项",最新插件都默认先识别材质里边的颜色和贴图设置信息;建议在材质有贴图设置的情况下,尽量选择"真实"状态,确保插件能识别完整信息,促使导出 FDB 信息与 Revit 当前三维视图状态一致。

另外,Revit 材质设置"外观"下的图像、颜色、透明度、染色等信息都可以直接导

图 6-5　Revit 底部状态栏"图形显示选项"

出到 FDB，FDB 能完整保留＊.rvt 的信息，包含构件、体系结构、构件参数、材质（包含金属质感）、颜色（包含透明度）、贴图等，构件数量和复杂度无限制。

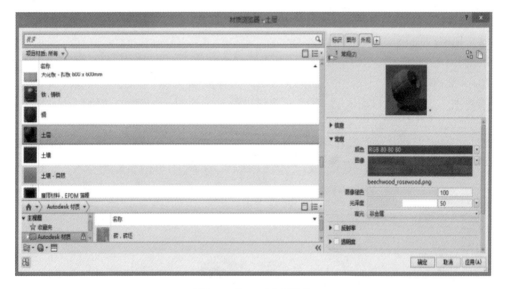

图 6-6　Revit 界面图示

2）输出 FDB

点击工具栏"Gvitech"，含＊.rvt 多种导出方式，如图 6-7 所示：

图 6-7　多种导出方式

①. 单个＊.rvt 文件导出＊.fdb 文件

Gvitech FDB Exporter（Use Category），是指按照 Category 分类成要素类，将单个＊.rvt 文件导出成一个＊.fdb 文件，单个文件分为有链接或无连接的＊.rvt 文件。

a. "Export"可导出单个无连接∗.rvt文件到单个∗.fdb文件；
点击 按钮，弹出对话框：

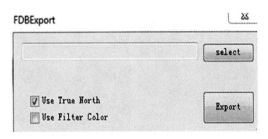

图6-8 FDBExport

（a）选择要存储的FDB文件路径，然后选择授权方式，点击导出。
（b）选项"Use True North"为使用正北方向，不勾选默认使用项目北方向。
（c）选项"Use Filter Colorh"为使用过滤色，勾选"Use filter color"可保留Revit里设置的颜色过滤器内容。如在Revit里过滤器设置有Category的颜色分类，勾选该选项，导出的模型颜色会与Revit设置状态保持一致。

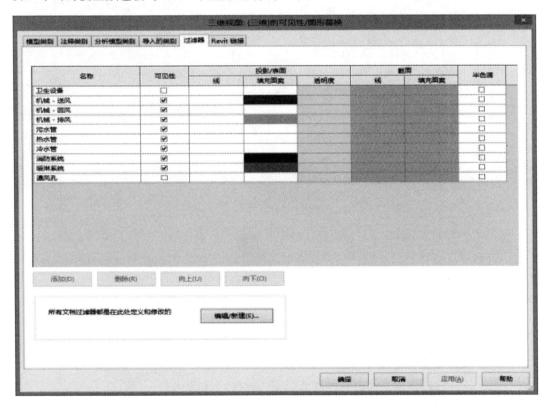

图6-9 Revit"过滤器"界面图示

（d）在CityMaker Builder右侧"资源目录"中加载导出的∗.fdb文件，可见∗.rvt文件对应∗.fdb数据源下唯一数据集。"RevitPluginForFDB"插件默认保留了Revit里设置的Grid基准网格线。

 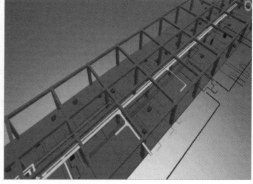

(1) 不勾选"Use filter color"导出FDB展示　　(2) 勾选"Use filter color"导出FDB展示

图 6-10　Revit 导出 FDB 展示

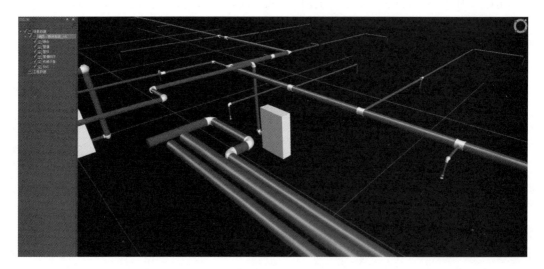

图 6-11　CityMaker Builder 界面图示

Grid 不需要时可在 Builder "资源目录"里对其整个图层进行删除，除了 Grid 基准网格线，FDB 中还保留有每个构件自身的参数信息，以及构件 Name、Category 和 Family，其属性字段的维护和要素类（通俗理解为图层）的划分可以在 CityMaker Builder 自行定义。

b. "Batch Export"可导出单个链接（非多级链接）＊.rvt 文件到单个＊.fdb 文件

在 CityMaker Builder 右侧 "资源目录" 中加载导出的＊.fdb 文件，可见链接＊.rvt 文件对应＊.fdb 数据源下多个数据集。

导出＊.rvt 链接下多个文件时，需先检查 Revit 链接的状态，可以在 Revit "管理链接"下调整（如图 6-12 所示），确保所有链接文件都已载入，载入时确保多个＊.rvt 基准对齐方式一致。

② 多个＊.rvt 文件批量导出

多个＊.rvt 批量导出多个＊.fdb，每个＊.rvt 的一个三维视图对应一个＊.fdb。通过此功能导出成＊.fdb 不会把＊.rvt 中链接的＊.rvt 一并导出。由于＊.rvt 文件有些外部

6.2 BIM+GIS 在电力行业中的应用

图 6-12 Revit 界面"连接"图示

链接文件找不到会导致批量导出中断,因此在批量导出前尽可能先卸载这些无效外部链接。

a. Batch Export From XML 导出方式(通过 XML 文件配置批量导出 FDB)

通过 XML 配置来导出 FDB 是最灵活的一种批量导出方式,可以多个文件夹一起导出,也可以导出 *.rvt 中的多个三维视图。点击"Batch Export From XML"功能选择一个 XML 配置文件进行 FDB 批量导出。默认情况下,XML 的模板文件在插件安装目录下,"BatchExportConfiguration.xml"文件。

如果多个文件夹下有同名的 *.rvt 文件,则会导致 FDB 文件被覆盖,如果一个 *.rvt 中导出多个三维视图,则会生成多个 FDB,每个 FDB 的命名规则为 *.rvt 文件名 + 三维视图文件名。

b. Batch Export From Dir 导出方式(选择文件夹批量导出 FDB)

选择一个文件夹,把该文件夹下的所有 *.rvt 文件每个都单独导出成一个 *.fdb,注意:不会导出子文件夹下的 *.rvt 文件。如果 *.rvt 中有多个三维视图,则只随机导出其中的一个三维视图。

选择该导出方式则弹出对话框:

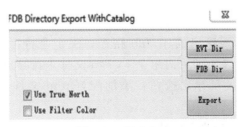

图 6-13 导出方式

347

确定 *.rvt 放置目录（RVT Dir）以及 *.fdb 输出目录（FDB Dir）后，批量导出。

（2）MicroStation 插件使用说明

1）打开插件

在 MicroStation CONNECT 64 安装后再安装插件，打开 MicroStation CONNECT-Edtion 软件，在里面找到 Utilities→MDL Applications，双击"FDBEXPORT"打开插件。

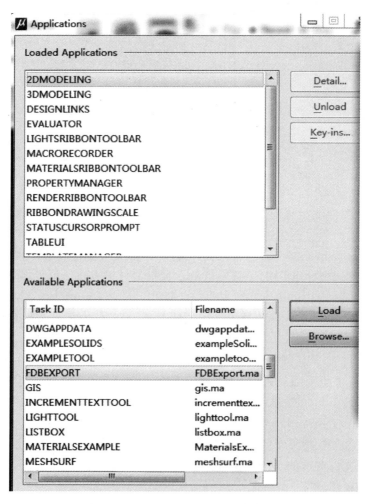

图 6-14　打开 MicroStation 插件

2）导入 FDB

点击选择按钮，选择要输出的 *.fdb 路径，决定是否需要调整弦高，角度公差后，选择授权方式，确定导出即可对单个 *.dgn 文件进行导出，如果需要同时导出多个 *.dgn 文件，则点击批量导出按钮，添加配好 xml 文件后即可实现批量 *.dgn 导出。

（3）IFC 格式数据导入 FDB 操作流程

1）在 CityMaker Builder 工具集中，打开【生成新要素类】工具或【追加到已有要素类】，选择 IFC 模型文件为输入数据。

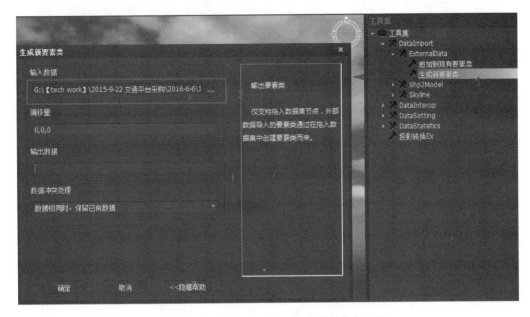

图 6-15　CityMaker Builder 导入外部数据工具

生成新要素类，只能单选：

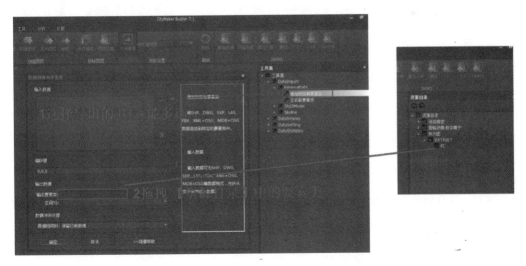

图 6-16　CityMaker Builder 输入 IFC 数据

追加到已有要素类，支持多选。

2）将 Builder 右侧窗口切换到资源目录窗口，选中数据集，并将其拖拽至输出数据栏中。

3）输入或使用默认的要素类名称，点击确认。如弹出坐标系不一致的提示窗口，点击 ok 即可，不影响数据导入。

第 6 章　电力 BIM 与 GIS

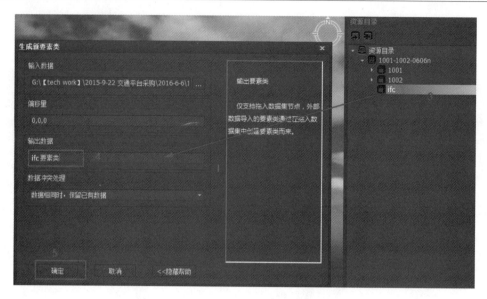

图 6-17　CityMaker Builder 生成新要素类

6.2.2　BIM 数据轻量化

利用 BIM 技术对电网进行精细化建模，由于 BIM 的特殊属性，其数据颗粒度非常微小，这就造成了即使规模很小的变电站，也有可能生产出很大数据量的 BIM 模型。加上电网模型高密度分布的特点，输电线路一般呈现条带状，沿线分布了大量的杆塔、绝缘子和导线等，线路两端连接变电站、换流站等，很有可能产生出惊人的数据量。为了实现大量高精度的电力 BIM 模型的动态调度与快速渲染，采用三维模型化简机制、多级 LOD 机制、三维瓦片技术、动态调度机制等技术，实现在保证 BIM 模型几何形态没有显著失真前提下，全面提升 BIM 设计成果展示及应用的效率和性能，满足互联网、专业客户端、移动终端三维展示及应用需求。

1. 三维模型简化机制

模型的简化是加快三维场景可视化重要而有效的方法，但模型的简化很容易产生视觉突变，从而在很大程度上影响视觉效果。从图形学的角度出发，化简是三维模型中最难实现的部分。

三维几何模型通常用多边形网格来表示，模型简化不是简单地减少网格模型中三角形面片的数目，而是根据对原模型逼近精度的要求，相应地减少模型中三角形面片数目。因此，需要删除那些对模型影响不大的三角形，保留那些能反映模型几何特征的三角形。

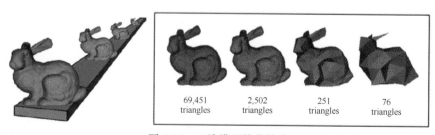

图 6-18　三维模型简化技术

2. 多级 LOD 机制

LOD 即 Levels of Detail，意为多层次细节，指根据一个场景的 3D 对象离视点较远或其他不影响画面视觉效果的条件下来降低其复杂度的一种计算机图形策略。LOD 建模的目的是获取最佳的渲染效果与满足光滑流畅的交互式漫游的需求，合理的 LOD 模型的级别是需要解决的关键问题。

对于大场景三维模型的绘制，必须权衡其视觉效果与模型数据量的关系。大范围精细的三维模型进行调度，由于内存大小的限制及应用程序内存寻址空间的限制会导致调度的范围较小。要突破内存对大场景调度的限制，就需要将最精细的三维模型通过纹理压缩与简化，制作多级别的 LOD 模型。通过对调度算法的优化，为三维场景创建渲染索引，对要素的模型及纹理都分设不同的 LOD 级别，在漫游调度时，可以在最小的资源占用下，依据当前的相机视角加载不同效果场景模型纹理，使整个漫游过程更为流畅。

通过程序实现动态 LOD，不但可以实现模型随视点的变化进行细节层次切换，而且可以实现模型随视点的改变而动态加载和卸载，从而降低内存的损耗，提高场景的调度和渲染效率。

3. 三维瓦片技术

海量三维数据的加载和显示往往受到浏览器和网络带宽的限制，为了提高系统的易用性及用户体验，通过加载三维瓦片方式加载海量三维数据，瓦片金字塔主要包括瓦片和金字塔两个最重要的概念。

金字塔模型是一种多分辨率层次（Multi-Resolution Hierarchy）模型，在某种意义上可以说是一种连续多分辨率层次模型。它通常采用倍率的方法构建金字塔，形成多个分辨率层次。从金字塔的底层到顶层，分辨率越来越低，但是表示的范围不变。通过构建金字塔模型，可以为三维可视化系统提供不同精度的三维数据。将不同精度的三维数据与金字塔模型结合在一起，实时动态的加载数据，从而降低内存的消耗，使得客户端能实现大规模三维数据的可视化。

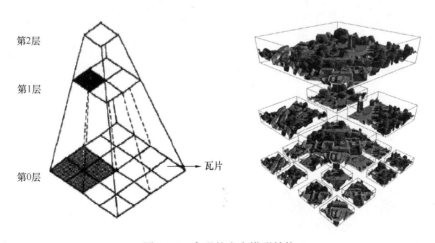

图 6-19 直观的金字塔形结构

4. 动态调度机制

目前计算机无法一次性加载海量数据，必须采用动态调度技术实现大范围三维场景的漫游与应用。海量数据动态调动技术主要利用了多级 LOD 技术、视锥拣选技术、数据分页、缓存等技术。

通过对调度算法的优化，为三维场景创建渲染索引，对要素的模型及纹理都分设不同的 LOD 级别，在漫游调度时，可以在最小的资源占用下，依据当前的相机视角加载不同效果场景模型纹理，使整个漫游过程更为流畅。

5. BIM 数据轻量化操作流程

针对超精细的 BIM 数据，我们给出如下方法来优化数据：

（1）更新要素类的渲染索引和空间索引

① 打开 CityMaker Builder 软件，在右侧资源目录上点击添加数据源图标，添加 FDB 数据源；

② 选中 FDB 中各要素类，右键单击，选择"属性"，在"索引设置"中重新计算空间索引和渲染索引，计算完成后，确定即可。

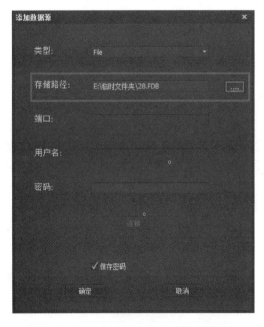

图 6-20　CityMaker Builder 添加数据源

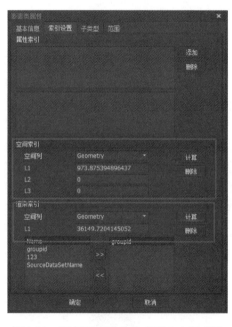

图 6-21　更新要素类渲染索引和空间索引

（2）更新简模

① 打开 CityMaker Builder 软件，新建工程，将右侧资源目录中 FDB 下数据集拖拽到三维窗口中，左侧图层树中将显示该数据集下所有要素类；

② 在左侧图层树中选中数据集，鼠标右键单击，选择"全选"；

③ 在右侧菜单栏中，点击材质编辑器，点击"更新简模"图标，将对选中的模型更新、创建简模，使其远距离显示简模，近距离显示精细模型。

图 6-22　更新简模

6.2 BIM+GIS 在电力行业中的应用

(3) BIM 模型优化

① 打开 CityMaker Connect 软件，在右侧菜单栏"工具集"中选择"BIM 模型优化"工具；

图 6-23　BIM 模型优化

② 输入需要进行模型优化的数据；

③ 勾选"化简所有模型"，对模型更新、创建简模，若已对模型进行"更新简模"操作，则此处不需要勾选；

④ 选择"质量优先"或"性能优先"，选择质量优先所生成的模型精度高于选择性能优先所生成的模型；

⑤ 完成上述设置，确定即可。

(4) 控制要素类的显示距离和最小裁剪参数

控制要素类的显示距离和最小裁剪参数，让数据远距离隐藏，近距离显示，如：路灯显示距离可设置为 200 米，室内装饰、设备、管道等可设置为 20～50 米或更小；最小裁剪，是模型在三维窗口所占的像素数，如超过限制值，则显示，低于限制值则隐藏，如：树或植被的最小裁剪可设置为 20。通过这种方式降低数据对系统资源的消耗。具体操作方法如下：

① 打开 CityMaker Connect 软件，新建工程，添加模型数据，选择 FDB 数据源存储路径；

② 在左侧图层树上选中需要对其设置的图层，右键单击，选择"属性"，弹出属性框，即可对该图层显示距离及小物体裁剪进行设置，设置完成后，确认即可。

(5) 如果 fdb 范围大、精细、确实数据量过大，建议将 fdb 进行瓦片化处理。

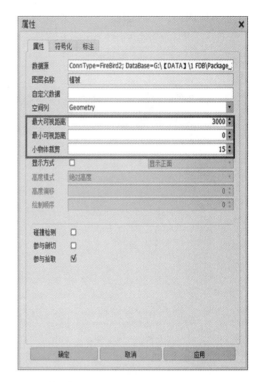

图 6-24 CityMaker Connect 添加模型数据   图 6-25 控制要素类的显示距离和最小裁剪参数

6.2.3 空间分析

空间分析是 GIS 的核心,通过获取数据的空间位置、属性信息,利用 GIS 强大、丰富的空间分析功能,可挖掘到人们更加关心、更有价值的数据,从而辅助决策,这也是 GIS 的价值所在。

地理信息系统中的空间分析方法非常多,本文将从空间查询和量算、叠加分析、缓冲区分析、网络分析等四种空间分析方法,结合电力行业中的一些应用,为读者简要介绍。目的在于通过这些应用实例,能起到"抛砖引玉"的作用,激发读者的思考。

1. 空间查询与量算

查询和定位空间对象,并对空间对象进行量算是 GIS 最基本的功能,可以说 GIS 其他的空间分析功能都是始于空间查询和量算。

(1) 空间查询可以分为属性查询、空间相互关系查询以及图形和属性的混合查询。

1) 属性查询:根据属性特征条件查询对象属性。支持在三维场景中查询线路、杆塔、变电站等设备的属性信息,如名称、编号、材质等。

2) 空间相互关系查询:根据图形信息(如鼠标点取、拉框等方式)查询其空间拓扑关系。如可查询某一输电线安全范围内所有对象空间位置。

3) 图形和属性的混合查询:图形和属性的互查是最常用的空间查询方式,主要有两类:

① 根据属性查询定位空间位置，如在××电网三维场景中查询电压等级大于 50kV 且小于 100kV 的特高压直流输电线路，定位到查询结果所在空间位置并高亮显示；

② 根据对象的空间位置查询属性信息，如根据图形信息（如鼠标点取、拉框等方式）查询任一变电站周围 5 公里范围内所有输电线的空间位置及其属性信息。

（2）空间量算指在三维场景中对各对象进行基本的量算与分析，如对象的坐标位置测量、直线距离测量、垂直距离测量、水平距离测量、投影面积测量等。

图 6-26 空间量算

2. 叠加分析

叠加分析是通过多个图层要素进行一系列集合运算，产生新数据的过程，新要素综合了原来多层要素所具有的属性。叠加分析的目标是分析在空间位置上有一定关联的空间对象的空间特征和属性之间的相互关系。多个图层要素的叠置分析，不仅产生了新的空间关系，同时也产生了新的属性关系，能够挖掘出多层数据之间的相互差异、联系和变化等特征。例如可实现基于电网 GIS 数据的安全距离分析、交叉跨越分析，从而满足设备检修应用要求。

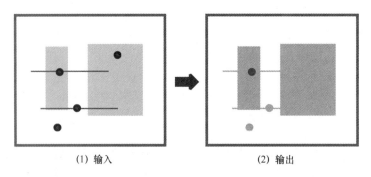

图 6-27 叠加分析

3. 缓冲区分析

所谓缓冲区就是地理空间目标的一种影响范围或服务范围。缓冲区分析就是对任一对象类设置缓冲距离，建立缓冲区域，与需要进行缓冲分析的图层进行叠加分析，得到这些对象的辐射范围或影响范围。例如根据不同灾害类型的特点，建立灾害预演模型，模拟分析出灾害的波及范围、灾害程度，在三维场景中直观地展现灾害发展的过程以及灾害对电力设备设施所造成的破坏。

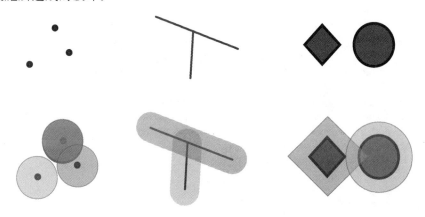

图 6-28 点线面的缓冲区分析

4. 网络分析

对地理网络（如河网、交通网络等）、基础设施网络（如各种网线、供排水管线等）进行地理分析和模型化，是 GIS 中网络分析功能的主要目的。网络分析的根本目的是研究、筹划一项工程如何安排，并使其运行效果最好，如一定资源的最佳分配，从一地到另一地的运输费用最低等。本文以网络分析中的路径分析、资源分配、连通分析等三种分析方法为例，介绍如下：

（1）路径分析可以寻求一个结点到另一个结点的最佳路径。如电力配电站机器人巡检，通过定位待检设备，分析最短巡检路径。

（2）资源分配网络模型由中心点（分配中心）及其状态属性和网络组成。分配有两种方式，一种是由分配中心向四周输出，另一种是由四周向中心集中。资源分配功能可以解决资源的有效流动和合理分配，如电厂选址的应用。

（3）连通分析用于解决配电网络电气连通性的相关问题，降低配送成本。

6.2.4 设备管理

在整个电力系统中，从最发电到最终用户用电，将经历发电—变电—输电—变电—配电—用电等几个环节，基于三维地理信息平台，将这个过程中各发电厂区、变电站、输电电路、配电站、电力企业地理分布信息、设施设备分布信息，与其周边铁路、公路、建筑物、树木等交叉跨越物信息以及相应的基础数据相结合，集成电力行业内的 MIS 系统、生产调度系统和基地管理等系统，实现不同平台之间信息交互和共享，以及信息的深度融合，搭建一套完整的，具有开放性、易维护、可扩充性和移植性的电网设备三维管理辅助平台，将会使传统的 MIS 系统登上一个新的高峰。

1. 三维可视化

（1）将发电厂、变电站、配电站、电力企业的 BIM 模型数据成果导入 CityMaker 三维平台，实现真实所有设备的三维数据可视化。

图 6-29　变电站设备三维可视化

（2）将输电线路中的电架空线、输电杆塔、输电电缆以及相关设备如：绝缘子、杆塔、地线/OPGW 等设备的 BIM 模型数据导入 CityMaker 三维平台。实现了在 CityMaker 三维平台上清晰地查看杆塔型式、导线相别、绝缘子串布置方式、地线/OPGW 分布情况以及现场通道环境等信息，实现输电线路的精细化管理，有助于提高我们的线路检修、施工、设计等工作的实用性工作效率。

（1）三维杆塔及架空线路

（2）输电杆塔属性展示

图 6-30　电网设备三维可视化

（3）同时将铁路、公路、建筑物、电力线路、树木等交叉跨越物模型导入 CityMaker 三维平台，实现电网周边环境三维可视化展示。

 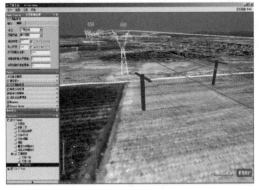

(1) 树木三维模型图　　　　　　　　　　　(2) 电力线路三维模型

图 6-31　电网周边环境三维可视化

电网周边交叉跨越物模型，除电力线路外，其余交叉跨越物对电力行业设备管理来说，并非重点研究的对象，可适当放宽其对模型精细度的要求，故一般情况下，电网周边交叉跨越物模型可采用已有的三维模型，如：人工建模模型、倾斜建模数据、点云数据等。目前 CityMaker 平台支持的三维数据格式包括：.X、.3ds、.dae、.stl、SKP、FBX、Dwg、obj、OSG、Las、OSGB，其中 .3ds、FBX、Dwg、obj 为比较通用的格式，其他格式数据可通过这几种格式中转后，导入 CityMaker 三维平台；SKP 为 SketchUP 的文件格式，LAS 为点云数据格式，OSGB 为倾斜摄影建模数据格式。

2. 设备资产管理

设备资产管理，对电力系统内现有资产管理提供了信息梳理、归类和信息提取，按资产不同类型、不同级别的信息分门别类进行展示。通过集成 ERP 系统中的资产实物管理、日常管理数据，同时可在三维场景中查询设备所在地理位置、基本属性等信息。通过设备编辑器实时编辑属性信息，对各类设施设备的采购、使用、维修、报废等信息具有可视化管理和查询分析功能。同时可在设备模型库中选择所需的设备模型构建真实的、可视化的场景。

3. 检维修管理

（1）特种设备检验：重点是三维场景中重点设备的还原，检验点标示，包括在三维场景下，对于特种设备诊断结果的展现。三维场景中，对于检验结果超标的内容，如超压，超温等情况，可根据不同颜色和不同形式呈现警示效果，有助于设备检验方案的审批和执行。

（2）检修计划编制：在三维场景中真实地展示出待检修设备，通过集成 EM 系统中的检修计划，在查看三维设备的同时，制定当前设备的检修计划，如设备名称及型号，待检修项目、检修类别（检修程度）、计划检修日期、执行间休息部门等。编制结果可上传到 EM 系统中，进行检修计划编制的保存和提交。

（3）检修方案编制：用户可在三维场景中定制检修方案，利用 CityMaker 平台中自带的三维对象、二维标注、动态对象、浏览路径等，根据已上交的检修计划，进行相应的检修方案的编制。按照不同的检修类别，有针对性的编排自己的检修方案。此外可将检修方案生成视频动画进行播放，直观形象，方便方案审批工作的执行。

（4）检修记录管理：在三维场景中，通过点击三维设备，查询和浏览到 EM 系统下的检修记录，如：设备型号、名称、请修单位、故障原因、维修人员、维修时间等。同时，根据用户权限可对查询记录进行编辑，编辑后的检修记录表格可进行保存和提交。此外，也可新建检修记录内容，使检修记录管理功能更完善。

（5）设备巡检：结合二三维一体化的应用方式，动态展示出巡检工作的过程。屏幕分左右两个视口分别显示三维场景和二维数据。二维平台下的巡检路线能够动态、实时的反映到三维场景中。可将计划巡检路线和实际巡检路线进行对比，了解真实的巡检情况。同时，也可进行巡检路径回放，了解巡检历史情况。

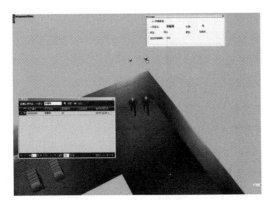
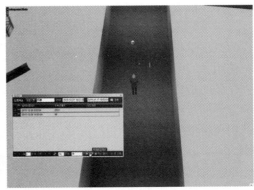

图 6-32 设备巡检

4. 设备运行管理

利用三维 GIS 的分析功能和 SCADA 的实时信息进行融合，对各种设备的运行状态进行分析，将设备的运行状态实时展示到三维场景中，为高效的设备运行管理提供支撑。

（1）运行参数及报警信息展示：基于三维场景实时显示现场设备状态信息，与故障规则对接可实现设备信息的实时监测及报警，故障设备自动三维定位，从而提高故障监测及抢修效率。

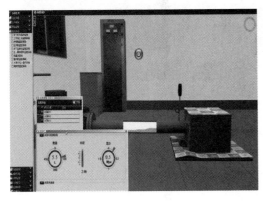

图 6-33 设备运行参数及报警信息展示

(2) 视频监控：在设备管理的过程中，同样重要的还包括对设备视频的监控管理，CityMaker 三维平台中可接入视频监控系统，在三维场景中实时播放视频，更加真实的实现设备运行过程中的实时视频监控。

(3) 红外监控：通过接入设备红外监控信息，利用三维 GIS 分析功能，实现对设备温度异常、外来入侵的自动分析和预警。

5. 运维培训管理

通过运维培训功能，企业相关人员即可实现基本知识、专业知识等一系列培训，加强了员工对设备运维情况的了解，提升了自身知识能力；同时可进行各项运维工作的三维动态可视化的教学培训，避免由于现场培训带来的不安全因素。通过调阅已制作运维工作的培训教材，使工厂人员能够以直观、生动的方式掌握运维工作的各项要点和任务，增加设备运维工作能力。

针对不同工种，不同的设备运维培训内容，系统可根据培训效果进行考核。通过系统提供的试题编辑工具，用户可以针对不同的培训内容进行试题编辑，并存入试题库，以便考核使用。

设备的检修工序方案培训，按照检修的流程，会产生检修的先后工序，三维场景中根据制定好的检修工序方案，逐条逐点地展示出对应的步骤，用三维对象展示检修内容及效果。用户根据三维方案和资料方案的对比进行检修工序的学习。

图 6-34 运维培训管理

6. 其他辅助管理

三维 GIS 提供真实的设备现场场景，为电力业务的辅助决策提供多种三维分析应用支持，为电网的安全稳定运行提供丰富的可视化信息展示手段，为基于电网的高级业务应用提供三维场景支持。

(1) 故障辅助分析

故障发生后，可通过电网设备三维管理辅助平台，全面获取故障定位信息以及故障点

6.2 BIM+GIS 在电力行业中的应用

设备各类信息，快速分析故障原因，为后续工作的开展提供了重要的辅助信息，节省了大量的时间。

以某次输电线路故障为例，展示故障辅助分析流程。

首先，故障发生后，系统根据故障测距结果定位至故障点附近。通过查看故障点附近地形情况，初步推断可能的故障类型。

其次，查看设备所处的特殊区域情况，根据特殊区域划分，确定故障分析的重点。例如，该故障点处于重污区，则着重分析是否为污闪故障，如该故障点处于易舞动区，则着重分析是否为覆冰舞动故障等。

第三，查阅故障点的交叉跨越情况，结合故障点重合闸情况，判断是否为异物放电。

第四，按照故障类型，逐步分析故障原因。若故障重合成功，则根据故障时间判断，若故障发生于 1～4 月或 10～12 月，则分析污闪故障的可能性。若故障发生于 5～9 月，则分析雷击故障的可能性。若故障重合不成功，则考虑风偏、舞动、外力破坏的可能性。查阅故障点附近气象在线监测数据，查看故障点附近的瞬时最大风速，判断风偏故障的可能性。结合故障时段的环境温度，考虑线路是否具备覆冰雪的条件从而判断舞动故障的可能性。

第五，故障巡视人员到达现场后，查看故障点情况。根据故障查线结果以及放电点位置的分布情况，最终判断故障原因。

典型的故障分析界面如图 6-35 所示。

(1) 故障定位　　　　　　　　　　(2) 故障点所属特殊区域

(3) 故障点交跨跨越记录　　　　　(4) 故障点附近状态监测数据

图 6-35　故障分析

（2）抢修方案辅助决策

受运行环境等因素的影响，大范围恶劣的输电线路故障大多发生在交通困难的高山大岭或者微地形区，输电线路发生故障后，电网设备三维管理辅助平台能够快速准确的了解事故现场的情况以及抢修物资和人员的分布，按照准确合理的路径信息组织有关人员和物资快速到达现场，缩短了停电时间、避免事故范围进一步扩大。

此外，电网设备三维管理辅助平台还采集了输电线路备品备件库、输电工区、抢修队伍的GPS坐标，实现了抢修人员、物资的区域分布可视化，并且实现了从上述位置到故障点之间的路径分析，为事故应急状态下的物资、人员调配奠定了基础。

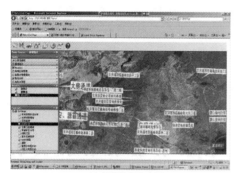

(a) 抢修队伍分布图　　　　　　　　(b) 备品备件库分布

图 6-36　抢修方案辅助决策

根据输电线路设备分布的区域特点，以及应急抢修工作的实际需要，电网设备三维管理辅助平台建立了包括公共路网信息、抢修车辆路径以及巡视人员步行路径的路网信息，为线路巡视、抢修工作提供了精确的路径信息。

（3）辅助工作量量算

辅助工作量量算可进行动土的体积量算，支持自定义绘制量算范围，此外对于设备的长度，设备间的净距，需要维护粉刷的面积都可在三维场景中进行量算，起到足不出户，不用看复杂的表记录，轻松量算的作用。

图 6-37　辅助工作量量算

(4) 事故杆塔综合电子资料

电网设备三维管理辅助平台将杆塔设计图纸资料电子化后整理入库,并实现与相关设备的关联,确保线路故障后可以方便快捷的获取杆塔的设计资料,从而大大缩短事故抢修时间。从系统中可快速查阅某基杆塔的杆塔基础设计图纸、杆塔组装图、绝缘子组装图、金具组装图等,从而为抢修物资的生产加工、事故杆塔的组立等工作提供了有力的支撑。

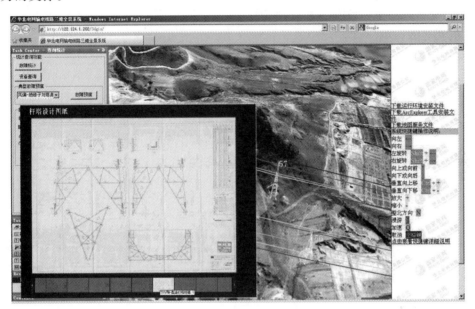

图 6-38 杆塔设计图纸

6.3 BIM+GIS 案例介绍

6.3.1 数字化移交

近年来,随着国家电力建设进度加快,以及信息化建设的不断深入,BIM 与 GIS 作为一种重要的信息资源,以其形式的多样化、形象直观的特点迅速渗透到电力的日常工作管理中。由于某电网及下属企业较多,企业各自有自己的 BIM 和 GIS 数据,这对总部统一获取和管理数据资源、发挥数据资源最大价值造成了阻碍,主要体现在以下几个方面:

(1) 数据管理分散:由于跨区电网的设备分散、分布广,各电压等级的跨区电网空间数据分散存储于下属省市公司、设计院等单位。这种设计成果分布管理现状无法满足总部对电网的统一规划和统一管理的需要。

(2) 数据格式多样化,存储格式非标准化:各下属企业所掌握的电子地图、矢量化专题图、基于遥感影像绘制的专题图、设计成果等,设计图纸、设计文档输出格式不统一,难以满足电网工程设计成果统一存储与管理的需要。各单位空间数据维护存在标准规范不统一、数据存储格式多样、数据不一致等问题。这种状况不利于总部对这些重要数据的统一调用和安全管理,与总部集约化发展、精益化管理和信息化建设的要求存在一定差距。

因此，开展设计成果标准化、数字化研究是电网信息安全和统一管理的需要。

（3）数字化移交过程中遇到的问题：在以往电网建设过程中，规划、设计、施工和运行等相关资料以纸质、光盘等形式，移交公司总部设计成果室或业主，这种成果移交方式主要存在如下几个方面问题：

1）移交的数字化成果格式和标准不统一，数据需要经过人工整理才能重新利用，造成人力资源的大量浪费，违背"两型三新"、"三节约"的要求；

2）移交内容有限。线路方面，缺少杆塔竣工照片、航空影像和地形地貌等地理信息相关成果。变电站方面，没有基于信息化三维模型的移交，没有三维设备模型关联的安装图、设备参数、技术规范书、厂家资料等数据。难以满足运行单位对资料的多元化需求；

3）移交成果未实现信息化管理，不能实现变电设备、杆塔参数、设计资料等关联查询与管理；

4）对于变电站工程三维模型设备的二三维一体化模型（平面、断面、侧面、三维、安装图、土建节点大样图）及数据，未能实现完整移交；

5）移交成果的形式单一，展现方式不够形象生动，难以建立相关设计成果与现实杆塔之间关联关系，造成设计成果重复利用困难。

需要对移交成果数据进行统一存储管理：鉴于此，总部相关部门提出了"数字化移交"工作思路，通过建立有效管理机制，逐步实现对跨区电网工程设计成果资料、基础地理数据、电网资源空间数据、三维模型数据和专题图数据的规范管理，建立数据资源共享利用机制，进行统一存储管理。

1. 建设范围

数字化移交数据主要分为基础地理信息数据、矢量数据、专题图数据、输电线路三维成果移交数据、变电站三维成果移交数据。由于各个设计院采用的电子地图、矢量专题图、基于遥感影像绘制的专题图、设计成果等，以及设计图纸、设计文档输出格式不统一，各单位空间数据维护存在标准规范不统一、数据存储格式多样、数据不一致等问题，所以在数字化移交工作开展之前，需要对这些问题进行规范和指导，以便项目的顺利实施。

（1）电力资源标准库建设

建立典型设备三维模型库，为数字化档案移交数据三维可视化提供基础，降低电网输变电三维场景构建成本。

采用模型库方式建模，无需现场针对每一个设备进行数据采集及建模，场景的构建基于现有数据移交数据自动生成。

数字化档案移交（规划设计）数据按照模型分类库方式进行组织及移交管理，三维GIS系统只有采用模型库方式才能实现与移交数据的无缝对接。

采用模型库方式在数据维护更新方面比较容易，一般只需对更新数据进行局部场景重构，无需重新建模。

基于模型库方式进行三维系统构建及应用在经济性、移交数据对接、数据维护方面相对于传统建模方式具备较大的优势。

（2）三维数据移交入库工具

利用电网工程数字化设计成果数据，由工具自动导入，对可复用类设备例如杆塔、绝缘子、金具、变压器等采用参数化自动建模方式，自动匹配移交数据的类型和电网资源标准库进行匹配位置信息、移交的资源信息、属性信息等内容，并按照数据分层的指导意见进行合理分层。通过设备电网空间信息、设备建模相关属性信息、几何数学模型，设备三维模型库信息实现整个电网设备场景的自动化构建，整个过程无需人工干预，有效提高场景制作效率，降低系统建设费用。

（3）三维平台对移交数据的展示支撑

支持移交数据直接入库，保留图层信息，自动挂接属性信息和移交的资料信息。数据服务发布流程实现"一键"发布，实现对移交数据的实时信息导入、实时展示应用。

（4）数据共享

数字化移交的最终目标是实现数据成果统一共享。对移交数据进行审查后，根据各业务部门建设其他业务系统的需要提供多种数据共享服务支撑，主要包括源数据共享和服务共享等。

2. 建设内容

（1）电力资源三维模型标准库

为完善电网三维模型的管理，模型分为电力设备模型与土建元素模型，将三维模型与三维纹理库有效地结合，构建成三维模型库。按照金字塔进行分库，分模型库和纹理库两个大库，两个大库下又有设立4个中库、N个小库。

1）按照电网三维模型系列规范中模型拆分原则，对成品模型按照组件、类型、台账的不同进行拆分，拆分的最小原则为：子模型的可重复利用率最高。

2）按照电网三维模型系列规范中模型命名原则，对子模型进行命名，便于子模型的管理。

3）按照电网三维模型系列规范中模型编码原则，子模型以地域、产品编号等资料为依据进行编码，为便于模型的检索。

同时，建设模型标准库管理平台，实现三维杆塔、变电设备模型编码编辑与管理，三维模型数据格式转换，三维模型的浏览及细节展示，条件搜索，三维模型简单编辑，三维模型组装及保存、输出，三维模型入库与更新等功能，有效地进行电网三维标准模型的维护。

模型库大致分：输电模型库、变电模型库。变电模型库包括：变压器类、开关类、其他类、地下设备。

（2）三维数据移交入库工具

三维数据移交入库工具进行场景构建和数据的导入流程及工具需要的功能如下：

1）确定数据类型，目前数据类型有：影像、高程、矢量、专题图、变电站移交数据包、输电线路移交数据包。

2）影像、高程数据入库，直接根据文件加载到数据服务器，可以在更新服务后在浏览客户端浏览。

3）矢量：直接根据文件加载到数据服务器，可以在更新服务后在浏览客户端浏览。

4）专题图：直接根据文件加载到数据服务器，可以在更新服务后在浏览客户端浏览。

5) 变电站：根据标准准备好的变电站数据，数据自动入临时的数据库，并与电网资源三维模型标准库的内容进行匹配，入库完毕后，根据指导意见进行自动的数据校验工作，校验通过后自动提交到数据服务器。如果校验没有通过，返回问题列表附带文档提交给数据移交方进行调整。

6) 输电线路：根据标准准备好的输电线路数据。由变电站数据移交方提供的挂点信息进行挂点、弧垂计算，手工和输电线路进行挂接，并更新输电线路移交数据。数据自动入临时的数据库，并与电网资源三维模型标准库的内容进行匹配，入库完毕后，根据指导意见进行自动的数据校验工作，校验通过后自动提交到数据服务器。如果校验没有通过，返回问题列表附带文档提交给数据移交方进行调整。

7) 变电和输电连接部分自动挂接工具，特殊部分需要进行手工的挂接，这个原则上数据迁移工具不做这个事情，如果最终输电和变电的数据挂接出现问题，需要用工具进行手动挂接，从技术上需要输电和变电有设计资质的单位提供挂接的算法，如：弧垂的算法等。

8) 移交原始数据存档，针对移交的原始数据，以文件的方式存放到数据服务器上，可以根据需求进行下载浏览。

(3) 数据共享发布服务

1) 数据发布功能

通过网络发布功能，能对海量的地理信息数据、三维模型数据进行增量更新，即每次只针对变化的数据进行网络发布，通过 WEB 的客户端可以对网络发布的数据进行浏览。

2) 三维场景服务接口

实现三维场景访问服务。服务请求返回用于生成三维地理信息系统场景的数据描述信息，包括地形高程数据、遥感影像数据、模型数据、矢量数据等三维要素的描述信息。

3) 数据集成接口

提供对基础地理信息数据和电网资源数的集成接口，实现与其他业务系统数据信息的共享，可以预留与其他系统对接的接口，如：与 pms 系统的对接，方便异动数据的更新。也可以通过三维 GIS 平台和数据集成的接口进行其他业务应用的开发和实施。

(4) 数字化移交成果三维支撑展示平台

数字化设计成果移交系统以三维 GIS 为电网全息展示为载体，通用电网三维 GIS 平台为基础，设备或工程项目为切入点，纵向展示从规划到运行的全过程设计成果信息，同时对电网不同专业或部门的信息进行集中展示，形成覆盖电网全息的三维综合可视化展示平台。

1) 地形和影像数据的展示

展示航拍数据、卫星影像数据、高程数据等，将这些数据进行融合，处理，并且能在数字地球上形象的展示。输电线路通常是航拍的影像数据，通过高精度航拍数据的展示，可以清楚地显示输电线路的走廊，配合输电线路数据、线路周边的 POI 信息，可以全方位的了解输电线路及周边的情况。

6.3 BIM+GIS 案例介绍

图 6-39 地形和影像数据的展示

2）矢量展示

能够显示路网、水系、植被、行政区划、地名等数据。

图 6-40 矢量展示

3）专题图数据展示

第6章 电力BIM与GIS

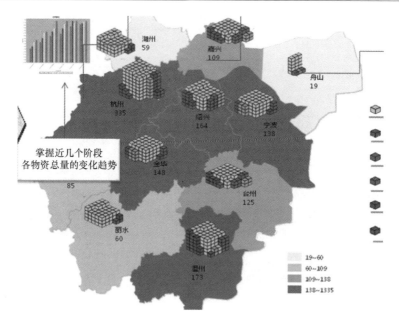

图 6-41 专题图数据展示

4）电网资源三维数据展示

① 在数字地球上展示输电走廊，输电线路移交数据完整展示，并有弧垂显示的效果，显示精度不缺失。

图 6-42 电网资源三维数据展示

② 输电线路和变电站的线路挂接和展示。

③ 变电站设备查看，包括需要展示设备的简要信息、详细信息、设备的资料信息，打开展示设备资料信息窗口，可以预览设备的相关图片、WORD、PDF 等挂接的资料信息。

(5) 查询及交互功能

1) 图层消隐控制

用户可在分对象显示区域选择所需显示的图层或者对象模型，确认后三维图形展示区域则显示或隐藏相关设备模型，如：电气设备、架构、基础、围墙、道路、电缆沟、杆塔等。

2) 导航树

以导航树的形式展现不同电压等级下的输电线路、杆塔的结构层次，用户能够通过选择导航树的对应节点，进行三维场景中输电三维模型的定位、飞行浏览、设计成果信息参看等功能操作。同时，可以通过导航树的查询条件，快速查询到具体的输电线路，导航树展现电网工程不同电压等级、工程名称、设计阶段、移交项目的结构层次，用户能够通过选择导航树的对应节点，进行三维场景中其他功能操作。

图 6-43 图层消隐控制

图 6-44 导航树

3) 可根据导航树节点上的信息进行三维模型定位，定位到指定的输电线路、杆塔三维模型，通过三维模型点选属性查看。

图 6-45 三维模型定位属性查看

第6章 电力 BIM 与 GIS

4）可根据导航树节点上的信息进行三维模型定位，定位到指定的输电线路、杆塔三维模型，通过三维模型点选进行关联资料查看。

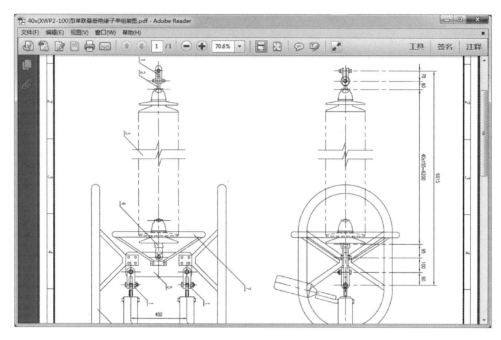

图 6-46 三维模型定位关联资料查看

5）可以通过导航树的查询条件，如：根据名称和 ID，可以准确地找到三维模型。根据工程名称或关键字，快速查询到具体的电网工程。可选择不同的电压等级，对工程目录进行查询过滤。

图 6-47 根据查询条件定位到三维模型

6）三维场景定位和线路飞行

当展开导航树的时候鼠标右键点击工程名称和移交项目名称的节点会弹出一个对应的

操作菜单。可通过菜单的点选定位则定位该线路在三维地图上的位置,定位的过程中可以采用平滑的线路飞行模式。

7) 准确的量算功能

水平、垂直距离量测:绘制两点线段的方式测量水平距和垂直距离,分别用示意线表示水平和垂直量测距离,同时在视图中展示测量结果,根据测量数据自动匹配单位(米、公里等),可以预先设置默认量测单位。空间距离量测:通过屏幕绘线操作,测量地表距离,鼠标移动时显示当前点与上一节点地表距离,两个节点间显示节点间地表距离,结束测量后显示全长距离,根据测量数据自动匹配单位(米、公里等),可以预先设置默认量测单位。

8) 特定场景制作及浏览

可录制当前的操作窗口进入特定场景,在相机移动到场景的其他位置时,可通过选择特定场景快速定位到录制的位置。

9) 动画路径制作及浏览

系统在三维场景中提供动画路径制作功能,在全息地图工程列表中指定一条输电线路工程进行自动飞行浏览,同时能调整飞行的速度、高度、视角,能够暂停飞行浏览;暂停后能够恢复飞行浏览。

图 6-48 特定场景制作及浏览

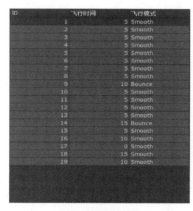

(1) 动画路径制作

(2) 动画路径浏览

图 6-49 动画路径制作及浏览

3. 数字化移交操作流程

电力三维地理信息数据数字化移交流程按图 6-50 进行:

4. 小结

延伸某电网公司信息化管理,充分利用数字化档案移交平台的建设成果,建立工作组织和机制,以业务需求为驱动,分阶段开展工作,用 2 至 3 年时间,逐步实现:

(1) 实现三维数据标准完善和建设及三维标准模型库的建设及完善,为电网三维应用提供统一标准和模型库支撑,提供可供遵循的三维模型标准,大大减少电网内的三维建模工作量。

(2) 实现将数字化移交成果共享、应用至电网后期的运行管理与检修管理业务中去;

第6章 电力 BIM 与 GIS

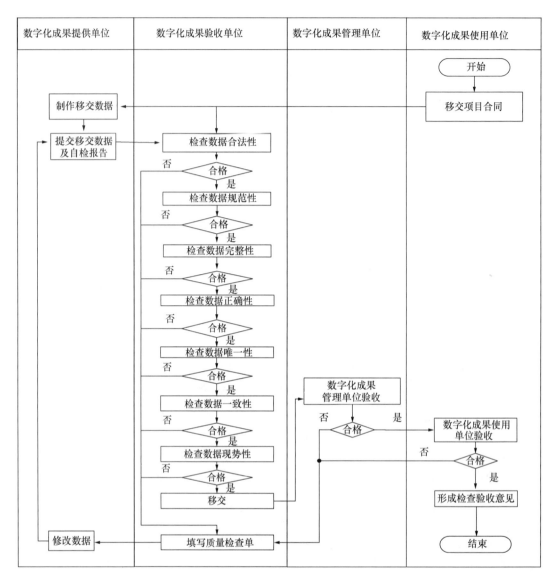

图 6-50 电力三维地理信息数据数字化移交流程

提高移交成果的数据利用率，大大节省运检相关平台的数据采集工作量，减少数据重复收集，节省人力物力，提高经济效益。

（3）建立基于数字化移交成果的综合可视化平台，为数字化档案移交平台提供图形展示、分析和可视化数据管理，增强数字化移交平台的实用性。

（4）最终实现从规划设计至运检的数据全流程管理，建设中对竣工数据和设计数据的一致性、数字化移交数据的标准统一、数字化移交成果的全面性提出要求，促进相关平台建设和管理制度、机制的改进，从而促进公司信息化管理水平提升。

从数字化移交成果的可视化管理出发，完善二维数据标准、制定三维数据标准，形成初步的三维数据模型库，并能形成相关工作机制，完成相关工具开发，基于模型库，形成一套可对数字化移交成果进行可视化管理的综合可视化平台，对移交成果中的高程、影像、电网资源等数据进行可视化管理。形成一库一平台的初步成果。

完成后将能为数字化移交平台提供方便直观的图形展示和数据管理，大大提高数字化移交平台的实用性和管理效率，三维模型库的建设也为其他三维应用提供了可靠的标准和模型库支撑。

6.3.2 三维全景系统的输电线路智能化生产管理系统

1. 项目背景

当前，随着跨入特大电网时代，对输电线路的安全生产和精益化管理提出了更高的要求，线路生产管理仍面临诸多挑战。

首先，输电距离长，跨经区域地形复杂，局部微地形效应明显，同一通道设备同时跳闸等"小概率事件"发生风险有增无减。这些因素不但增加了输电通道防范故障跳闸的难度，对设备事故应急抢修指挥也造成了很大影响。传统的输电生产管理模式、人力资源和物资资源都面临着巨大的挑战。因此需要系统整合目前输电专业科技和管理成果，引入信息领域新技术，积极自主创新，建设特大电网输电线路生产管理平台，提高特大电网输电线路管理控制水平和应急快速处置能力。

第二，尽管随着 EAM 系统的建设和深化应用，通过工单管理、缺陷管理、两票管理、运行管理、计划管理等模块的有机结合，生产已经逐步实现了资产全寿命周期管理体系管理。但是，输电线路生产管理环节所涉及的信息具有类型多、空间分布分散、数据海量、与地理信息密切相关等特点，仅依靠传统基于关系数据库的生产管理系统，无法满足输电线路安全生产对设备综合信息、气象环节综合信息和生产资源信息的展示和深度分析需求。因此，需要综合研究原有的生产管理系统、二维和三维地理信息系统等信息技术在输电线路生产管理的综合优化应用。

第三，随着在线监测、状态巡检等管理理念和技术手段的进步，输电线路生产管理也逐步从粗放型模式向精细模式转变，局部技术的变革能够推动全局管理的进步，但如缺乏统筹规划、统一标准，新技术的应用必然达不到应有的成效。因此，必须从输电线路生产管理全局角度，结合输电线路相关领域各类新技术，对构建智能化生产管理的总体方案进行充分研究。

与此同时，随着三维 GIS 相关技术的重大进步，特别是近年来 BIM 技术的井喷式发展，为三维 GIS 技术在电力系统的推广应用提供了重要的基础条件。近两年，航拍海拉瓦数据和 GPS 技术在输电线路建设前期的勘探和设计阶段的成功应用表明，三维 GIS 技术已具备进入输电线路生产管理环节的条件。

鉴于上述背景，某电网公司启动了输电线路三维全景系统平台的研究以及基于三维全景系统的输电线路智能化生产管理研究。

2. 需求概述

三维全景系统的输电线路智能化生产管理系统包括基本功能和高级功能两大部分，共 7 个功能模块。

其中基本功能包括：三维全景展现、输电线路设备综合信息、生产资源信息等三个模块。

高级功能包括：智能化生产管理、辅助决策、智能化应急抢修、在线监测数据超标数据专题图表等四个模块。

3. 系统设计

系统的总体结构基于分层思想进行设计，自上而下分为：表现层、应用层、系统服务层、数据访问层、数据层。

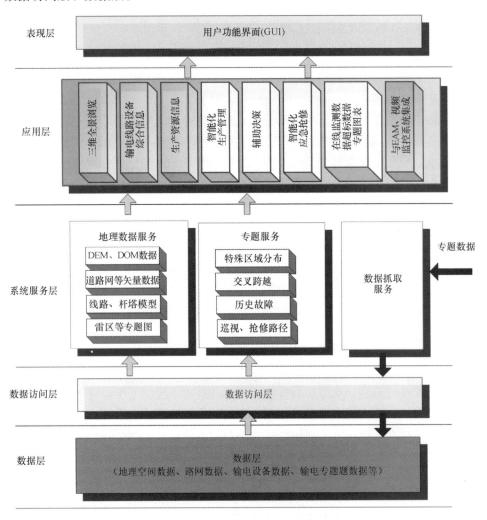

图 6-51　三维全景系统逻辑框架图

表现层是该电网输电线路三维全景系统的用户功能界面，通过 IE 浏览器访问。

应用层是系统功能层，主要由三维全景展现、输电线路设备综合信息、生产资源信息、智能化生产管理、辅助决策、智能化应急抢修、在线监测数据超标数据专题图表等功能模块构成。

系统服务层是系统的核心，有地理数据服务、专题服务、数据抓取服务构成，地理数据服务为三维、二维地图浏览、编辑提供数据服务。专题服务为各个功能模块提供专业数据服务。数据抓取服务负责从外部接口获取或更新地理、专题数据。

数据访问层接收系统应用层和服务层的查询请求，根据请求的类型，决定以何种方式查询数据。若是空间数据请求，则通过空间数据引擎访问数据层；否则直接访问数据库；

获取查询结果返回给系统服务层,或将从外部系统抓取到的数据存储到数据库。

数据层有地理空间数据、影像数据、路网数据、输电设备数据、输电专题数据等构成,向数据访问层提供查询结果。地理空间数据和输电设备数据主要共享数字化电网 GIS 服务器上数据库中的数据;影像数据主要有分辨率 1km 的全球影像、15m 分辨率的该企业覆盖地区 ETM 影像、2.5m 分辨率影像和高分辨率的 500kV 线路和 220kV 线路走廊等;路网数据是该电网企业覆盖区域 1:5 万的道路网,包括高速公路、国道、省道、县级公路、部分乡村道路,以及巡线人员绘制的巡线和抢修道路。输电专题数据由数据抓取服务从 EAM 等提供的外部接口获取,或系统维护人员手动录入。

4. 建设内容

(1) 三维全景展现

1) 三维地形信息

遥感影像和数字高程模型相叠加,能够生成真实的三维地形,构建三维数字地球。输电线路走廊的高分辨率影像能真实再现通道的地形地貌信息,如图 6-52 所示。

图 6-52 地形地貌显示

2) 二维专题地图信息

在三维场景中叠加污区分布图、雷害分布图、冰区分布图、平原与山地分布图等二维专题地图,利用 GIS 的分析功能,提供更直观的结果展示。

3) 三维可视化和智能化的通道信息

① 可视化交叉跨越

系统建立了交叉跨越物数据库,包括交叉跨越物的基本信息以及现场照片。从而可快速查询某条线路某一档距内的交叉跨越物情况。此外,系统可实现交叉跨越物的三维展示,结合交叉跨越物的现场照片,可直观准确了解某一档距的交叉跨越情况。

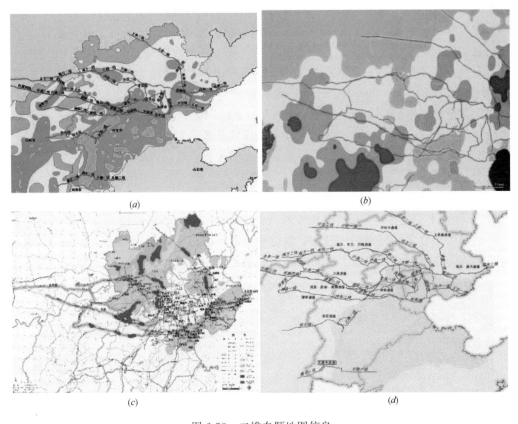

图 6-53 二维专题地图信息
(a) 污区分布图；(b) 雷害分布图；(c) 冰区分布图；(d) 平原与山地分布图

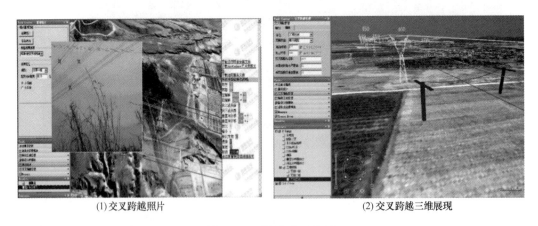

(1) 交叉跨越照片　　　　　　　　　(2) 交叉跨越三维展现

图 6-54 可视化交叉跨越

② 可视化特殊区域

系统按照输电工区的特殊区域台账，实现了二三维场景下的特殊区域展现功能。在地理背景上直观的展示多雷区、重污区、覆冰区、舞动区、鸟害多发区、洪水冲刷区、滞洪区、不良地质区、采矿塌陷区、易受外力破坏区、强风区、树木速长区、易建房区等特殊区。

系统实现特殊区域所覆盖输电设备情况以及输电线路所跨越特殊区域情况的统计分析。

图 6-55 可视化特殊区域

③ 通道智能化

系统实现了通道内交叉跨越记录和三维展示图元的动态增加、删除、修改和批量导入等功能，便于用户及时调整通道内的交叉跨越信息，为通道的维护提供接口。

④ 巡检和抢修路径信息

根据输电线路设备分布的区域特点，以及应急抢修工作的实际需要，输电线路三维全景系统的建立了包括公共路网信息、抢修车辆路径以及巡视人员步行路径三部分内容的路网信息。系统在公共路网信息的基础上采集维护了精确到每基杆塔的车辆以及人员巡视和抢修路径，从而为线路巡视、抢修工作提供了精确的路径信息。

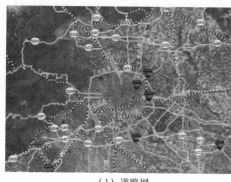 

（1）道路网　　　　　　　　　　（2）线路走廊道路网

图 6-56 巡检和抢修路径信息

系统利用三维 GIS 网络分析技术，实现了工区或变电站到任意一级杆塔的最短抢修路径分析，为输电线路的应急抢修提供可靠支撑。

（2）输电线路设备综合信息

1）真实塔型、导地线和交跨物可视化信息

系统将导线相序信息可视化，导线模型按照不同颜色区分相别，黄色代表 A 相，绿

第6章 电力 BIM 与 GIS

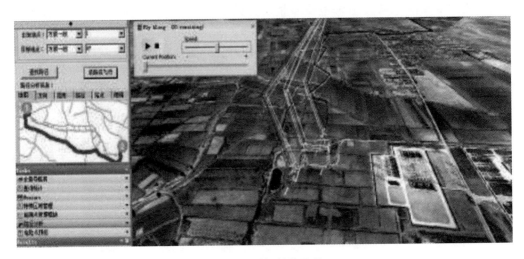

图 6-57　最短抢修路径

色代表 B 相，红色代表 C 相，实现了相序信息的直观表现。同时为铁路、公路、建筑物、电力线路、树木等交叉跨越物构建三维模型，方便系统动态模拟通道环境。通过引入杆塔、导线、地线/OPGW、绝缘子等设备信息的真实三维模型，实现了在地形地貌数字平台上直观、真实浏览杆塔型式、导线相别、绝缘子串布置方式、地线/OPGW 分布情况以及现场通道环境等信息功能。首次实现对万公里级 500kV 输电线路按塔型进行三维建模和三维浏览，同时具备向低电压等级线路扩展条件。

（1）杆塔三维模型　　　　　　（2）电力线路三维模型

图 6-58　真实塔型、导地线和交跨物可视化信息

2）设备属性类信息（EAM）

设备 EAM 信息包括设备台账信息、缺陷信息、第一工作票、第二工作票、停电信息、交叉跨越物信息、特殊区域信息、污源信息和现场污秽度测试信息等。

在实施具体业务功能的同时，系统搭建一个输电综合信息的展示平台。系统与 EAM、在线监测、平断面图等系统相关业务信息深度融合，实现一套完整的输电线路生产管理辅助平台。服务设计遵循统一接口规范，实现与不同平台之间信息交互和共享，同时也降低了应用集成的成本。

3）运行状态信息

系统加载电网地理接线图层，使该图层与有功、无功、电压、电流等电网运行信息保持关联和实时同步，方便用户查询和浏览各种运行状态信息，实现与其的无缝衔接。

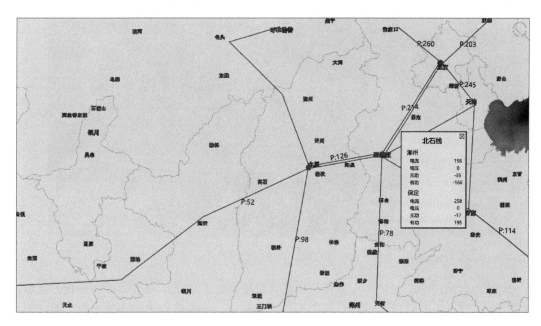

图 6-59 潮流图

4）设备状态信息

系统中可方便调取输电设备的巡检记录，试验数据以及输电线路上在线监测点的监测数据等，以及根据状态评价导则的评价结果，方便用户查看输电设备的状态信息。

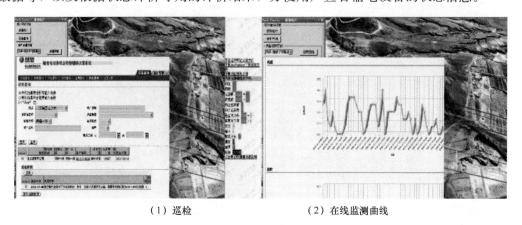

（1）巡检　　　　　　（2）在线监测曲线

图 6-60 设备状态信息

5）设计档案资料：杆塔和部件图纸

系统制定了杆塔照片等基础数据的采集规范，采用统一的命名规则，按照所属单位所属线路进行组织和管理，建立图件库。采用单位—线路—杆塔的方式从图件库中索引到某级杆塔的照片。

图 6-61 线路走廊照片

对输电杆塔的全塔、塔头、塔腿、塔脚、杆塔基础、绝缘子和金具部件等设计图纸进行数字化,形成一套杆塔部件设计图件库。在系统中,由某级杆塔的型式字段(关联到相应的图件,显示该级杆塔的设计图件,为杆塔日常生产管理和维护提供重要的支撑。

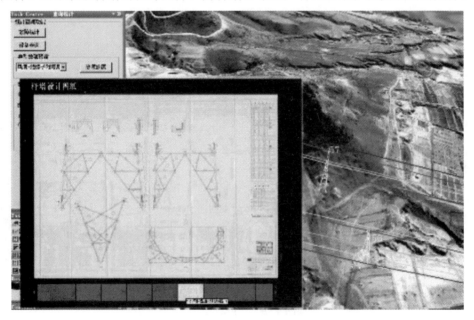

图 6-62 塔型图

6) 在线视频信息

系统设计了存放摄像机位置的专用图层,该图层与摄像机列表数据保持实时同步,当在地图上点击摄像机按钮时可以动态加载视频信息及视频控件,使用户可以方便地调取输电线路通道在线视频信息，实现与地理信息系统的无缝衔接。

图 6-63　现场视频监控

7）其他辅助信息

为了便于故障原因的判别和分析，系统提供录入界面，能够将现场照片、事故分析报告等现场信息以附件的形式挂接在系统中，方便用户查询。

（1）故障现场照片　　　　　　　　（2）故障现场照片

图 6-64　故障现场照片

（3）生产资源信息

1）人力资源信息

系统中可方便查看电网各工区的分布位置和人员组成，抢修队伍的位置，安防点的分布图等信息，为应急抢修提供辅助信息。

2）备品备件信息

系统中可方便查看电网备品备件中心仓库、物流基地等地理分布位置，为抢修工作提

(1)工区分布图　　　　　　（2）抢修队伍分布图

(3)安防点分布图

图 6-65　人力资源信息

供辅助信息。

（4）智能化生产管理

1）危险点预警

三维全景系统能够根据设置的规则库，随时或当用户提出预警需求时，动态地对各类缺陷数据、在线监测数据和交跨信息等进行分析，如果达到所设置的危险临界条件时，系统将在地图上标识预警，显示相关详细信息，并快速定位。危险点预警功能通过对海量信息的筛选分析，及时突出展示重要危险点，提醒相关部门重点巡视和及时消缺，为输电线路安全运行提供基础数据，同时也能够大大提高运维效率。

系统危险点预警包含交叉跨越危险点预警、缺陷危险点预警和在线监测超阈值预警三类。

交跨危险点预警

系统管理的交跨信息包括运行单位、线路名称、交叉跨越物类别、小号侧杆塔号、大号侧杆塔号、最近杆塔号、距最近杆塔水平距离（m）、跨越物与线路最小垂直距离、与线路的交叉角（°）、是否接地保护、测量日期、测量温度、结束日期等内容和属性。系统不但能够根据这些属性在三维场景中自动插入交跨物，而且能够根据相应的规则库，实现危险点的预判断以及报警功能。

当系统自动判断出危险点后，均可出现红色或橙色闪烁标志提示危险点的存在。点击交跨预警图钉标识，即可查看详细信息，并可直接定位到危险点查看危险点处的三维场景。

系统具备危险点编辑功能,可以在危险点消除后对该档距的交叉跨越信息进行编辑,对危险点进行删除操作。

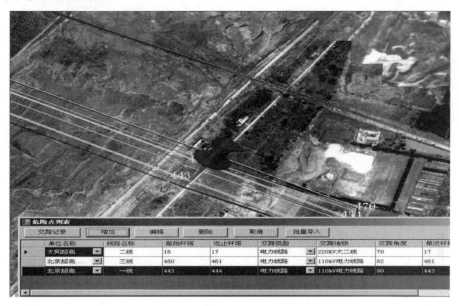

图 6-66 危险点定位

② 严重和危急缺陷预警

及时消除各类缺陷是输电线路运行维护的重要内容,运维人员通过动态巡检仪或人工将缺陷录入生产管理系统后,三维全景系统能够自动或响应用户预警需求,动态实现严重和危急缺陷预警,其中红色闪烁表示危急缺陷,橙色闪烁表示严重缺陷。点击预警图钉标识,既可查看缺陷的详细数据,也可直接定位到杆塔查看危险点处的三维场景。

(1) 危急严重缺陷动态预警　　　　(2) 缺陷预警点的三维定位

图 6-67 严重和危急缺陷预警

各输电工区通过及时掌握当前危及线路安全运行的严重和危急缺陷地理分布情况,能够及时调整临时巡检或检修计划,保证输电线路安全运行,同时提高运维效率。

③ 在线监测超阈值预警

输电线路在线监测,当设备状态变量超过规则库的两级预警值时,系统分别用红色和橙色闪烁标志提示危险点的存在。点击在线监测超阈值预警图钉标识,既可查看详在线监测点的详细数据,也可直接定位到危险点查看危险点处的三维场景。

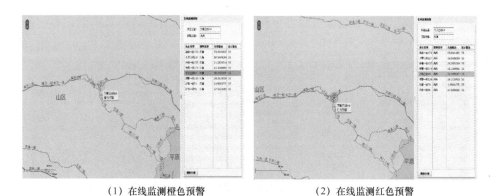

(1) 在线监测橙色预警　　　　　　(2) 在线监测红色预警

图 6-68　在线监测超阈值预警

在线监测超阈值预警的动态可视化实现，通过对海量在线监测数据的分析，解决了过去在线监测数据分散分布、无人问津的被动局面，实现了在线监测资源的高效利用。

2）监督动态统计专题图

三维全景系统能够根据用户的统计要求生成缺陷和故障统计专题图，同时可显示统计信息的具体明细表，主要包括严重和危及缺陷专题图表以及故障专题图表。

3）严重和危及缺陷专题图表

输电生产管理需要对严重和危急缺陷进行统计分析，以便于制订更宏观的巡检和检修计划，指导技改策略。

三维全景系统将缺陷划分为以下属性：缺陷状态、缺陷部位、缺陷严重程度、原因类型等，用户可以设定条件统计严重和危急缺陷点，生成严重和危急缺陷动态专题图。通过进一步结合对易盗区的区域分析，可以分析特殊区域划分的合理性并实现特殊区域划分的辅助调整等决策。

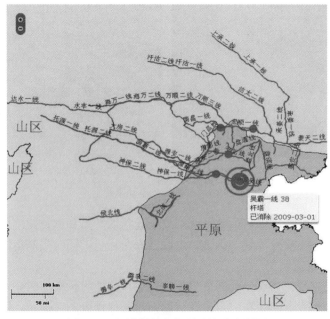

图 6-69　杆塔部件危急严重缺陷专题图

4) 故障专题图表

输电线路历史故障信息对于线路巡视计划的制定、反事故措施的制定、特殊区域的划分等工作均具有重要意义。输电线路三维全景系统建立了数字化的故障信息数据库，并且基于二维 GIS，首次绘制了电网历史故障点分布图。

数字化故障数据库包括将故障点位置、电压等级、运行维护单位、重合闸情况、故障原因、巡线情况等信息，其中故障原因具体分类包括：外力破坏、雷击、冰害、鸟害、风偏、污闪、地震、泥石流、冰雹、飑线风、台风、龙卷风、沙尘暴、树竹放电、维护不当、施工质量、设计不周、原因不明及其他。重合闸情况分为：重合成功、重合不成功、重合闸未动作、重合闸退出、无重合闸。通过进一步结合对易外力破坏区和雷害图的区域分析，可以分析特殊区域划分和雷害图的合理性，并实现特殊区域划分和雷害图的辅助调整等功能。

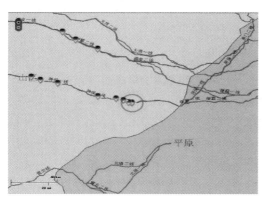

（1）雷击故障专题图　　　　　　（2）外力破坏故障专题图

图 6-70　故障专题图表

(5) 辅助决策

1) 状态巡检计划辅助决策

系统根据巡视周期规则库综合分析特殊区域、污区图、雷害图以及月份等信息后，根据 GPS 巡检仪导入或者输电工区运维人员录入的巡视记录，动态生成月度巡视计划并予以提示，实现了状态巡检计划辅助决策。

系统提供巡视记录的录入功能。运行维护人员巡视完毕后，可将巡视记录录入系统，或者导入巡检仪的巡视记录。根据上次巡视记录，以及系统分析生成的巡视周期，系统可自动生成本周巡视工作提醒以及下周巡视计划。

同时，系统在二维图形背景下，以不同的图例显示本周工作、下周工作以及未来一月内的巡视工作。列表中的巡视记录亦可自动关联定位至二维 GIS 中。

输电线路的运行维护人员可根据系统提示，合理安排一周的巡视工作，从而实现线路巡视工作的闭环管理。

2) 特殊区域划分辅助管理

输电线路特殊区域包括大跨越段线路或位于重污区、重冰区、多雷区、洪水冲刷区、不良地质区、采矿塌陷区、盗窃多发区、导线易舞动区、易受外力破坏区、微气象区、鸟害多发区、跨越树（竹）林区、人口密集区等区域（区段）的线路。由于输电线路设备分

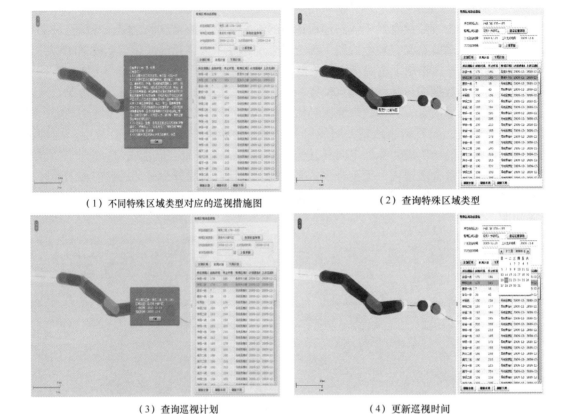

图 6-71　状态巡检计划辅助决策

布的开放性特点,其运行环境并非一成不变。因此,准确划分输电线路所处特殊区域,及时根据线路运行环境的变化对特殊区域的划分予以调整,可以为线路巡视计划制定、反事故措施执行、技改大修方案制定等工作提供准确依据。

输电线路三维全景系统不仅实现了特殊区域信息的二维和三维展示,同时开发了特殊区域划分辅助管理功能模块。特殊区域的动态管理共有两种途径,分别为运维人员直接调整以及系统辅助制定调整方案。

在运维人员直接调整模式下,系统为运行维护单位提供了开放性接口并赋予相应的权限,运行维护人员根据现场环境的变化,动态调整特殊区域的划分。

辅助调整方案制定功能模块综合分析环境监测数据、巡检信息、故障信息、缺陷信息以及设备当前所处特殊区域信息后,提出特殊区域划分的调整建议,待运维人员审核确认后即可生效。

(6) 智能化应急抢修

1) 故障辅助分析

通常,输电线路发生故障后,故障原因、故障点的具体情况均需等待运行维护人员巡线后查明故障点的准确位置方可确定。故障点查找所需时间的长短则受到故障点天气条件、地形环境等因素的影响,从而为故障原因的快速准确判断以及故障后检修工作的安排和反事故措施的采取带来一定的制约。

输电线路三维全景系统提供了一种基于三维全景展现的智能化故障辅助分析判断方法,故障发生后,可通过三维全景系统,快速分析故障原因,为后续工作的开展提供了重要的辅助信息,节省了大量的时间。

系统全面获取故障定位信息以及故障点设备各类信息的基础上,根据输电线路故障的特点,建立了智能化故障辅助判断方法。典型的判断流程如图 6-72 所示。

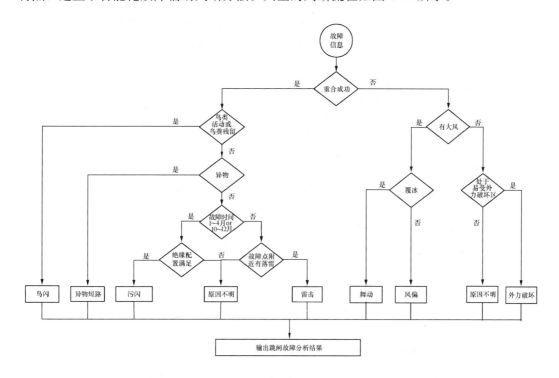

图 6-72 故障辅助判断流程图

下面我们以某次输电线路故障为例,来展示系统的故障分析判断流程。

首先,事故发生后,系统根据故障测距结果定位至故障点附近。通过查看故障点附近地形情况,初步推断可能的故障类型。

其次,查看设备所处的特殊区域情况,根据特殊区域划分,确定故障分析的重点。例如,如该故障点处于重污区,则着重分析是否为污闪故障,如该故障点处于易舞动区,则着重分析是否为覆冰舞动故障等等。

第三,查阅故障点的交叉跨越情况,结合故障点重合闸情况,判断是否为异物放电。

第四,按照故障类型,逐步分析故障原因。若故障重合成功,则根据故障时间判断,若故障发生于 1~4 月或 10~12 月,则分析污闪故障的可能性。通过智能污区图系统查阅设备所处污区等级,同时查看设备台账的绝缘配置情况,判断绝缘配置是否满足所处污区等级的要求。若故障发生于 5~9 月,则分析雷击故障的可能性。进入雷电定位系统查询线路故障点附近的落雷情况,结合设备接地电阻值的查询,判断反击的可能性,根据雷电流的幅值及落雷时间,判断绕击故障的可能性。若故障重合不成功,则考虑风偏、舞动、外力破坏的可能性。查阅故障点附近气象在线监测数据,查看故障点附近的瞬时最大风速,判断风偏故障的可能性。结合故障时段的环境温度,考虑线路是否具备覆冰雪的条件从而判断舞动故障的可能性。

第五,故障巡视人员到达现场后,查看故障点情况。根据故障查线结果以及放电点位置的分布情况,最终判断故障原因。

典型的故障分析界面如图 6-73 所示。

(1) 故障定位

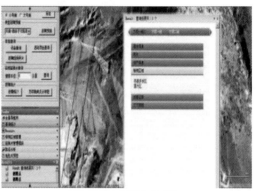
(2) 故障点所属特殊区域

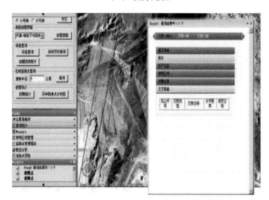
(3) 故障点交跨跨越记录

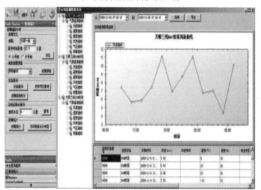
(4) 故障点附近状态监测数据

图 6-73 故障分析界面

2) 抢修方案辅助决策

受运行环境等因素的影像,大范围恶劣的输电线路故障大多发生在交通困难的高山大岭或者微地形微气象区。输电线路发生故障后,现场情况了解、图纸资料获取、物资人员调配、抢修路径确定是决定事故抢修周期的四大重要因素。如何快速准确的了解事故现场的情况以及抢修物资和人员的分布,按照准确合理的路径信息组织有关人员和物资快速到达现场,是缩短停电时间、避免事故范围进一步扩大的关键所在。

三维全景系统采集了输电线路备品备件库、输电工区、抢修队伍的 GPS 坐标,实现了上述抢修人员、物资的区域分布可视化,并且实现了从上述位置到故障点之间的路径分析,为事故应急状态下的物资、人员调配奠定了基础。

根据输电线路设备分布的区域特点,以及应急抢修工作的实际需要,输电线路三维全景系统的建立了包括公共路网信息、抢修车辆路径以及巡视人员步行路径三部分内容的路网信息。系统在公共路网信息的基础上采集维护了精确到每基杆塔的车辆以及人员巡视和

6.3 BIM+GIS 案例介绍

图 6-74 抢修方案辅助决策

抢修路径，从而为线路巡视、抢修工作提供了精确的路径信息。

系统中的抢修车辆路径是由车载 GPS 采集获取的，这部分路径主要为公共路网信息之外的可通行车辆的路径，一般是野外小路或村庄中的小路。巡视人员步行路径则由运行维护人员亲自到现场采集，采集方式包括人工绘制或手持式智能终端采集。

系统设置中，公共路网信息以及抢修车辆路径以黄色显示，巡视人员步行路径以白色显示，如图 6-75 所示。

图 6-75 二维的路网图

3）事故杆塔综合电子资料

一直以来，杆塔设计资料采取属地化维护方式。由线路设计单位提供的纸质杆塔设计资料，在工程竣工后移交给运行单位存档管理。大量的纸质设计资料为存储、查阅工作带来一定难度。当发生由于恶劣气候条件引发的大面积倒塔断线等事故后,杆塔设计资料的快速获取将大大缩短事故抢修时间。输电线路三维全景系统将图纸资料电子化后整理入库,并实现与相关设备的关联,从而确保线路故障后可以方便快捷的获取杆塔的设计资料。

系统实现了线路设计资料的电子化,从系统中可快速查阅某基杆塔的杆塔基础设计图纸、杆塔组装图、绝缘子组装图、金具组装图等,从而为抢修物资的生产加工、事故杆塔的组立等工作提供了有力的支撑。

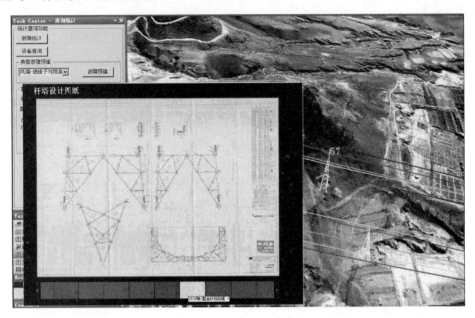

图 6-76　杆塔设计图纸

(7) 在线监测数据超标数据专题图表

项目根据运行规程确定了监测数据报警阈值,实现了在线监测数据超标数据的专题图绘制。在二维 GIS 底图上,系统可突出显示出现过超标监测数据的监测点分布情况,同时可显示超标天数。点击该监测设备,可直接进入历史数据查询界面,了解具体的监测值。

5. 结论

(1) 三维全景系统的输电线路智能化生产管理系统,突破了传统的输电线路生产管理模式,实现了智能输电网信息展示、智能化生产管理及辅助决策功能、智能化应急抢修支持和智能化在线监测图形化平台,并完成了相关标准化信息管理制度,为建设统一坚强智能电网打下了坚实的技术基础。

(2) 将三维场景结合影像数据、路网数据、输电专题数据,实现了对万公里级 500kV 输电线路地形地貌、真实杆塔和导地线的网络三维可视化,建立了覆盖至每基杆塔的巡视、抢修路网信息,将设备综合信息和生产资源信息全部融会贯通在系统中,建立了基于三维全景系统的智能输电网信息展示平台。

(3) 系统集成人力资源信息和备品备件信息,实现了方便查看电网各工区的分布位置

6.3 BIM+GIS 案例介绍

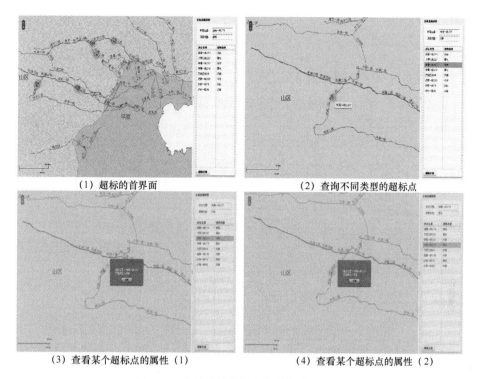

(1) 超标的首界面　　　　　(2) 查询不同类型的超标点

(3) 查看某个超标点的属性（1）　　(4) 查看某个超标点的属性（2）

图 6-77　在线监测数据超标数据专题图表

和人员组成、电网备品备件中心仓库、物流基地、抢修队伍位置、安防点地理分布位置等信息，应用 GIS 空间分析技术，为应急抢修提供辅助信息。

（4）建立了基于三维全景系统的输电线路智能化生产管理模式，实现了智能动态危险点预警和历史故障专题图、缺陷专题图、重点巡检专题图的动态生成，通过状态巡检计划辅助决策、特殊区域划分辅助管理功能，革新传统生产管理手段，为更宏观的巡检和检修计划、技改策略提供。

（5）应用 GIS 技术和海量数据挖掘技术，依据专业管理规则库，自动对各类生产信息进行综合分析，实现了包括交叉跨越物、设备缺陷、实时在线监测数据在内的动态危险点预警提醒相关部门重点巡视和及时消缺，大大提高了输电线路的安全运行水平以及运行维护效率。

（6）建立了基于三维全景系统的输电线路智能化应急抢修模式，通过系统提供的故障自动定位、故障相关信息检索以及杆塔图纸资料调用等功能，实现故障原因智能化辅助判断以及各类抢修资源的统筹安排，实现快速高效的智能化应急抢修。

（7）建立了基于三维全景系统的输电线路在线监测图形化平台，实现了在线监测数据分析、统计和预警可视化，以及监测布点方案的智能化辅助制定。

附件1 建筑信息化 BIM 技术系列岗位专业技能考试管理办法

北京绿色建筑产业联盟文件

联盟　通字　【2018】09 号

通　知

各会员单位，BIM 技术教学点、报名点、考点、考务联络处以及有关参加考试的人员：

根据国务院《2016—2020 年建筑业信息化发展纲要》《关于促进建筑业持续健康发展的意见》（国办发〔2017〕19 号），以及住房和城乡建设部《关于推进建筑信息模型应用的指导意见》《建筑信息模型应用统一标准》等文件精神，北京绿色建筑产业联盟组织开展的全国建筑信息化 BIM 技术系列岗位人才培养工程项目，各项培训、考试、推广等工作均在有效、有序、有力的推进。为了更好地培养和选拔优秀的实用性 BIM 技术人才，搭建完善的教学体系、考评体系和服务体系。我联盟根据实际情况需要，组织建筑业行业内 BIM 技术经验丰富的一线专家学者，对于本项目在 2015 年出版的 BIM 工程师培训辅导教材和考试管理办法进行了修订。现将修订后的《建筑信息化 BIM 技术系列岗位专业技能考试管理办法》公开发布，2018 年 6 月 1 日起开始施行。

特此通知，请各有关人员遵照执行！

附件：建筑信息化 BIM 技术系列岗位专业技能考试管理办法　全文

二〇一八年三月十五日

附件：

建筑信息化 BIM 技术系列岗位专业技能考试管理办法

根据中共中央办公厅、国务院办公厅《关于促进建筑业持续健康发展的意见》（国发办〔2017〕19号）、住建部《2016—2020年建筑业信息化发展纲要》（建质函〔2016〕183号）和《关于推进建筑信息模型应用的指导意见》（建质函〔2015〕159号），国务院《国家中长期人才发展规划纲要（2010—2020年）》《国家中长期教育改革和发展规划纲要（2010—2020年）》，教育部等六部委联合印发的《关于进一步加强职业教育工作的若干意见》等文件精神，北京绿色建筑产业联盟结合全国建设工程领域建筑信息化人才需求现状，参考建设行业企事业单位用工需要和工作岗位设置等特点，制定BIM技术专业技能系列岗位的职业标准、教学体系和考评体系，组织开展岗位专业技能培训与考试的技术支持工作。参加考试并成绩合格的人员，由工业和信息化部教育与考试中心（电子通信行业职业技能鉴定指导中心）颁发相关岗位技术与技能证书。为促进考试管理工作的规范化、制度化和科学化，特制定本办法。

一、岗位名称划分

1. BIM技术综合类岗位：

BIM建模技术，BIM项目管理，BIM战略规划，BIM系统开发，BIM数据管理。

2. BIM技术专业类岗位：

BIM技术造价管理，BIM工程师（装饰），BIM工程师（电力）

二、考核目的

1. 为国家建设行业信息技术（BIM）发展选拔和储备合格的专业技术人才，提高建筑业从业人员信息技术的应用水平，推动技术创新，满足建筑业转型升级需求。

2. 充分利用现代信息化技术，提高建筑业企业生产效率、节约成本、保证质量，高效应对在工程项目策划与设计、施工管理、材料采购、运营维护等全生命周期内进行信息共享、传递、协同、决策等任务。

三、考核对象

1. 凡中华人民共和国公民，遵守国家法律、法规，恪守职业道德的。土木工程类、工程经济类、工程管理类、环境艺术类、经济管理类、信息管理与信息系统、计算机科学与技术等有关专业，具有中专以上学历，从事工程设计、施工管理、物业管理工作的社会企事业单位技术人员和管理人员，高职院校的在校大学生及老师，涉及BIM技术有关业务，均可以报名参加BIM技术系列岗位专业技能考试。

2. 参加BIM技术专业技能和职业技术考试的人员，除符合上述基本条件外，还需具备下列条件之一：

（1）在校大学生已经选修过BIM技术有关岗位的专业基础知识、操作实务相关课程的；或参加过BIM技术有关岗位的专业基础知识、操作实务的网络培训；或面授培训，或实习实训达到140学时的。

(2) 建筑业企业、房地产企业、工程咨询企业、物业运营企业等单位有关从业人员，参加过 BIM 技术基础理论与实践相结合的系统培训和实习达到 140 学时，具有 BIM 技术系列岗位专业技能的。

四、考核规则

1. 考试方式

（1）网络考试：不设定统一考试日期，灵活自主参加考试，凡是参加远程考试的有关人员，均可在指定的远程考试平台上参加在线考试，卷面分数为 100 分，合格分数为 80 分。

（2）大学生选修学科考试：不设定统一考试日期，凡在校大学生选修 BIM 技术相关专业岗位课程的有关人员，由各院校根据教学计划合理安排学科考试时间，组织大学生集中考试。卷面分数为 100 分，合格分数为 60 分。

（3）集中考试：设定固定的集中统一考试日期和报名日期，凡是参加培训学校、教学点、考点考站、联络办事处、报名点等机构进行现场面授培训学习的有关人员，均需凭准考证在有监考人员的考试现场参加集中统一考试，卷面分数为 100 分，合格分数为 60 分。

2. 集中统一考试

（1）集中统一报名计划时间：（以报名网站公示时间为准）

夏季：每年 4 月 20 日 10：00 至 5 月 20 日 18：00。

冬季：每年 9 月 20 日 10：00 至 10 月 20 日 18：00。

各参加考试的有关人员，已经选择参加培训机构组织的 BIM 技术培训班学习的，直接选择所在培训机构报名，由培训机构统一代报名。网址：www.bjgba.com（建筑信息化 BIM 技术人才培养工程综合服务平台）

（2）集中统一考试计划时间：（以报名网站公示时间为准）

夏季：每年 6 月下旬（具体以每次考试时间安排通知为准）。

冬季：每年 12 月下旬（具体以每次考试时间安排通知为准）。

考试地点：准考证列明的考试地点对应机位号进行作答。

3. 非集中考试

各高等院校、职业院校、培训学校、考点考站、联络办事处、教学点、报名点、网教平台等组织大学生选修学科考试的，应于确定的报名和考试时间前 20 天，向北京绿色建筑产业联盟测评认证中心 BIM 技术系列岗位专业技能考评项目运营办公室提报有关统计报表。

4. 考试内容及答题

（1）内容：基于 BIM 技术专业技能系列岗位专业技能培训与考试指导用书中，关于 BIM 技术工作岗位应掌握、熟悉、了解的方法、流程、技巧、标准等相关知识内容进行命题。

（2）答题：考试全程采用 BIM 技术系列岗位专业技能考试软件计算机在线答题，系统自动组卷。

（3）题型：客观题（单项选择题、多项选择题），主观题（案例分析题、软件操作题）。

（4）考试命题深度：易 30%，中 40%，难 30%。

5. 各岗位考试科目

序号	BIM 技术系列岗位专业技能考核	考核科目			
		科目一	科目二	科目三	科目四
1	BIM 建模技术岗位	《BIM 技术概论》	《BIM 建模应用技术》	《BIM 建模软件操作》	
2	BIM 项目管理岗位	《BIM 技术概论》	《BIM 建模应用技术》	《BIM 应用与项目管理》	《BIM 应用案例分析》
3	BIM 战略规划岗位	《BIM 技术概论》	《BIM 应用案例分析》	《BIM 技术论文答辩》	
4	BIM 技术造价管理岗位	《BIM 造价专业基础知识》	《BIM 造价专业操作实务》		
5	BIM 工程师（装饰）岗位	《BIM 装饰专业基础知识》	《BIM 装饰专业操作实务》		
6	BIM 工程师（电力）岗位	《BIM 电力专业基础知识与操作实务》	《BIM 电力建模软件操作》		
7	BIM 系统开发岗位	《BIM 系统开发专业基础知识》	《BIM 系统开发专业操作实务》		
8	BIM 数据管理岗位	《BIM 数据管理业基础知识》	《BIM 数据管理专业操作实务》		

6. 答题时长及交卷

客观题试卷答题时长 120 分钟，主观题试卷答题时长 180 分钟，考试开始 60 分钟内禁止交卷。

7. 准考条件及成绩发布

（1）凡参加集中统一考试的有关人员应于考试时间前 10 天内，在 www.bjgba.com（建筑信息化 BIM 技术人才培养工程综合服务平台）打印准考证，凭个人身份证原件和准考证等证件，提前 10 分钟进入考试现场。

（2）考试结束后 60 天内发布成绩，在 www.bjgba.com 平台查询成绩。

（3）考试未全科目通过的人员，凡是达到合格标准的科目，成绩保留到下一个考试周期，补考时仅参加成绩不合格科目考试，考试成绩两个考试周期有效。

五、技术支持与证书颁发

1. 技术支持：北京绿色建筑产业联盟内设 BIM 技术系列岗位专业技能考评项目运营办公室，负责构建教学体系和考评体系等工作；负责组织开展编写培训教材、考试大纲、题库建设、教学方案设计等工作；负责组织培训及考试的技术支持工作和运营管理工作；负责组织优秀人才评估、激励、推荐和专家聘任等工作。

2. 证书颁发及人才数据库管理

（1）凡是通过 BIM 技术系列岗位专业技能考试，成绩合格的有关人员，专业类可以获得《职业技术证书》，综合类可以获得《专业技能证书》，证书代表持证人的学习过程和考试成绩合格证明，以及岗位专业技能水平。

(2) 工业和信息化部教育与考试中心（电子通信行业职业技能鉴定指导中心）颁发证书，并纳入工业和信息化部教育与考试中心信息化人才数据库。

六、考试费收费标准

1. BIM 技术综合类岗位考试收费标准：BIM 建模技术 830 元/人，BIM 项目管理 950 元/人，BIM 系统开发 950 元/人，BIM 数据管理 950 元/人，BIM 战略规划 980 元/人（费用包括：报名注册、平台数据维护、命题与阅卷、证书发放、考试场地租赁、考务服务等考试服务产生的全部费用）。

2. BIM 技术专业类岗位考试收费标准：BIM 工程师（装饰）等各个专业类岗位 830 元/人（费用包括：报名注册、平台数据维护、命题与阅卷、证书发放、考试场地租赁、考务服务等考试服务产生的全部费用）。

七、优秀人才激励机制

1. 凡取得 BIM 技术系列岗位相关证书的人员，均可以参加 BIM 工程师"年度优秀工作者"评选活动，对工作成绩突出的优秀人才，将在表彰颁奖大会上公开颁奖表彰，并由评委会颁发"年度优秀工作者"荣誉证书。

2. 凡主持或参与的建设工程项目，用 BIM 技术进行规划设计、施工管理、运营维护等工作，均可参加"工程项目 BIM 应用商业价值竞赛"BVB 奖（Business Value of BIM）评选活动，对于产生良好经济效益的项目案例，将在颁奖大会上公开颁奖，并由评委会颁发"工程项目 BIM 应用商业价值竞赛"BVB 奖获奖证书及奖金，其中包括特等奖、一等奖、二等奖、三等奖、鼓励奖等奖项。

八、其他

1. 本办法根据实际情况，每两年修订一次，同步在 www.bjgba.com 平台进行公示。本办法由 BIM 技术系列岗位专业技能人才考评项目运营办公室负责解释。

2. 凡参与 BIM 技术系列岗位专业技能考试的人员、BIM 技术培训机构、考试服务与管理、市场传推广、命题判卷、指导教材编写等工作的有关人员，均适用于执行本办法。

3. 本办法自 2018 年 6 月 1 日起执行，原考试管理办法同时废止。

北京绿色建筑产业联盟
（BIM 技术系列岗位专业技能人才考评项目运营办公室）

二〇一八年三月

附件2 建筑信息化 BIM 工程师（电力）职业技能考试大纲

目　　录

编制说明 ·· 398
考试说明 ·· 399
BIM 电力专业基础知识与操作实务考试大纲 ······································ 402

编 制 说 明

为了响应住建部《2016—2020年建筑业信息化发展纲要》（建质函［2016］183号）《关于推进建筑信息模型应用的指导意见》（建质函［2015］159号）文件精神，结合《建筑信息化BIM技术系列岗位专业技能考试管理办法》，北京绿色建筑产业联盟邀请多位BIM电力方面相关专家经过多次讨论研究，确定了《BIM电力专业基础知识与操作实务》这一个科目的考核内容，BIM工程师（电力）职业技能考试将依据本考纲命题考核。

建筑信息化BIM工程师（电力）职业技能考试大纲，是参加BIM工程师（电力）职业技能考试的人员在专业知识方面的基本要求。也是考试命题的指导性文件，考生在备考时应充分解读《考试大纲》的核心内容，包括各科目的章、节、目、条下具体需要掌握、熟悉、了解等知识点，以及报考条件和考试规则等，各备考人员应紧扣本大纲内容认真复习，有效备考。

《BIM电力专业基础知识与操作实务》要求被考评者了解BIM电力的基本概念、特点；熟悉电力工程BIM的常用软件；掌握电力工程的BIM设计、BIM造价、BIM施工及BIM运维。

《建筑信息化BIM工程师（电力）职业技能考试大纲》编写委员会

2018年4月

考 试 说 明

一、考核目的

为国家电力工程业企事业单位选拔和储备合格的信息化 BIM 技术专业人才，提高电力行业从业人员信息技术的应用水平，推动技术创新，提高生产效率、节约成本、提升质量，从而满足电力工程设计、施工管理、运营维护等技术转型升级需求。

二、职业名称定义

BIM 工程师（电力）是能够采用 BIM 技术，可以在施工过程中做到对施工重点、难点的预先模拟，以提前发现和解决这些重点和难点问题，有利于保证人力资源以及施工设备的到位，从而避免因关键问题对施工工期及工程质量的影响，提高工程的管理水平和效能化监测能力的 BIM 技术人员。

三、考核对象

1. 凡中华人民共和国公民，遵守国家法律、法规，恪守职业道德的；电力系统及其自动化、能源与动力工程、土木工程、工程管理、环境工程、建筑电力、电力企业管理、信息管理与信息系统、计算机科学与技术等有关专业，具有中专以上学历，从事电力工程设计咨询、施工管理工作的企事业单位技术人员和管理人员；高职院校的在校大学生及老师，涉及建筑信息化 BIM 技术有关业务的，均可以报名参加 BIM 工程师（电力）职业技术考试。

2. 参加 BIM 工程师（电力）职业技术考试的人员，除符合上述基本条件外，还需具备下列条件之一：

（1）在校大学生已经选修过《BIM 电力专业基础知识与操作实务》有关知识，以及实操技能相关课程学习的；参加过 BIM 工程师（电力）职业技术培训学习达到 80 学时的；

（2）电力企事业单位从事工程项目设计、施工技术、现场管理的在职人员，已经掌握《BIM 电力专业基础知识与操作实务》相关理论知识，经过 BIM 电力技术应用能力训练达到 80 学时，具备 BIM 电力专业技术与技能的；

（3）建筑业企事业单位有关从业人员，参加过相关机构的电力 BIM 工程师职业技术理论与实践相结合系统培训，具有 BIM 工程师（电力）相应水平的。

四、考试方式

（1）大学生选修学科考试：不设定统一考试日期，凡在校大学生选修 BIM 技术相关专业岗位课程的有关人员，由各院校根据教学计划合理安排学科考试时间，组织大学生集中考试。卷面分数为 100 分，合格分数为 60 分。

（2）集中考试：设定固定的集中统一考试日期和报名日期，凡是参加培训学校、教学点、考点考站、联络办事处、报名点等机构进行现场面授培训学习的有关人员，均需凭准考证在有监考人员的考试现场参加集中统一考试，卷面分数为 100 分，合格分数为 60 分。

五、报名及考试时间

（1）网络平台报名计划时间（以报名网站公示时间为准）：

夏季：每年 4 月 20 日 10：00 至 5 月 20 日 18：00。

冬季：每年 9 月 20 日 10：00 至 10 月 20 日 18：00。

各参加考试的有关人员，已经选择参加培训机构组织的 BIM 工程师（电力）职业技术培训班学习的，直接选择所在培训机构报名考试，由培训机构统一组织考生集体报名。网址：www.bjgba.com（建筑信息化 BIM 技术人才培养工程综合服务平台）。

（2）集中统一考试计划时间（以报名网站公示时间为准）：

夏季：每年 6 月下旬（具体以每次考试时间安排通知为准）。

冬季：每年 12 月下旬（具体以每次考试时间安排通知为准）。

考试地点：准考证列明的考试地点对应机位号进行作答。

六、考试科目、内容、答题及题量

（1）考试科目：《BIM 电力专业基础知识与操作实务》（由 BIM 技术应用型人才培养丛书编写委员会编写，中国建筑工业出版社出版发行，各建筑书店及网店有售）。

（2）内容：基于 BIM 技术应用型人才培养丛书中，关于 BIM 工程师（电力）工作岗位应掌握、熟悉、了解的方法、流程、技巧、标准等相关知识内容进行命题。

（3）答题：考试全程采用 BIM 工程师（电力）职业技术考试平台计算机在线答题，系统自动组卷。

（4）题型：客观题（单项选择题、多项选择题），主观题（简答题、软件操作题）。

（5）考试命题深度：易 30%，中 40%，难 30%。

（6）题量及分值：

《BIM 电力专业基础知识与操作实务》考试科目：单选题共 40 题，每题 1 分，共 40 分。多选题共 20 题，每题 2 分，共 40 分。简答题共 4 道，每道 5 分，共 20 分。卷面合计 100 分，答题时间为 120 分钟。

《BIM 电力专业软件操作建模》考试科目：软件建模操作 4 题，每题 25 分，共 100 分。答题时间为 180 分钟。

（7）答题时长及交卷：客观题试卷答题时长 120 分钟，主观题试卷答题时长 180 分钟，考试开始 60 分钟内禁止交卷。

七、准考条件及成绩发布

（1）凡参加集中统一考试的有关人员应于考试时间前 10 天内，在 www.bjgba.com（建筑信息化 BIM 技术人才培养工程综合服务平台）打印准考证，凭个人身份证原件和准考证等证件，提前 10 分钟进入考试现场。

（2）考试结束后 60 天内发布成绩，在 www.bjgba.com 平台查询。

（3）考试未全科目通过的人员，凡是达到合格标准的科目，成绩保留到下一个考试周期，补考时仅参加成绩不合格科目考试，考试成绩两个考试周期有效。

八、继续教育

为了使取得 BIM 工程师（电力）职业技术证书的人员能力不断更新升级，通过考试成绩合格的人员每年需要参加不低于 30 学时的继续教育培训并取得继续教育合格证书。

九、证书颁发

考试测评合格人员，由工业和信息化部教育与考试中心颁发"职业技术证书"，在参加考试的站点领取，证书全国统一编号，在中心的官方网站进行证书查询。

BIM 电力专业基础知识与操作实务
考 试 大 纲

1 电力工程 BIM 技术概述

1.1 电力 BIM 的特点
1.1.1 了解 BIM 的基本含义
1.1.2 掌握电力 BIM 的特点

1.2 电力工程 BIM 应用现状

1.3 电力工程 BIM 常用软件
1.3.1 了解 Revit 软件
1.3.2 了解 STD-R 软件
1.3.3 了解 Bentley 软件

1.4 电力工程 BIM 发展趋势

2 电力工程 BIM 设计

2.1 电力工程 BIM 设计步骤

2.2 Bentley 变电站三维设计解决方案
2.2.1 掌握电气专业设计模块，利用 OPECCK 软件模块，快速完成电气三维建模，自动生成材料表和计算书，并从三维布置设计快速得到二维的平断面施工图纸
2.2.2 掌握土建专业设计模块，包括建筑、结构和水暖设计功能子模块
2.2.3 掌握变电架构设计模块，实现钢结构和混凝土结构的建模、出土及材料统计

2.3 Bentley 变电解决方案应用工程案例
2.3.1 了解 Bentley 变电解决方案应用工程的总体设计方法和流程模块功能
2.3.2 掌握 Bentley 变电解决方案应用工程设计过程

2.4 STD-R 变电设计软件应用案例
2.4.1 了解 STD-R 变电设计软件应用工程案例概述
2.4.2 熟悉 BSTD-R 变电设计软件应用的 BIM 设计准备
2.4.3 掌握设备建族，包括族的概念及其模型建立方法和技巧
2.4.4 掌握主接线设计的流程和方法
2.4.5 熟悉电气布置设计的流程和方法，重点掌握 500kV 配电装置区域的电气一次布置
2.4.6 掌握防雷设计的流程和方法，包括避雷针布置、防雷计算、输出保护范围表和计算书
2.4.7 掌握接地设计的流程和方法，内容包括接地网绘制和接地计算等
2.4.8 掌握总图设计的思路及步骤
2.4.9 掌握结构设计的过程，包括人字柱设计、三角梁设计、支架柱设计、埋件设计和

基础设计

2.4.10 掌握建筑设计的主要设计内容和流程

2.4.10 掌握水暖设计的主要内容和流程

2.4.11 熟悉协同设计的内容及流程

3 电力工程 BIM 造价

3.1 广联达 BIM 电力算量软件

3.1.1 了解新建工程的内容

3.1.2 掌握土建专业的工程量计算,包括钢筋模块,土建模块以及安装模块

3.1.3 掌握给排水专业的工程量计算,包括卫生器具、相关设备、管道、阀门法兰、管道附件等

3.1.4 掌握电气专业的工程量计算,包括建筑工程中的照明系统、电气设备系统等设备、器具、线缆的工程量的计算

3.1.5 掌握通风空调专业的工程量计算,包括通风设备、通风管道、风管部件、通头等

3.1.6 熟悉消防专业的工程量计算,重点掌握喷淋部分的处理方式

3.1.7 熟悉安装专业的工程量计算,包括电气设备、线缆的工程量

3.2 广联达电力计价软件

3.2.1 了解新建工程内容

3.2.2 熟悉组价的操作流程

4 电力工程 BIM 施工

4.1 设计模型的施工应用

4.1.1 掌握施工场地前期规划的关键技术、解决方案

4.1.2 掌握施工模拟的功能,包括三维可视化漫游、4D 进度动态模拟以及状态静态展示

4.1.3 掌握施工吊装模拟的实施步骤,包括吊装模拟脚本的制作和吊装过程动态碰撞检查

4.1.4 熟悉施工多参与方一体化协同工作

4.2 施工模型的应用和管理

4.3 电力工程 BIM 施工常用软件介绍

5 电力 BIM 运维

5.1 BIM 运维的概述

5.1.1 了解全寿命管理的成本理论

5.1.2 了解运维的现状

5.1.3 了解 BIM 运维的定位

5.1.4 熟悉 BIM 运维的应用价值

5.2 BIM 运维的功能实现

5.2.1 掌握资产管理的功能,包括资产台账、资产维护、资产保养及资产统计

5.2.2 掌握设备设施维护管理的功能,包括维护管理、维修管理、抢修预案等

5.2.3　熟悉空间管理的具体内容
5.2.4　熟悉环境、安全管理的具体内容
5.2.5　掌握电力系统运行管理的功能，包括在线监测、系统分析、故障报警等
5.2.6　熟悉人员管理的具体内容
5.2.7　了解 BIM 运维综合管理

5.3　电力 BIM 运维的步骤

5.3.1　了解运维管理平台的方案策划
5.3.2　掌握运维管理系统的搭建方法
5.3.3　掌握运维模型构建的步骤
5.3.4　掌握运维数据自动化集成

6　电力 BIM 与 GIS

6.1　BIM＋GIS 概述

6.1.1　了解 GIS
6.1.2　了解 BIM 与 GIS 的结合

6.2　BIM＋GIS 在电力行业中的应用

6.2.1　掌握 BIM＋GIS 的数据管理，包括主要参考依据、数据存储标准体系、CityMaker 数据存储结构、BIM＋GIS 异构服务共享及 BIM 数据导入 CityMaker 操作流程
6.2.2　掌握三维模型化简机制、多级 LOD 机制、三维瓦片技术、动态调度机制等技术
6.2.3　掌握空间分析方法，包括空间查询和量算、叠加分析、缓冲区分析、网络分析等四种空间分析方法
6.2.4　掌握设备管理的应用

6.3　BIM＋GIS 案例介绍

6.3.1　掌握数字化移交的建设范围、内容以及操作化流程
6.3.2　掌握三维全景系统的输电线路智能化生产管理系统